Elogios a

SEM LIMITES

"Jim Kwik sabe como extrair o máximo de mim como ser humano."

— **WILL SMITH**

"Embora muitos autores afirmem ensinar alguma habilidade incrível, nenhuma é tão poderosa quanto aprender como aprender. É o superpoder que faz todos os outros crescerem… Vi com meus próprios olhos o que pode ser feito usando a tríade deste livro, de motivação, mentalidade e método. Leia e aplique o que aprender. Você se surpreenderá."

— **ERIC SCHURENBERG**, CEO da *Fast Company & Inc.*

"Minha pesquisa sobre o mal de Alzheimer enfatiza a importância de não apenas proteger o seu cérebro de lesões, mas também de se desafiar por meio do aprendizado contínuo. Jim Kwik deu palestras para a nossa equipe, curadores e pacientes do *Cleveland Clinic Lou Ruvo Center for Brain Health*, deixando uma ótima impressão; ele é especialista em condicionamento do cérebro e aprendizado acelerado."

— **JEFFREY L. CUMMINGS, M. D., SC. D.**, diretor fundador do *Cleveland Clinic Lou Ruvo Center for Brain Health*; diretor do *Center for Neurodegeneration and Translational Neuroscience*; professor e vice-diretor de Pesquisa do Departamento de Saúde do Cérebro da Universidade de Nevada–Las Vegas (UNLV)

"Onde capacito mulheres para questões financeiras, Jim Kwik capacita pessoas para levarem o aprendizado às próprias mãos. Nossa mente é o maior patrimônio de construção de riqueza. Ao ler *Sem Limites*, você não só ficará mais inteligente, mas alcançará coisas que nunca pensou serem possíveis."

— **NICOLE LAPIN**, âncora de telejornal, especialista financeira e autora dos best-sellers número 1 do *New York Times*: *Rich Bitch*, *Boss Bitch* e *Becoming Super Woman*

"Ao longo da história, guerreiros se preparam e se concentram. Eles são implacáveis. Jim Kwik o ajuda a conquistar o seu cérebro e manter-se firme contra as forças da distração e do pensamento negativo. *Sem Limites* é leitura obrigatória para uma mente incansável."

— **GERARD BUTLER**, premiado ator e produtor

"Enquanto estava na GE, Jim Kwik treinou nossa equipe executiva e falou em muitas das nossas reuniões na empresa, deixando excelente impressão. Ele é um especialista de renome mundial em apresentar o treinamento e as ferramentas necessárias para que as equipes de alto impacto elevem o nível de sua organização."

— **BETH COMSTOCK**, ex-diretora de marketing e vice-presidente da General Electric, e autora do best-seller *Imagine It Forward*

"Guardo cada palavra que sai da boca de Jim Kwik. Ele tem uma capacidade poderosa de ajudar as pessoas a desbloquearem habilidades que elas nem sabiam que tinham."

— **TOM BILYEU**, CEO da Impact Theory e cofundador da Quest Nutrition

"*Sem Limites* é a companhia perfeita para quem deseja provocar uma mudança significativa. Neste livro, Jim irá mostrar a você como liberar sua mente, sua motivação e sua vida."

— **LISA NICHOLS**, palestrante, CEO, e autora do best-seller do *New York Times No Matter What!*

"Ao obter descobertas, devemos enfrentar o ceticismo e o pensamento convencional profundamente enraizado em muitos de nós. *Sem Limites* ensina como dissipar as sete mentiras de aprendizado que impedem você de se tornar um verdadeiro gênio. O seu cérebro não será o mesmo após ler este livro!"

— **NICK ORTNER**, autor dos best-sellers do *New York Times*: *The Tapping Solution* e *The Tapping Solution for Manifesting Your Greatest Self*

"Em *Sem Limites*, Jim Kwik compartilha métodos para desbloquear o seu potencial. Ele o guia, passo a passo, para se tornar a pessoa que você deseja ser, com hábitos simples de iniciar para melhorar o cérebro e aprender."

— **BJ FOGG, PH.D.**, fundador do *Behavior Design Lab* de Stanford e autor do best-seller do *New York Times Micro Hábitos*

"Jim Kwik é uma espécie de 'personal trainer' do seu cérebro. Ele treinou a minha equipe em estratégias de aprendizado acelerado para ajudá-la a apurar o foco, a produtividade e o desempenho mental. Sempre acreditei que você vence primeiro em sua mente e depois entra em campo, e não o contrário. Leia este livro, não há limites."

— **ALEX RODRIGUEZ**, ex-jogador de beisebol 3 vezes eleito MVP da temporada, e 14 vezes eleito all-star, campeão da liga americana e CEO da *A-Rod Corp*

"A transformação começa com a preparação da sua mente para a mudança. Antes do fim de *Sem Limites*, você acreditará em seu potencial inexplorado. Novos níveis de sucesso são possíveis e realizáveis quando você tem Jim Kwik como guia."

— **JACK CANFIELD**, premiado palestrante, cocriador da série *Histórias para Aquecer o Coração* e autor do best-seller do *New York Times Os Princípios do Sucesso*

"A memória é crucial para a felicidade, como explicou brilhantemente Jim Kwik em um de seus mais populares podcasts. Em seu livro, *Sem Limites*, ele o desafiará a fazer coisas realmente malucas, mas juro que você treinará sua mente para vencer no dia a dia e viver da melhor forma possível. O melhor de tudo? Você perceberá que só precisa de você."

— **JEANNIE MAI**, artista e produtora premiada com o *Emmy* e o NAACP Image Awards, e coapresentadora de *The Real*

"Da mesma forma que ajudo estudantes e adultos a superarem seus medos com relação aos números e à aritmética, Jim Kwik ajuda as pessoas a superarem as crenças que limitam o aprendizado. *Sem Limites* contém métodos práticos e comprovados de leitura dinâmica, estudo e memorização com os quais todos podemos contar!"

— **SCOTT FLANSBURG**, *The Human Calculator®*, recordista do Guinness, fundador do *National Counting Bee*, e autor do best-seller *Math Magic*

"Se você pensa que não consegue ler mais rápido, lembrar de mais coisas ou se libertar de algo que o impede de avançar, este livro é para você. Ele irá mudar sua mentalidade, motivá-lo e ajudá-lo a alcançar o que você jamais imaginou ser possível."

— **DAVE ASPREY**, CEO, fundador da Bulletproof 360, Inc. e autor do best-seller do *New York Times Super Human*

"O sono tem um impacto enorme na saúde do cérebro, assim como treinar sua mente para a memorização, o aprendizado contínuo e afastar pensamentos negativos. *Sem Limites* lhe dá as ferramentas para uma saúde cognitiva duradoura. Só as dez recomendações compartilhadas por Jim para gerar energia cerebral ilimitada já valem o preço do livro."

— **MICHAEL J. BREUS, PH. D**., psicólogo clínico, diplomado pela *American Board of Sleep Medicine*, membro da *American Academy of Sleep Medicine* e autor do best-seller *O Poder do Quando*

"O objetivo do *USC Performance Science Institute* é ajudar estudantes, empreendedores e organizações a competirem e se destacarem por meio de práticas aplicadas, baseadas na ciência. O seminário de Jim Kwik na USC estava entre os mais valorizados e bem cotados. Suas estratégias de aprendizado acelerado são comprovadas e poderosas. *Sem Limites* é uma leitura essencial para quem quiser desafiar os limites do seu desempenho mental."

— **DAVID BELASCO,** cofundador do *USC Performance Science Institute*, diretor executivo do *Lloyd Greif Center for Entrepreneurial Studies* e professor adjunto de empreendedorismo

"Quando se trata de aprender rápido e manter sua mente forte, Jim Kwik é o cara. Leia *Sem Limites* para ter um cérebro melhor. Salve o cérebro!"

— **STEVE AOKI**, artista, músico, DJ, produtor musical, duas vezes indicado ao *Grammy*, empreendedor, fundador da *Aoki Foundation* para a ciência e pesquisas do cérebro, e autor de *Blue*

"Nossa organização capacita as pessoas a mudarem o mundo. Envolver 4,5 milhões de agentes de mudança requer foco, disciplina e raciocínio rápido. O modelo de três vertentes de Jim Kiwk em *Sem Limites* ajudou nossa equipe a melhorar a mente para resolver melhor os problemas difíceis e criar maior impacto social."

— **MARC KIELBURGER**, cofundador do *We Movement*, ativista humanitário e dos direitos das crianças, colunista e autor do best-seller do *New York Times Me to We*

"A mudança exponencial requer ferramentas mentais que ampliam a criatividade, o aprendizado rápido, o pensamento global e o otimismo. *Sem Limites* é uma leitura essencial para quem quer expandir o potencial da mente e ir além do que se acredita ser possível."

— PETER H. DIAMANDIS, presidente e fundador da *XPRIZE Foundation*, cofundador e presidente da *Singularity University* e autor do best-seller do *New York Times Abundância*

"Cuidar de nosso cérebro é parte essencial da saúde e bem-estar. *Sem Limites* lhe dá o poder para treinar e otimizar sua mente para que você possa alcançar todo o seu potencial."

— MAIA E ALEX SHIBUTANI, medalhistas de bronze na patinação artística nos Jogos Olímpicos de Inverno de 2018, três vezes medalhistas mundiais, bicampeões americanos e autores da série *Kudo Kids*

"O método de Jim Kiwk de aprendizado, memorização e pensamento é bastante fortalecedor. Produzir uma quantidade recorde de conteúdo, globalmente, requer atenção incrível aos detalhes. Graças aos ensinamentos de Jim, nossos anfitriões estão pensando melhor, lembrando-se mais e priorizando a saúde do cérebro tanto para o nosso sucesso quanto para o deles. Este livro é uma leitura obrigatória!"

— MARIA MENOUNOS, apresentadora do podcast *Better Together with Maria*, CEO do *@afterbuzztv*, jornalista ganhadora do *Emmy* e autora do best-seller do *New York Times The EveryGirl's Guide to Diet and Fitness*

"Como dou muita ênfase a exercitar o cérebro e não só o corpo, achei o trabalho de Jim Kwik muito fortalecedor. *Sem Limites* o levará a lugares incríveis, que você nunca esperou."

— NOVAK DJOKOVIC, tenista vencedor de 17 títulos de Grand Slam na categoria simples

"Minha pesquisa sobre o mal de Alzheimer me ensinou que devemos nos esforçar de forma contínua para inventar novas maneiras de usar o nosso cérebro. *Sem Limites* é uma revelação em aprender a aprender. Você descobrirá novas possibilidades de desafiar sua mente e viver da melhor forma possível."

— RUDOLPH E. TANZI, PH. D., professor de Neurologia em Harvard, diretor da Unidade de Pesquisa em Genética e Envelhecimento do Hospital Geral de Massachusetts, e autor do best-seller do *New York Times Supercérebro*

"Atingir suas metas na vida é um jogo tanto mental quanto físico. Você quer aumentar suas habilidades e melhorar seu foco? *Sem Limites* é o seu livro. Jim Kwik é seu treinador."

— APOLO ANTON OHNO, oito vezes medalhista na patinação de velocidade em pista curta nos Jogos Olímpicos de Inverno, palestrante e autor do best-seller do *New York Times Zero Regrets*

"Quando era garota, sonhava em viajar para o espaço. Sonhar grande é algo que me encanta ensinar para outras pessoas, especialmente aos jovens de hoje. Jim compartilha essa mesma visão, de que nada pode impedi-lo quando você percebe o seu potencial ilimitado. *Sem Limites* não apenas o deixará mais inteligente, mas o ajudará a sonhar grande."

— ANOUSHEH ANSARI, CEO da *XPRIZE Foundation*, primeira mulher turista espacial da história

"Jim Kiwk é o treinador da elite mundial quando o assunto é o seu cérebro. Em *Sem Limites*, ele abre um caminho para uma transformação que fortalece sua capacidade mental, faz você pensar mais rápido e lhe deixa mais inteligente do que quando começou."

— **TRACY ANDERSON, CEO**, pioneira no mercado fitness e autora do livro
Dieta dos 30 dias

"Quando meu filho sofreu uma lesão cerebral traumática com risco de vida, aprendi que o pensamento é tudo. Em *Sem Limites*, Jim Kwik compartilha a mentalidade e os métodos essenciais para prosperar em um mundo de mudanças. Mesmo quando as probabilidades parecem estar contra você, este livro mostra que tudo é possível."

— **JJ VIRGIN,** celebridade da nutrição e especialista no mercado fitness, autora do
best-seller do *New York Times The Virgin Diet*

"Quando você se conecta ao seu verdadeiro eu, algo mágico acontece. Ajudo pessoas a se expressarem por meio do movimento e da dança. *Sem Limites*, de Jim Kwik, explora a mesma reserva de acreditar que tudo é possível."

— **JULIANNE HOUGH,** dançarina, atriz e cantora vencedora do *Emmy*, criadora
do *KINRGY*

"Na vida e na competição, os melhores permanecem pacientes, consistentes e implacáveis. *Sem Limites*, de Jim Kwik, o ajudará a alcançar toda uma nova mentalidade — uma que o ajudará a atingir os seus sonhos."

— **DEREK HOUGH**, duas vezes ganhador do *Emmy*, hexacampeão do *Dancing with
the Stars*, e autor do best-seller do *New York Times Taking the Lead*

"Jim Kwik é especialista em obter resistência mental e clareza de foco. *Sem Limites* lhe dará resultados sustentáveis em tudo o que você busca."

— **MIKE BRYAN,** tenista e maior vencedor de títulos de duplas na história

"Sabemos muito bem a importância do alimento como combustível para um cérebro saudável. O que você faz para aprimorar suas habilidades cognitivas também é importante. Em *Sem Limites*, Jim Kwik ensina as estratégias de mentalidade e meta-aprendizado, que ajudam a atingir níveis geniais."

— **MAX LUGAVERE,** apresentador do podcast *Genius Life* e autor do best-seller do
New York Times Genius Foods

"Trabalhei com super-heróis na tela durante toda a minha carreira e posso dizer que a capacidade de Jim de melhorar seu aprendizado e sua vida é um dos maiores superpoderes do mundo. *Sem Limites* é para qualquer pessoa ou organização que busca obter produtividade e performance mentais excepcionais."

— **JIM GIANOPULOS,** presidente e CEO da *Paramount Pictures*

"Existe toda uma ciência por trás da aptidão cerebral, aprimoramento da memória e acuidade mental. E Jim Kwik é o melhor guia. Este livro é leitura obrigatória a qualquer um que deseja maximizar seu potencial cognitivo e habilidade de aprendizado."

— LISA MOSCONI, PH. D., diretora do *Women's Brain Initiative* e diretora associada da *Alzheimer's Prevention Clinic* no *Weill Cornell Medical College*, professora adjunta de neurociência em neurologia e radiologia, e autora do livro *The XX Brain*

"Não há pílula da genialidade, mas Jim lhe dá o processo de libertar o melhor do seu cérebro e trazer um futuro mais brilhante."

Do prefácio de **MARK HYMAN, M. D.,** chefe de estratégia e inovação do *Cleveland Clinic Center for Functional Medicine* e autor de 12 best-sellers do *New York Times*

"Jim Kwik é simplesmente sensacional. Em meu livro *Use Seu Cérebro para Mudar Sua Idade*, escrevi um capítulo inteiro sobre ele, porque uma das estratégias para reverter o envelhecimento cerebral e prevenir o Alzheimer é trabalhar o seu cérebro. E não há nada em que eu acredite mais do que em Jim Kwik e seus programas para otimizar a função cerebral."

— DR. DANIEL AMEN, físico, psiquiatra duplamente certificado e autor de 10 best-sellers do *New York Times*

"Tenho plena consciência do quão importante é manter sua mente e memória afiadas. As ferramentas e técnicas de Jim Kwik em *Sem Limites* são as melhores amigas do seu cérebro."

— MARIA SHRIVER, jornalista ganhadora do *Emmy*, fundadora do *Women's Alzheimer's Movement* e autora do best-seller do *New York Times I've Been Thinking*

"Como uma pessoa que buscou conhecimento por toda a vida, entendo perfeitamente o que Jim Kwik ensina em *Sem Limites*. Quando você aprende a aprender, tudo é possível. E Jim é o melhor do mundo em mostrar a você como."

— QUINCY JONES, produtor musical, vencedor do *Grammy Living Legend Award* e autor do best-seller do *New York Times Q*

"Quero agradecer ao meu amigo Jim Kwik por todo o seu apoio ao compromisso da Fundação Stan Lee com a alfabetização e a educação. Acredito que há um super-herói em cada um de nós e, no Kwik Learning, você descobrirá como libertar seus superpoderes."

— STAN LEE, presidente emérito da Marvel

"Jim Kwik é, de longe, o melhor treinador de memorização do mundo. Nosso programa do *Mindvalley* com Jim se tornou o número 1 do mundo e, em um estudo com quase mil estudantes, o aumento médio na velocidade de leitura foi de incríveis 170% usando apenas lições de 10 minutos ao dia, durante 7 dias."

— VISHEN LAKHIANI, fundador e CEO do *Mindvalley* e autor do best-seller do *New York Times O Código da Mente Extraordinária*

"Jim Kwik tem a habilidade de expandir sua mente e iluminar sua genialidade interior. Como diz minha música *Unwritten*, sua vida é sua história. *Sem Limites* o ajudará a escrever a sua, com novas possibilidades."

— NATASHA BEDINGFIELD, cantora e compositora indicada ao *Grammy*

SEM LIMITES

APRIMORE SEU CÉREBRO, APRENDA MAIS RÁPIDO
E DESCUBRA UMA VIDA EXCEPCIONAL

JIM KWIK

Rio de Janeiro, 2021

Sem Limites - Aprimore seu cérebro, aprenda mais rápido e descubra uma vida excepcional
Copyright © 2021 da Starlin Alta Editora e Consultoria Eireli. ISBN: 978-65-552-0394-3

Translated from original Limitless. Copyright © 2020 by Jim Kwik. ISBN 9781401958237. This translation is published and sold by permission of Hay House, Inc., the owner of all rights to publish and sell the same.
PORTUGUESE language edition published by Starlin Alta Editora e Consultoria Eireli, Copyright © 2021 by Starlin Alta Editora e Consultoria Eireli.

Todos os direitos estão reservados e protegidos por Lei. Nenhuma parte deste livro, sem autorização prévia por escrito da editora, poderá ser reproduzida ou transmitida. A violação dos Direitos Autorais é crime estabelecido na Lei nº 9.610/98 e com punição de acordo com o artigo 184 do Código Penal.

A editora não se responsabiliza pelo conteúdo da obra, formulada exclusivamente pelo(s) autor(es).

Marcas Registradas: Todos os termos mencionados e reconhecidos como Marca Registrada e/ou Comercial são de responsabilidade de seus proprietários. A editora informa não estar associada a nenhum produto e/ou fornecedor apresentado no livro.

Impresso no Brasil — 1ª Edição, 2021 — Edição revisada conforme o Acordo Ortográfico da Língua Portuguesa de 2009.

Produção Editorial	**Produtor Editorial**	**Coordenação de Eventos**	**Marketing Editorial**
Editora Alta Books	Illysabelle Trajano	Viviane Paiva	Lívia Carvalho
	Thiê Alves	eventos@altabooks.com.br	Gabriela Carvalho
Gerência Editorial			marketing@altabooks.com.br
Anderson Vieira	**Assistente Editorial**	**Assistente Comercial**	
	Ian Verçosa	Felipe Amorim	**Editor de Aquisição**
Gerência Comercial		vendas.corporativas@altabooks.com.br	José Rugeri
Daniele Fonseca			j.rugeri@altabooks.com.br

Equipe Editorial	**Equipe Design**	**Equipe Comercial**	
Luana Goulart	Larissa Lima	Daiana Costa	
Maria de Lourdes Borges	Marcelli Ferreira	Daniel Leal	
Raquel Porto	Paulo Gomes	Kaique Luiz	
Thales Silva		Tairone Oliveira	
		Thiago Brito	

Tradução	**Copidesque**	**Revisão Gramatical**	**Diagramação**
Daniel Perrisse	Guilherme Caloba	Matheus Araújo	Joyce Matos
		Fernanda Lutfi	

Publique seu livro com a Alta Books. Para mais informações envie um e-mail para autoria@altabooks.com.br

Obra disponível para venda corporativa e/ou personalizada. Para mais informações, fale com projetos@altabooks.com.br

Erratas e arquivos de apoio: No site da editora relatamos, com a devida correção, qualquer erro encontrado em nossos livros, bem como disponibilizamos arquivos de apoio se aplicáveis à obra em questão.
Acesse o site www.altabooks.com.br e procure pelo título do livro desejado para ter acesso às erratas, aos arquivos de apoio e/ou a outros conteúdos aplicáveis à obra.
Suporte Técnico: A obra é comercializada na forma em que está, sem direito a suporte técnico ou orientação pessoal/exclusiva ao leitor.
A editora não se responsabiliza pela manutenção, atualização e idioma dos sites referidos pelos autores nesta obra.
Ouvidoria: ouvidoria@altabooks.com.br

Dados Internacionais de Catalogação na Publicação (CIP) de acordo com ISBD

K98s   Kwik, Jim
         Sem Limites: aprimore seu cérebro, aprenda mais rápido e uma
         vida excepcional / Jim Kwik ; traduzido por Daniel Perrisse. - Rio de Janeiro :
         Alta Books, 2021.
         320 p. ; 16cm x 23cm.

         Tradução de: Limitless
         Inclui índice.
         ISBN: 978-65-552-0394-3

         1. Autoajuda. 2. Aprendizado. 3. Cérebro. I. Perrisse, Daniel. II. Título.

2021-1166   CDD 158.1
                                                CDU 159.947

Elaborado por Vagner Rodolfo da Silva - CRB-8/9410

Rua Viúva Cláudio, 291 — Bairro Industrial do Jacaré
CEP: 20.970-031 — Rio de Janeiro (RJ)
Tels.: (21) 3278-8069 / 3278-8419
www.altabooks.com.br — altabooks@altabooks.com.br
www.facebook.com/altabooks — www.instagram.com/altabooks

Para meus leitores e alunos, e aos heróis sem limites dentro de vocês. Obrigado pelo seu tempo e confiança.

Esse aqui é para vocês.

SUMÁRIO

Prefácio		xiii
Introdução		xix
Parte I	LIBERTE A SUA MENTE	**1**
Capítulo 1:	Tornando-se Sem Limites	3
Capítulo 2:	Por que Isso Importa Agora	19
Capítulo 3:	Seu Cérebro Sem Limites	31
Capítulo 4:	Como Ler e Se Lembrar Deste (e de Qualquer) Livro	45
Parte II	MENTALIDADE SEM LIMITES: O Que	**63**
Capítulo 5:	O Feitiço do Sistema de Crenças	67
Capítulo 6:	As 7 Mentiras da Aprendizagem	85
Parte III	MOTIVAÇÃO SEM LIMITES: O Porquê	**103**
Capítulo 7:	Propósito	107
Capítulo 8:	Energia	121
Capítulo 9:	Pequenos passos simples	139
Capítulo 10:	Fluxo	157
Parte IV	MÉTODOS SEM LIMITES: O Como	**167**
Capítulo 11:	Foco	171
Capítulo 12:	Estudo	179
Capítulo 13:	Memória	195
Capítulo 14:	Leitura Dinâmica	217
Capítulo 15:	Pensamento	233
Posfácio		253
Programa Inicial Rápido de 10 Dias		257
Sugestões de Leitura		267
Agradecimentos		271
Sobre o Autor		277
Notas Finais		279
Índice		289

PREFÁCIO

O cérebro é o nosso presente mais precioso.

É ele que nos permite aprender, amar, pensar, criar e até experimentar a alegria. É a porta de entrada para nossas emoções, nossa capacidade de vivenciar profundamente a vida, de ter uma intimidade duradoura. Também nos permite inovar, crescer e concretizar.

No entanto, poucos percebem que podemos melhorar nosso cérebro e turbinar sua capacidade de aprender se utilizarmos uma série de métodos práticos. Muitos sabem que podemos melhorar nossa saúde cardiovascular com exercícios e dieta, mas a imensa maioria não percebe que também podemos aprimorar consideravelmente nossos cérebros — e, ao fazer isso, a nossa vida.

Infelizmente, nosso mundo não promove um ambiente saudável para o cérebro. Antes de Jim Kwik dar um roteiro para torná-lo sem limites, ele aponta os quatro vilões emergentes que desafiam nossa capacidade de pensar, se concentrar, aprender, crescer e ser totalmente humano.

O primeiro é o *dilúvio digital* — o interminável fluxo de informações em um mundo de tempo limitado e expectativas injustas que levam à sobrecarga, ansiedade e insônia. Afogando-se em dados e mudanças rápidas, ansiamos por estratégias e ferramentas para recuperar alguma produtividade, desempenho e tranquilidade.

O segundo vilão é a *distração digital*. O toque fugaz do prazer da dopamina digital substitui nossa capacidade de manter a atenção necessária para aprofundar relacionamentos, aprendizagem e trabalho. Recentemente, sentei próximo a uma amiga numa palestra e reparei nela pegando o telefone várias vezes em poucos minutos. Pedi seu celular emprestado e fui ao aplicativo que mede o tempo de uso. Ela pegou o aparelho mais de mil vezes e teve mil notificações em um dia. Mensagens, avisos de redes sociais, e-mails e alertas de notícias, embora importantes no contexto, podem atrapalhar nossa concentração e nos condicionar a estar distraídos com o que mais importa no momento.

O próximo vilão é a *demência digital*. A memória é um músculo que permitimos atrofiar. Embora haja benefícios em ter um supercomputador no bolso, pense nele como uma bicicleta elétrica. É divertida e fácil de usar, mas não o deixa em forma. Pesquisas sobre demência provam que, quanto maior a nossa capacidade de aprender — ou seja, quanto mais exercícios mentais fazemos —, menor o risco de demência. Em muitos casos, para nosso prejuízo, terceirizamos nossa memória.

O último vilão que causa danos ao cérebro é a *dedução digital*. Em um mundo no qual a informação está acessível em abundância, talvez tenhamos ido muito longe na forma como a usamos, chegando ao ponto em que estamos deixando a tecnologia fazer para nós muito do nosso pensamento e raciocínio crítico. Há tantas conclusões online feitas por outros que começamos a renunciar à nossa capacidade de tirá-las por conta própria. Nunca deveríamos permitir que outra pessoa pense por nós, mas ficamos muito mais confortáveis ao deixar que os dispositivos tenham esse poder.

Os efeitos cumulativos desses quatro vilões digitais tiram nosso foco, atenção, aprendizado e, principalmente, a habilidade de pensar de verdade. Isso acaba com a nossa clareza mental, o que causa fadiga cerebral, distração, incapacidade de aprender com facilidade e infelicidade. Embora os avanços tecnológicos atuais tenham potencial tanto para ajudar como para prejudicar, a forma como os usamos na sociedade pode levar a uma epidemia de sobrecarga, perda de memória, distração e dependência. E isso só vai piorar.

A mensagem deste livro não poderia ser mais oportuna. Você nasceu com a tecnologia de última geração e não há nada mais importante do que a saúde e a aptidão do nosso cérebro — ele controla tudo na vida. Aprender a filtrar todos os dados, desenvolver novos métodos e habilidades para prosperar em um mundo distraído, afogando-se em uma enxurrada de informações, é do que precisamos para prosperar no século XXI. O aprendizado e a habilidade para aprender mais rápido e de forma mais fácil tornam possíveis todos os demais aspectos da vida, ou seja, nunca houve um momento melhor para treinar o cérebro da forma como você faz com seu corpo. Da mesma maneira que você quer um corpo saudável, também deseja um cérebro dinâmico, forte, energizado e em forma. É isso que Jim faz para ganhar a vida — ele é o *personal trainer* da mente.

Os quatro supervilões são somente um exemplo dos limites que você terá de aprender a superar neste livro. Segundo Jim, a chave para uma vida excepcional é o processo de não nos limitarmos. E ele decifrou o código para a

Prefácio

transformação pessoal com seu Modelo Sem Limites. Se você está tentando atingir uma meta em qualquer área, primeiro deve perguntar: Onde está o limite? Provavelmente você está enfrentando uma barreira em sua mentalidade, motivação ou método — o que não significa ser uma deficiência ou falha pessoal — que leva a uma nítida falta de habilidade. Ao contrário do que costumamos acreditar, nossos obstáculos não estão formados. Estamos em total controle e podemos superá-los a qualquer momento.

Se nossa mentalidade não estiver alinhada com nossos desejos ou metas, nunca os alcançaremos. É fundamental identificar as crenças e histórias que representam limites, além das convicções, atitudes e suposições profundas sobre você e o que é possível. Examinar, escavar e eliminar essas crenças é o primeiro passo para ter uma mentalidade sem limites. Uma vez minha mãe me disse que poderia fazer qualquer coisa, que eu era esperto, capaz e poderia ser o melhor no que tentasse. Essa crença profundamente enraizada me permitiu ter sucesso além dos meus melhores sonhos. Mas também acreditava que os relacionamentos eram difíceis e cheios de dor e drama ao testemunhar o divórcio e casamentos posteriores dos meus pais. Levei quase 50 anos para eliminar isso e encontrar a felicidade real na minha união.

O segundo segredo para uma vida sem limites é a sua motivação; Jim descreve três elementos-chave. O primeiro é o seu propósito. A razão pela qual isso importa. Quero envelhecer bem e estou empenhado em malhar e ficar mais forte, mesmo que não seja minha atividade favorita. O propósito supera o desconforto.

Já o segundo é a habilidade de fazer o que você quer. Isso requer o chamado gerenciamento de energia. A ciência da performance humana é essencial para alcançar seu objetivo — comer alimentos integrais não processados, fazer exercícios, controlar o estresse, ter um sono de qualidade e habilidades na comunicação e construção de relacionamentos saudáveis (e eliminação dos tóxicos). E, finalmente, as tarefas devem ser desdobradas em pedacinhos, pequenas etapas que levam ao sucesso. Passar o fio em um dente, ler uma página do livro, fazer uma flexão, meditar por um minuto. Tudo isso o levará a ganhar confiança e, finalmente, a sucessos maiores.

O último elemento-chave para não ter limites é usar o método certo. Aprendemos as ferramentas dos séculos XIX e XX para fazê-las funcionar no século XXI. O Método Sem Limites nos ensina as cinco principais estratégias para obtermos o que quisermos: Foco, Estudo, Aprimoramento da Memória, Leitura Dinâmica e Pensamento Crítico. O uso dessas tecnologias de aprendizado atualizadas nos permite aproveitar nossa mentalidade e motivação para tornar sonhos realidade com mais facilidade e eficácia.

Limites não são novidade para Jim. Depois de uma lesão na cabeça sofrida na infância prejudicar seu foco, concentração e capacidade de aprender, um professor insensível apontou para ele e falou: "Aí está o garoto com o cérebro quebrado." Jim passou sua vida aprendendo como superar e curar sua lesão, transformando seus desafios em um superpoder de aprendizado. Todos temos um cérebro quebrado, em um grau ou outro. *Sem Limites* é a receita para curar nossos cérebros, reformular crenças que representam limites e melhorar a vida. Aprender como aprender é o superpoder derradeiro, aquele que torna todos os outros possíveis. E ensinar isso é o objetivo deste livro.

Em *Sem Limites*, Jim Kwik traz um roteiro para fazermos exatamente isso. Muitos de nós não somos criados com as ferramentas necessárias, mas Jim generosamente compartilha neste livro tudo o que aprendeu. Ele gastou três décadas trabalhando nas trincheiras com pessoas de todas as esferas da vida: estudantes, professores, celebridades, trabalhadores do setor da construção, políticos, empreendedores, cientistas. Ele trabalhou com alguns dos sistemas educacionais mais avançados do mundo, treinando educadores, supervisores e estudantes em seus métodos. Seus ensinamentos realmente funcionam e podem beneficiar a todos nós.

Não há uma pílula da genialidade, mas um processo para chegar lá; você irá encontrá-lo nestas páginas. *Sem Limites* é um plano para atualizar o seu cérebro, não apenas para aprender como aprender mais rápido, melhor e mais efetivamente, mas também para curar seu cérebro físico por meio da nutrição, suplementos, exercícios, meditação, sono e muito mais, para aumentar a criação de novas células cerebrais e as conexões entre elas.

Jim reúne três livros em um. Se sua mentalidade, motivação e métodos atuais estão limitando a capacidade de alcançar seus sonhos, então *Sem Limites* é o manual do proprietário para um cérebro e um futuro melhores, mais positivos e brilhantes. Seu aprendizado e sua vida nunca mais serão os mesmos.

—Mark Hyman, M.D.
chefe de estratégia e inovação no
Cleveland Clinic Center for Functional Medicine
e autor de 12 best-sellers do *New York Times*
Dezembro de 2019

"Sabe quando você é criança, sua imaginação não tem limites e você realmente acreditava em magia? Pensava que tinha superpoderes."

—MICHELLE PHAN

INTRODUÇÃO

Qual é o seu maior desejo? Sério, se um gênio lhe oferecesse um desejo, somente um, o que você pediria?

Desejos ilimitados, é claro!

Agora, pense que sou o seu gênio da aprendizagem e posso lhe conceder um desejo de aprendizado — qualquer assunto ou habilidade. O que você gostaria de aprender? O que seria equivalente aos "desejos ilimitados"?

Aprender como aprender, certo?

Se você realmente soubesse como aprender de forma mais inteligente, rápida e melhor, poderia usar isso para tudo. Aprender a dominar sua mentalidade ou motivação, ou usar os métodos para aprender mandarim, marketing, música, artes marciais ou matemática — não haveria limites! Você seria um super-herói mental! Tudo seria possível porque você não teria limites!

Minha missão com este livro é conceder esse desejo nas páginas a seguir. Vamos começar dizendo o quanto eu respeito e admiro você. Ao investir na compra e leitura desta publicação, você está muito à frente da maioria da população que simplesmente aceita as atuais condições e restrições. Você é parte de um pequeno grupo de indivíduos que não só quer mais para sua vida, como também está disposto a fazer o necessário para chegar lá. Em outras palavras, você é o herói desta história; atendeu ao chamado para a aventura. Acredito que a verdadeira aventura em que vivemos é mostrar e entender todo o nosso potencial, inspirando outras pessoas a fazerem o mesmo.

Não tenho como saber como a jornada da sua vida lhe trouxe a este livro. Suponho que pelo menos parte dela seja aceitar os limites impostos a você, seja por outras pessoas ou por si mesmo: você não pode ler rápido o suficiente para acompanhar tudo o que precisa saber. Sua mente não é ágil o suficiente para ter sucesso no trabalho. Você não está motivado para fazer as coisas ou não tem energia para alcançar seus objetivos. E por aí vai.

A natureza deste livro é transcender — acabar com o transe: a hipnose em massa e as mentiras que aprendemos de nossos pais, da programação da

TV, na imprensa ou pelo marketing, que sugerem que somos limitados. De alguma forma, não somos o suficiente, não somos capazes de ser, fazer, ter, criar ou contribuir.

Acreditar que você é limitado também pode impedi-lo de realizar seus maiores sonhos — pelo menos até agora. Mas prometo que nenhuma de suas crenças realmente restringe quem você é. Todos temos um vasto potencial dentro de nós, níveis inexplorados de força, inteligência e foco. E a chave para ativar estes superpoderes é fazer com que não tenhamos limites. Durante mais de 25 anos, trabalhei com pessoas de todas as idades, nacionalidades, raças, níveis socioeconômicos e educacionais. O que descobri é que, não importa sua origem ou que desafios encarou, você tem um potencial incrível apenas esperando para ser explorado. Cada pessoa — independentemente de idade, experiência, educação, gênero ou história pessoal — pode ir além do que acredita que merece e é possível. E isso inclui você. Você passará a pensar em suas próprias limitações como um conceito ultrapassado à medida que trabalhamos juntos.

Falo sobre super-heróis e superpoderes neste livro. Mas por que isso? Em primeiro lugar, sou meio nerd. Por conta da lesão cerebral de minha infância e dos desafios de aprendizado, usava as histórias em quadrinhos e filmes como fuga, para me inspirar durante minhas batalhas. Percebi que todos os meus favoritos compartilhavam o mesmo padrão: a Jornada do Herói. A estrutura clássica de trama de Joseph Campbell aparece em quase todas as aventuras famosas, como *O Mágico de Oz*; *Star Wars*; *Harry Potter*; *Comer, Rezar, Amar*; *Jogos Vorazes*; *Rocky*; *Senhor dos Anéis*; *Alice no País das Maravilhas*; *Matrix* e outros.

Pense em sua história favorita ou em um dos filmes ou livros que acabei de mencionar. Soa familiar? O herói (por exemplo, Harry Potter) começa em um mundo comum, que todos conhecemos. Então, ele recebe um chamado para a aventura. Ele tem uma escolha: ignorar e permanecer no mundo comum, onde nada mudará, ou atender ao chamado e encarar o desconhecido. Se ele atender ao chamado (como Neo quando tomou a pílula vermelha em *Matrix*), encontrará o seu guia ou mentor (como o senhor Miyagi, de *Karate Kid*) que vai treiná-lo e o prepará-lo para superar os obstáculos e atingir novos níveis de satisfação. O herói é apresentado aos seus novos poderes e habilidades, e é estimulado a usá-los como nunca. Ele transcende as limitações percebidas, aprende uma nova maneira de ser e, eventualmente, enfrenta suas provações. Quando ele retorna ao mundo normal (como Dorothy voltando ao Kansas), carrega o benefício máximo (o tesouro, as emoções, a força, a clareza e a sabedoria que descobriu da sua aventura). Então, compartilha as lições e dons com outras pessoas.

A Jornada do Herói é a estrutura perfeita para dar poder e propósito à sua história pessoal. Em *Sem Limites*, você é o super-herói.

Uma de minhas principais crenças é a de que o potencial humano é um dos únicos recursos infinitos que temos no mundo. Quase todo o resto é limitado, mas a mente humana é o superpoder principal: não há limites para a nossa criatividade, imaginação, determinação ou capacidade de pensar, raciocinar ou aprender. No entanto, esse recurso também está entre os menos explorados. Todos podemos ser heróis em nossa própria história, mergulhando no poço do nosso potencial todos os dias ou nunca deixando-o secar. Mas poucos veem a vida dessa forma. É por isso que escrevi este livro: para ajudá-lo a perceber que, não importa onde você está ou de onde veio, pode realmente se libertar, indo dos limites à libertação. Talvez seja o único elemento "extra" que você precisa para passar do mundo comum para o extraordinário.

Este livro lhe dará esse extra. O que você obterá das páginas a seguir é uma série de ferramentas que o ajudará a eliminar suas restrições visíveis. Você aprenderá como tornar seu cérebro sem limites. Aprenderá a derrubar os limites do seu impulso. Aprenderá a tornar ilimitados sua memória, foco e hábitos. Se sou o mentor na sua Jornada do Herói, este livro é o mapa para você dominar a sua mente, motivação e métodos para aprender como aprender. E, quando fizer isso, não haverá limites para você.

Aqui está a porta; você sabe o que está esperando do outro lado. Pode passar por ela.

"Se um ovo é quebrado por uma força externa, a vida termina. Se é quebrado por uma força interior, a vida começa. Grandes coisas sempre começam por dentro."

—JIM KWIK

PARTE I
LIBERTE A SUA MENTE

"Nós não precisamos de magia para mudar o mundo. Nós já temos todo o poder necessário dentro de nós mesmos."

—J. K. ROWLING

1

TORNANDO-SE SEM LIMITES

"Eu sou tão idiota."

"Eu não entendo."

"Eu sou muito burro para aprender."

Esses eram os meus mantras enquanto crescia. Não houve um dia em que não achasse que era lento, burro e que jamais aprenderia a ler, muito menos conseguir fazer qualquer coisa na vida. Se existisse uma pílula que pudesse turbinar meu cérebro e me tornar mais inteligente de uma só vez (como no filme *Sem Limites*, lançado em 2011 e estrelado por Bradley Cooper), daria tudo para tê-la.

E não era o único a sentir isso. Se você tivesse perguntado aos meus professores de infância, muitos diriam que eu seria a última pessoa que eles esperavam estar escrevendo este livro para você. Naquela época, eles ficariam surpresos ao saber que eu estava *lendo* um livro, quanto mais escrevendo um.

A origem disso tudo foi um incidente no jardim de infância que alterou completamente o rumo da minha vida. Estava na sala um dia e ouvi sirenes do outro lado da janela. Todos perceberam, a professora olhou para fora e viu caminhões dos bombeiros. Toda a turma respondeu a essa informação como típicos alunos do jardim de infância: correndo imediatamente para a janela. Estava particularmente animado porque, naquela época, era obcecado por super-heróis (ainda sou). Para mim, os bombeiros eram o mais próximo dos super-heróis da vida real. Corri para a janela, como todo mundo.

O único problema é que não era alto o suficiente para ver os caminhões lá embaixo. Uma criança pegou uma cadeira para enxergar melhor, o que inspirou os demais a fazer o mesmo. Corri para a minha mesa para pegar minha cadeira, empurrando-a contra o enorme aquecedor que corria por toda a extremidade inferior das janelas. Subi nela, vi os bombeiros e fiquei muito empolgado. Era demais! Meus olhos brilhavam e mal conseguia fechar a boca enquanto observava aqueles corajosos heróis em ação, com seus uniformes aparentemente indestrutíveis e o brilhante veículo vermelho.

Mas uma das crianças segurou minha cadeira por baixo, fazendo com que eu me desequilibrasse e caísse de cabeça no aquecedor. Bati com força na placa, que era feita de metal, e comecei a perder sangue. A escola me mandou imediatamente para o hospital, onde os médicos cuidaram das minhas feridas. Mas depois eles foram sinceros com a minha mãe; a lesão no meu cérebro não foi leve.

Minha mãe disse que nunca mais fui o mesmo depois daquele incidente. Se antes era elétrico, confiante e curioso, agora parecia visivelmente desligado e tinha uma nova dificuldade em aprender. Era extremamente difícil manter o foco, não conseguia me concentrar e minha memória estava péssima. Como você pode imaginar, a escola se tornou uma provação para mim. Os professores se repetiam até que eu aprendi a fingir que entendia. Enquanto todas as outras crianças aprendiam a ler, não conseguia entender as palavras. Você se lembra daquelas rodas de leitura, em que o livro era passado de mão em mão e todos tinham que ler em voz alta? Para mim, isso era o pior — esperava nervoso, enquanto o livro se aproximava cada vez mais, apenas para olhar a página e não entender uma palavra (acho que foi daí que veio inicialmente o meu pavor de falar em público). Levaria mais três anos para poder ler, e isso continuou a ser uma batalha difícil por um longo tempo.

Não sei se aprenderia a ler se não fosse pelos heróis que conheci nas revistas em quadrinhos. Livros normais não prendiam a minha atenção, mas meu fascínio por quadrinhos me levou a continuar me esforçando até que pudesse ler sem esperar que outra pessoa o fizesse. Eu lia usando uma lanterna, debaixo das cobertas, à noite. Essas histórias me deram a esperança de que era possível uma pessoa superar probabilidades impossíveis.

Meus super-heróis favoritos na infância eram os X-Men. Não só porque eles eram fortes, mas também por serem incompreendidos e estranhamente diferentes. Senti que podia me identificar com eles. Eles eram mutantes, não se encaixavam na sociedade e as pessoas que não os compreendiam acabavam evitando-os. Era o meu caso, exceto pelos superpoderes. Os X-Men eram párias, assim como eu. Pertencia ao mundo deles.

Cresci no Condado de Westchester, nos subúrbios da cidade de Nova York, e fiquei super empolgado no dia em que descobri que, de acordo com os quadrinhos, a Escola para Jovens Superdotados, do Professor Xavier, ficava perto de mim. Quando tinha 9 anos de idade, pegava minha bicicleta e pedalava quase todo final de semana pela vizinhança, procurando a chamada Mansão X. Estava obcecado. Pensava que, se pudesse localizá-la, acharia lá um lugar onde finalmente poderia me encaixar, onde era seguro ser diferente, onde poderia descobrir e desenvolver meus superpoderes.

O GAROTO COM O CÉREBRO QUEBRADO

No mundo real, a vida não era muito gentil. Foi mais ou menos nessa época que minha avó, que vivia conosco e ajudou a me criar, começou a desenvolver sinais avançados de demência. Ver alguém que você ama perder a mente e a memória é difícil de descrever. Era como perdê-la seguidas vezes até a sua morte. Ela era o meu mundo e, aliado às minhas dificuldades de aprendizado, é por causa dela que sou tão apaixonado por saúde e condicionamento cerebral.

De volta à escola, era intimidado e ridicularizado não só fora de sala, mas também dentro dela. Lembro-me de um dia no ensino fundamental quando uma professora, frustrada porque não entendia a lição, apontou para mim e falou: "Esse é o garoto com o cérebro quebrado." Fiquei arrasado ao descobrir que aquela era a forma como ela me via — e que os outros, provavelmente, achavam o mesmo.

Quando você põe um rótulo em algo ou alguém, muitas vezes cria um limite — o rótulo se torna a limitação. As pessoas adultas precisam ter muito cuidado com o que falam, pois suas palavras externas rapidamente são interiorizadas por uma criança. Foi o que aconteceu comigo naquele momento. Sempre que lutava para aprender, ia mal em alguma prova, não era escolhido para um time na aula de educação física ou ficava atrás dos meus colegas, dizia a mim mesmo que era porque meu cérebro estava quebrado. Como poderia esperar ir tão bem quanto os outros? Estava com defeito. Minha mente não funcionava como a dos demais. Mesmo quando estudava muito mais do que meus colegas, as notas nunca refletiam o meu esforço.

Era muito teimoso para desistir e fui conseguindo passar de ano, mas não estava prosperando. Enquanto era bom em matemática graças à ajuda dos meus amigos inteligentes, era péssimo em muitas outras áreas, principalmente matérias como inglês, leitura, línguas estrangeiras e música. Então, em meu primeiro ano do ensino médio, as coisas chegaram a um ponto em que eu corria o risco de ser reprovado em inglês. Meus pais foram chamados pela professora para discutirem o que eu poderia fazer para ser aprovado.

Ela ofereceu um projeto de pontuação extra para mim. Tinha que escrever um relatório comparando as vidas e feitos de dois gênios: Leonardo da Vinci e Albert Einstein. Ela me disse que garantiria os pontos necessários para eu passar se fizesse um bom trabalho.

Encarei aquilo como uma grande oportunidade, uma chance para apertar o botão de reiniciar no que tinha sido um começo difícil em meus anos no ensino médio. Dediquei-me ao máximo para escrever o melhor relatório possível. Passei horas na biblioteca após a aula, tentando aprender tudo o que pudesse sobre aquelas duas grandes mentes enquanto trabalhava no relatório. Curiosamente, durante a pesquisa vi várias menções ao fato de que tanto Einstein quanto Da Vinci lutavam contra supostas dificuldades de aprendizado.

Após semanas de muito esforço, montei o relatório final. Estava tão orgulhoso do que tinha feito que encadernei as páginas profissionalmente. Esse trabalho era uma afirmação para mim; a forma como anunciaria ao mundo o que era capaz de fazer.

No dia do prazo final do trabalho, o coloquei na mochila, ansioso para entregá-lo à professora e, mais ainda, pela resposta que esperava que ela tivesse ao que eu fiz. Planejei para o final da aula, então assisti ao que quer que estivéssemos fazendo naquele dia tentando me concentrar, mas constantemente voltando a pensar no olhar que esperava ver no rosto da professora quando apresentasse o relatório.

Mas levei um balde de água fria. A professora simplesmente encerrou a aula faltando metade do tempo para acabar e disse que tinha uma surpresa para a turma. Ela revelou que eu estava trabalhando em um relatório extra, e gostaria que fosse apresentado agora.

Passei a maior parte da minha vida escolar tentando me encolher para não ser chamado nas aulas; quando você é o defeituoso, sente que não tem muito a oferecer. Estava mais do que tímido e não queria chamar atenção. Meu superpoder na época era o da invisibilidade. Tinha pavor de falar em público, não estou exagerando. Se você colocasse um monitor cardíaco em mim naquele momento, ele provavelmente quebraria. Além disso, quase não conseguia respirar. Não havia forma de ficar na frente de quem quer que seja e falar sobre o trabalho que tinha feito. Foi aí que tomei a única decisão disponível para mim.

"Desculpe, mas não fiz", disse, gaguejando e mal tirando as palavras da minha boca.

A cara de decepção da professora — tão diferente da que imaginei antes — foi tão profunda que meu coração quase se partiu. Mas eu simplesmente não podia fazer o que ela pediu. Quando a aula acabou, após todos saírem, joguei o relatório no lixo e, com ele, grande parte do meu respeito e valor próprios.

VOCÊ ESTÁ MAIS PERTO DO QUE PENSA

De alguma forma, apesar de todos os problemas na escola, consegui entrar em uma universidade local. Pensava que ser calouro significava uma última oportunidade de recomeçar. Sonhava em deixar minha família orgulhosa e mostrar ao mundo (e, mais importante, a mim) que tinha potencial para fazer sucesso. Estava em um novo ambiente. Professores universitários pensam diferente em relação aos do ensino médio e ninguém ali tinha noções preconcebidas a meu respeito. Trabalhei duro, mas acabei indo ainda pior na faculdade.

Alguns meses depois, comecei a encarar minha realidade. Não via sentido no desperdício de tempo, além do dinheiro que não tinha. Estava pronto para largar a universidade. Falei com um amigo sobre meus planos e ele sugeriu que, antes de tomar a decisão, deveria ir com ele visitar sua família. Ele pensou que me tirar do campus pudesse trazer novas perspectivas. Quando chegamos, seu pai me mostrou a propriedade antes do jantar. Durante o passeio, ele me perguntou como estava indo na faculdade. Aquela era a pior pergunta que alguém podia fazer na época e tenho certeza de que a minha resposta o surpreendeu. Comecei a chorar. Não de forma contida, mas convulsivamente. Pude ver como ele ficou surpreso com isso, mas sua pergunta inocente havia rompido a represa que segurava tantas emoções reprimidas.

Contei toda a história do "garoto com o cérebro quebrado", enquanto ele ouvia pacientemente. Quando terminei, ele me olhou diretamente nos olhos.

"Jim, por que você está na universidade?", perguntou. "O que você quer ser? O que quer fazer? O que quer ter? O que quer compartilhar?"

Não tinha respostas imediatas porque ninguém nunca tinha me perguntado aquilo antes, mas senti que deveria respondê-las agora. Comecei a falar e ele me interrompeu. Ele rasgou alguns pedaços de papel em seu diário de bolso e disse para que escrevesse minhas respostas (neste livro, irei mostrar como fazer perguntas para aprender e alcançar qualquer coisa mais rápido).

Passei os minutos seguintes escrevendo uma lista de desejos. Quando terminei, comecei a dobrar os papéis e me preparei para colocá-los no bolso. Mas, enquanto fazia isso, o pai do meu amigo tirou as páginas da minha mão. Eu me apavorei porque não sabia que o que havia escrito seria lido por alguém, ainda mais por aquele completo estranho. Mas ele abriu as páginas e leu, enquanto eu ficava ali, desconfortável.

Parecia que ele havia levado horas para ler o que escrevi, embora tivesse a certeza de que foi somente um minuto ou dois. Ao terminar, ele disse: "Você está perto assim", segurando os dedos das mãos a uma distância de menos de meio metro, "de conseguir tudo o que está nesta lista".

Achei a afirmação absurda. Disse a ele que não poderia cumprir a lista nem se tivesse mais dez vidas. Então ele ergueu os indicadores e, sem aumentar a distância entre eles, os posicionou de cada lado da minha cabeça. O espaço descrito era o meu cérebro.

"Esta é a chave", disse. "Venha comigo, tenho algo a lhe mostrar."

Voltamos para a casa e ele me levou a um quarto que eu nunca tinha visto. Era cheio de livros, de parede a parede, do chão ao teto. Lembre-se que naquele momento da minha vida não era fã de livros, ou seja, era o mesmo que entrar em uma sala cheia de cobras. Mas o que tornou aquilo pior foi que ele começou a pegar "as cobras" nas prateleiras e jogá-las em mim. Olhei os títulos e percebi que eram biografias de homens e mulheres incríveis, figuras históricas, bem como alguns livros sobre crescimento pessoal, como *A Mágica de Pensar Grande*, *O Poder do Pensamento Positivo* e *Quem Pensa, Enriquece*.

"Jim, quero que você leia cada um desses livros em uma semana."

Meu primeiro pensamento foi *será que você não prestou atenção em nada do que eu disse?* Não disse isso em voz alta, mas respondi: "Não sei como. Sabe, ler não é fácil para mim e tenho muitos trabalhos da faculdade para fazer."

Ele ergueu o dedo e disse: "Não deixe a faculdade interferir na sua educação." Depois, aprendi que ele estava parafraseando Mark Twain.

"Olhe", eu disse, "entendo que ler esses livros realmente me ajudará, mas não quero fazer nenhuma promessa que não consiga cumprir."

Ele parou, colocou a mão no bolso, puxou minha lista de desejos e começou a ler cada um em voz alta.

Havia algo em ouvir meus sonhos na voz de outra pessoa que mexeu com minha mente e alma de uma forma feroz. Verdade seja dita, muito do que estava na lista eram coisas que queria fazer pela minha família — que os meus pais nunca poderiam pagar ou nunca teriam feito por eles mesmos, ainda que pudessem bancar. Ouvir isso em voz alta mexeu comigo de formas que não sabia serem possíveis. Tocou profundamente minha motivação e propósito (libertaremos sua motivação juntos, na Parte 3). Quando ele terminou, eu disse que faria exatamente o que ele sugeriu, embora secretamente não tivesse ideia de como conseguiria isso.

FAZENDO A PERGUNTA CERTA

Voltei às aulas após o fim de semana, munido dos livros que ele me deu. Em minha mesa havia, agora, duas pilhas: a do que tinha de ler para as aulas e a do que prometi ler. O meu compromisso estava em uma escala que pesava em mim. Como detonaria essas pilhas se a leitura era um trabalho tão difícil para mim? Já estava com dificuldades para percorrer a primeira pilha — o que é que ia fazer? De onde tiraria tempo? Então passei a não comer, não dormir, não me exercitar, não ver televisão ou passar tempo com meus amigos. Em vez disso, praticamente morava na biblioteca. Até que em uma noite desmaiei de pura exaustão e caí de um lance de escadas, sofrendo um novo ferimento na cabeça.

Demorei dois dias para acordar no hospital. Pensei que havia morrido, e talvez uma parte de mim desejasse isso. Foi, realmente, um momento obscuro da minha vida. Estava perdendo peso, com apenas 53 quilos, e tão desidratado que estava preso a bolsas intravenosas.

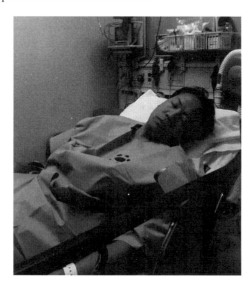

Por mais miserável que estivesse, disse a mim mesmo: "Tem de haver uma maneira melhor." Naquele momento, uma enfermeira entrou no quarto carregando uma xícara de chá com uma foto de Einstein, a mesma figura do relatório que me inspirou a me dedicar e estudar na escola. A frase ao lado da foto dizia: "Nenhum problema pode ser resolvido a partir do mesmo nível de consciência que o criou."

Foi aí que me dei conta de que talvez estivesse fazendo a pergunta errada. Comecei a pensar, qual era o meu *verdadeiro* problema? Sabia que demorava a aprender, mas pensava da mesma forma há anos. Percebi que estava tentando resolver meus problemas de aprendizado pensando da maneira que me ensinaram a pensar — me esforçando mais. Mas e se pudesse ensinar a mim mesmo um método de aprendizado melhor? E se pudesse aprender de forma mais eficiente, eficaz e até agradável? E se pudesse aprender como aprender mais rápido?

Naquele exato momento, eu me comprometi a encontrar esse caminho e, por conta disso, minha mentalidade começou a mudar.

Pedi à enfermeira um informativo do curso e comecei a folheá-lo. Após algumas centenas de páginas, não encontrei nada além de aulas sobre o que aprender — espanhol, história, matemática, ciências —, mas não havia aulas ensinando os alunos como aprender.

APRENDENDO A APRENDER

Quando saí do hospital, estava tão intrigado com a ideia de aprender como aprender que deixei meus estudos de lado e me concentrei somente nos livros que meu mentor me deu, assim como os que encontrei sobre teoria da aprendizagem de adultos; inteligências múltiplas; neurociência; crescimento pessoal, educacional e psicológico; leitura dinâmica; e até mnemônicos antigos (queria saber o que as culturas antigas faziam para passar o conhecimento adiante antes de terem dispositivos de armazenamento externo, como a impressão e os computadores). Estava obcecado em resolver este enigma: Como meu cérebro funciona para que eu possa botá-lo para trabalhar?

Após alguns meses de profunda imersão em meus novos estudos autodirigidos, uma luz acendeu. A habilidade de ter foco ficou mais forte. Comecei a entender novos conceitos porque conseguia me concentrar — não me distraía mais tão facilmente. Podia recordar melhor as informações que havia estudado semanas antes com pouca dificuldade. Tinha novos níveis de energia e curiosidade. Pela primeira vez em minha vida, podia ler e compreender as informações em uma fração do tempo que costumava levar. Minha competência recém-descoberta me deu um senso de confiança que nunca havia sentido antes. Meu cotidiano também mudou — via as coisas com mais clareza, sabia o que fazer para seguir adiante e libertei um senso de motivação fortalecedor e sustentável. Com esses resultados, comecei a acreditar que tudo era possível.

Mas também estava chateado. Parecia que todos os meus anos de dúvidas e sofrimento poderiam ter sido evitados se esse método fundamental de meta-aprendizado (aprender como aprender) tivesse sido ensinado na escola. Lembro, com frequência, dos professores dizendo que deveria estudar mais e me concentrar. Falar para uma criança coisas como "se concentrar" é como dizer a ela para tocar ukulele: é muito difícil sem nunca ter aprendido.

Continuando a Jornada do Herói, não pude deixar de compartilhar as dádivas e as lições que aprendi. Comecei a ensinar esses métodos para outros estudantes. A virada aconteceu quando trabalhei com uma caloura que queria aprender a ler mais rápido, ampliar a compreensão e guardar a informação estudada. Ela trabalhou com afinco e alcançou a meta de ler 30 livros em 30 dias. Sei como ela fez isso — ensinei a ela o método que você vai aprender no

Capítulo 14 —, mas queria saber o porquê. Descobri que sua motivação era o fato de sua mãe ter sido diagnosticada com um câncer em estado terminal e, por conta disso, ela estava determinada a salvá-la estudando livros sobre saúde, bem-estar e medicina. Meses depois, ela me ligou, chorando de alegria, para dizer que o câncer de sua mãe estava em remissão.

Percebi naquele momento que, se o conhecimento é poder, então o aprendizado é o nosso superpoder. E nossa capacidade de aprender é ilimitada; basta sabermos como acessá-la. Ver a forma como a vida dessa mulher mudou acendeu uma fagulha em mim e permitiu que descobrisse a minha missão de vida: ensinar a mentalidade, motivação e métodos para fazer seu cérebro evoluir e aprender qualquer coisa mais rápido, para que você possa ter acesso a uma vida excepcional.

Ao longo de mais de duas décadas, desenvolvi um conjunto confiável e comprovado de métodos para aprimorar o aprendizado, muitos dos quais estão neste livro. Não apenas mantive minha promessa de ler um livro por semana, mas continuei a servir e ajudar a todos, desde crianças com "deficiência de aprendizado" a adultos com problemas de envelhecimento cerebral. Em honra à memória da minha avó, nossa equipe apoia apaixonadamente a pesquisa contra o Alzheimer. E acreditamos que a educação é direito de todas as crianças, financiando a criação de escolas em todo o mundo, da Guatemala ao Quênia, dando assistência médica, água potável e ensino a crianças carentes por meio de organizações incríveis como a *WE Charity* e a *Pencils of Promise*. Esta é a nossa missão — construir cérebros melhores e mais brilhantes. Não deixaremos nenhum para trás.

Ensinei essas técnicas a outras pessoas e obtive resultados surpreendentes. Meus métodos chegam a mais de 150 mil pessoas em eventos ao vivo a cada ano, em todos os campos imagináveis; sou "treinador cerebral" de personalidades do esporte e do entretenimento; fiz treinamentos em muitas das principais empresas e universidades do mundo; lidero uma grande plataforma online de aprendizado acelerado com alunos de 195 países; e apresento um *podcast* de educação de qualidade chamado *Kwik Brain* [cérebro rápido, em português], com dezenas de milhões de ouvintes e centenas de milhões de visualizações. Este livro está repleto de lições e conselhos práticos que aprendi ao longo dos anos, assim como a sabedoria e recursos de muitos dos convidados que foram ao meu show.

Digo tudo isso porque, tendo dedicado minha vida a pesquisar e ensinar esse tema, sei o que há dentro deste livro e, mais importante, sei o que há dentro de você.

ENCONTRANDO A ESCOLA DO PROFESSOR X

Essa história tem um final feliz, por acaso. Como mencionei, ofereço treinamento mental para CEOs e suas equipes com regularidade. Alguns anos atrás, Jim Gianopulos, então CEO e presidente da 20th *Century Fox*, me convidou para uma sessão com sua equipe executiva. Fui ao estúdio de cinema uma sexta-feira pela manhã e passei várias horas com os principais funcionários. Eles estavam particularmente abertos à minha mensagem e se conectaram instantaneamente às técnicas.

Quando a sessão terminou, Jim veio para mim e disse: "Isso foi incrível. Foi uma das melhores sessões de treinamento que já fizemos." Fiquei feliz de ouvir isso, é claro. Quem não ama um feedback positivo? Depois, durante uma volta pelo estúdio, meus olhos pararam em um pôster do filme do Wolverine, programado para ser lançado no final daquele ano. Apontei para o pôster e disse: "Mal posso esperar para ver esse filme. Sou um grande fã."

"Você gosta de super-heróis?", perguntou Jim.

"Amo. Os X-Men tiveram um papel importante na minha vida." Contei a ele sobre minha lesão cerebral na infância, como as histórias em quadrinhos me ajudaram a aprender a ler e minha busca pela escola do Professor Xavier.

Ele sorriu e me disse: "Sabe, ainda vamos gravar 30 dias do próximo filme dos X-Men em Montreal. Por que você não vem conosco e passa uma semana no set? Os atores adorariam trabalhar com você."

Não havia como recusar. Nunca estive em um set de filmagens, e esse não era qualquer um — era o set do filme dos X-Men.

Na manhã seguinte, pegamos o avião que eles chamavam de *X-Jet*. Entre os demais passageiros, diversos atores do elenco mutante. Quando vi, estava sentado entre Jennifer Lawrence e Halle Berry. Esse estava se tornando o melhor dia da minha vida.

Já no avião, e durante a semana que passei no set, compartilhei algumas das minhas dicas com algumas das extraordinárias pessoas do elenco e da equipe sobre como usar o cérebro para leitura dinâmica de roteiros e memorizar frases. Enquanto isso, podia acompanhar as filmagens de mais uma saga dos X-Men. E adivinha só? A primeira cena que vi ser gravada foi na Mansão X — o mesmo lugar que passei dias intermináveis procurando quando era criança. Foi um momento surreal. Pense em seus sonhos. Como eles são? Aquele que está sempre presente, queimando na sua cabeça? Imagine isso em detalhes intensos. Visualize isso. Sinta. Acredite. E trabalhe diariamente para isso.

Surpreendentemente, essa não é a melhor parte da história. Quando voltei de viagem, havia um pacote me esperando em casa. Era enorme, do tamanho de uma TV grande de tela plana. Eu abri e lá estava uma enorme fotografia minha emoldurada, com todo o elenco dos X-Men. A foto tinha um bilhete do presidente, que dizia:

Jim, muito obrigado por compartilhar seus superpoderes conosco. Sei que você procura a sua escola de super-heróis desde a infância. Aqui está a foto da sua turma.

Veja a superfoto em cores em
LimitlessBook.com/classphoto.

FICANDO SEM LIMITES JUNTOS

> ### ilimitando
>
> i·li·mi·tan.do   *(verbo)*
>
> O ato ou processo de deixar de lado percepções imprecisas e restritivas do potencial de alguém e abraçar a realidade de que, com a mentalidade, motivação e métodos corretos, não há limitações.

Durante grande parte da minha vida, me permiti ser definido por minhas restrições visíveis. Tive o que achava ser um problema terrível quando criança e estava convencido de que isso havia definido o caminho para um futuro comprometido. Mas, com a ajuda de pessoas fundamentais, descobri que minhas restrições não eram realmente restrições. Eram apenas obstáculos que eu devia aprender a superar ou limitações que precisava desaprender. E, quando fiz isso, o que poderia aprender a ser ou fazer a cada dia se tornou sem limites.

Tornar-se ilimitado não é apenas aprendizado acelerado, leitura dinâmica e ter uma memória incrível. Sim, você aprenderá como fazer tudo isso e muito mais. Porém, ser ilimitado não é ser perfeito. Trata-se de progredir além do que você acredita ser possível atualmente. Assim como você aprendeu os limites por meio da sua família, cultura e experiências de vida, agora pode desaprendê-los. Essas restrições são apenas obstáculos temporários que você pode aprender a superar. O que descobri ao longo dos meus anos de trabalho com pessoas é que quase todo mundo limita e reduz seus sonhos para se ajustar à realidade atual. Nós nos convencemos de que as circunstâncias em que vivemos, as crenças que aceitamos e o caminho que seguimos são quem somos e quem sempre seremos. Mas há outra escolha. Você pode aprender a ilimitar e expandir sua mentalidade, sua motivação e seus métodos para criar uma vida sem limites. Quando você faz o que os outros não fazem, pode viver o que eles não vivem. Ao ler este livro, você está dando um passo importante. Lembre-se: um passo em direção a algo melhor pode mudar completamente o seu destino.

Ao dar passos, é essencial ter um mapa, um modelo de sucesso. Munido disso, não há prova ou dragão que você não possa superar. Então, aqui está ele:

O Modelo Sem Limites

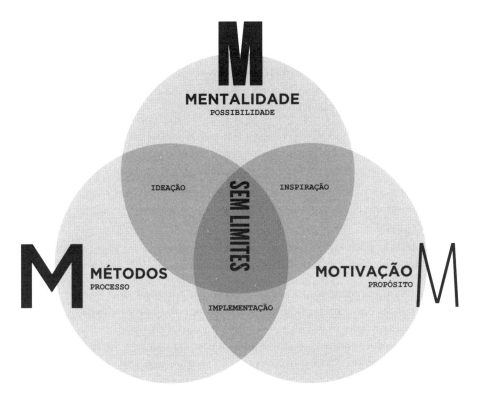

O MODELO SEM LIMITES

Você pode aprender a ser, fazer, ter e compartilhar sem restrições. Escrevi este livro para lhe provar isso. Se você não está aprendendo ou vivendo em sua capacidade máxima, se há uma lacuna entre as suas habilidades atuais e a realidade desejada, aqui está o motivo: há uma limitação que deve ser retirada e substituída em uma das três áreas:

- Limitação na sua Mentalidade — você acredita pouco em si mesmo, em suas capacidades, no que merece ou no que é possível.
- Limitação na sua Motivação — você não tem a motivação, o propósito ou a energia para agir.
- Limitação em seus Métodos — você foi ensinado e está atuando em um processo que não terá efetividade na geração dos resultados desejados.

Isso se aplica a um indivíduo, família ou organização. Todos temos nossa própria história de batalhas e esforços. Seja qual for a sua situação, aqui está a melhor parte: você não está sozinho. Vou ajudá-lo a se tornar sem limites à sua maneira, dentro da estrutura em três partes que você está prestes a aprender: Mentalidade Sem Limites, Motivação Sem Limites e Métodos Sem Limites. Deixe-me explicar:

- Mentalidade (o QUÊ): crenças, atitudes e suposições profundamente enraizadas que criamos sobre quem somos, como o mundo funciona, do que somos capazes e o que merecemos, e o que é possível.
- Motivação (o PORQUÊ): o propósito que você tem para agir. A energia necessária para que alguém se comporte de uma maneira específica.
- Método (o COMO): processo específico para realizar algo, geralmente uma instrução ordenada, lógica ou sistemática.

Outra observação sobre a ilustração da página anterior: você verá que na interseção entre mentalidade e motivação, coloquei a palavra *inspiração*. Você está inspirado, mas não sabe quais métodos usar ou onde canalizar sua energia. Já onde motivação e métodos se cruzam, você tem *implementação*. Nesse caso, seus resultados serão limitados ao que você sente que merece, do que é capaz e no que acredita ser possível porque não possui a mentalidade adequada. Onde mentalidade e método se sobrepõem, você tem a *ideação*. Suas ambições permanecem na mente porque falta energia para fazer algo a respeito. Na interseção das três se situa o estado sem limites. Aqui você tem o quarto I, de *integração*.

No decorrer deste livro, você encontrará exercícios, estudos, ferramentas mentais e os resultados de um trabalho empolgante sendo realizado tanto na fronteira da ciência cognitiva e do desempenho quanto na sabedoria antiga (por exemplo, como as civilizações antigas se lembraram de gerações de conhecimento antes do advento do armazenamento externo, como a máquina de impressão). Abordaremos os três M, um de cada vez:

- Na Parte II, Mentalidade Sem Limites, você aprenderá o que é *possível* quando erradicar as crenças que representam limites.
- Na Parte III, Motivação Sem Limites, você descobrirá por que seu *propósito* é seu poder, e as chaves para liberar seu impulso e energia.
- Na Parte IV, Métodos Sem Limites, você descobrirá como aprender da melhor maneira possível com *processos* comprovados — as ferramentas e técnicas que o impulsionarão à vida que você deseja e merece.

E, no final do livro, apresentarei um plano de 10 dias para iniciar seu progresso rumo a uma semana e uma vida sem limites.

Ao terminar o livro, você terá a habilidade de não ter limites em qualquer área importante para você, seja ela acadêmica, da saúde, da carreira, nos relacionamentos ou no crescimento pessoal. Como nunca estudei de verdade na escola dos X-Men, criei para você a nossa *Kwik Learning Academy* [Academia de Aprendizagem Rápida, em português], em que pessoas de todas as idades de 195 países treinam conosco diariamente para liberar seus superpoderes mentais. Considere *Sem Limites* o seu livro. Será uma honra ser o seu Professor Xavier e estou muito animado por você ter decidido embarcar nesta jornada comigo. A aula começa agora. E aqui está a melhor parte: este momento não poderia ser mais propício.

"Agora, nós já aceitamos o fato de que a aprendizagem é um processo necessário de acompanhamento de mudanças ao longo de uma vida. E a tarefa mais premente é ensinar às pessoas como aprender."

—PETER DRUCKER

2

POR QUE ISSO IMPORTA AGORA

Acredito firmemente que temos superpoderes incríveis esperando para serem ativados. Não estou falando em voar, criar armaduras de aço ou atirar lasers dos olhos, mas das habilidades práticas da vida real, como voar pelos livros ou ter memória de aço, foco como um raio laser, criatividade sem limites, pensamento claro, atenção plena e comportamento mental superior, entre outras coisas. Todos somos super-heróis, de um jeito ou de outro.

Assim como cada super-herói tem poderes, ele também tem arqui-inimigos, os chamados supervilões. Pense no Coringa para o Batman e no Lex Luthor para o Super-Homem. Os vilões que enfrentamos podem não se parecer com os mesmos dos filmes, mas ainda são os bandidos — aqueles que você, como super-herói, precisa derrotar e manter à distância. Os supervilões do mundo moderno são obstáculos que entram no nosso caminho, tornando a vida mais difícil e nos deixando aquém do nosso potencial. Eles nos atrasam e roubam nossa produtividade, prosperidade, positividade e paz de espírito. E cabe a nós reconhecê-los e derrotá-los.

Se você já leu alguma revista em quadrinhos ou assistiu a algum filme de super-herói, sabe que os supervilões geralmente surgem de situações improváveis. Veja o exemplo de Harvey Dent, também conhecido como Duas Caras. Promotor de justiça de Gotham, ele começa com a melhor das intenções, defendendo a lei e colocando bandidos na prisão, trabalhando lado a lado com o Batman. Porém, um ato de vingança deixa metade do rosto de Dent coberto de cicatrizes e ele passa a ser uma pessoa com muita raiva, amarga e vingativa. Ele se torna tudo aquilo contra o que passou a vida lutando: um criminoso ambíguo, que brinca com o futuro de suas vítimas. O bem nele se distorce e é usado para fins sinistros.

Aconteceu o mesmo com os quatro supervilões da aprendizagem. Eles começaram inocentes, mas acabaram alimentados por alguns dos maiores avanços feitos pela humanidade nos últimos cem anos. Eles foram criados pela tecnologia. Para deixar claro, a tecnologia é parte vital do progresso e de se tornar ilimitado. Ela nos permite fazer tudo, desde se conectar a aprender, tornando nossas vidas muito mais práticas. Mas é possível consumirmos a tecnologia digital a uma taxa que até seus criadores consideram extrema. Grande parte da tecnologia disponível hoje é tão nova que não sabemos o quanto precisamos controlar nossa interação com ela.

Por meio da nossa plataforma educacional *Kwik Learning*, temos estudantes de 195 países e geramos dezenas de milhões de downloads em nosso podcast. Nossa comunidade tem demonstrado crescente preocupação com a excessiva dependência da tecnologia. Eles vêm até nós para atualizar seus cérebros e atenuar os efeitos dos atuais "quatro cavaleiros do apocalipse": sobrecarga digital, distração digital, demência digital e dedução digital. É importante notar que essas sensações de sobrecarga, distração, esquecimento e pensamento "automático" existem há séculos. Embora a tecnologia não seja a causadora dessas condições, ela tem enorme potencial para amplificá-las. Os benefícios da Era Digital são abundantes, mas vamos dar uma olhada em como os mesmos avanços da tecnologia que podem ajudá-lo também podem prejudicá-lo.

DILÚVIO DIGITAL

Você tem muito para processar em bem pouco tempo? Temos o privilégio de viver em um mundo com acesso irrestrito a informações. Nessa era da conectividade, a ignorância é uma escolha. Comparado ao século XV, consumimos atualmente tantos dados em um único dia quanto uma pessoa comum dos anos 1400 teria absorvido durante toda a vida. Não muito tempo atrás, a informação se movia lentamente pelo boca a boca, por um jornal ou um informe publicado em uma praça da cidade. Agora, temos tanto acesso a informação que isso está afetando nosso tempo e qualidade de vida. Uma pessoa comum consome 3 vezes mais informação do que uma que vivia nos anos 1960;[1] um relatório de 2015 indicava que os entrevistados passavam 8 horas diárias consumindo notícias.

Em uma entrevista à *National Public Radio,* o repórter de tecnologia do *New York Times,* Matt Richtel, disse que, após 20 anos glorificando a tecnologia, como se tudo oriundo dela fosse bom, ele acha que "a ciência está começando a adotar a ideia de que algumas tecnologias são como bolinhos Ana Maria e outras são como couve de Bruxelas. Consumir muita tecnologia, assim como fazemos com comida, pode ter efeitos negativos."[2]

Pesquisadores da Universidade da Califórnia em São Francisco fizeram um estudo sobre o efeito do tempo de inatividade. Eles deram aos ratos uma nova experiência e mediram suas ondas cerebrais durante e após a atividade. Na maioria das circunstâncias, uma nova experiência expressará nova atividade neural e novos neurônios no cérebro, ou seja, se o rato tiver tempo de inatividade. Com a inatividade, os neurônios abriram caminho pelo portal da memória para o resto do cérebro, onde a memória de longo prazo é armazenada. Os ratos foram capazes de registrar memórias de suas experiências, que são a base para o aprendizado.[3]

Isso não faz você se perguntar o que acontece se *não* houver tempo de inatividade? Há cada vez mais evidências que sugerem que, se nunca deixarmos nossa mente vagar ou ficar entediada por um momento, pagamos um preço — falta de memória, anuviamento mental e fadiga.

Já em meados dos anos 1990 (quando a sobrecarga digital representava uma fração da preocupação que é agora), pesquisas começaram a mostrar que havia reais riscos à saúde envolvidos na navegação por um mundo sempre ativo. Um estudo da *Reuters* ameaçadoramente chamado de "Morrendo pela Informação" mostrou que "dois em cada três entrevistados associaram a sobrecarga de informações à tensão com os colegas e à perda de satisfação no trabalho; 42% atribuíram problemas de saúde a esse estresse, 61% precisaram cancelar as atividades sociais como resultado da sobrecarga de informações e 60% disseram estar frequentemente cansados demais para as atividades de lazer". Ainda segundo o estudo, "diante de uma avalanche de informações e seus canais, eles se tornaram incapazes de criar rotinas simples para administrá-las".[4]

Além disso, também temos que lidar com o fato de a meia-vida da informação ter diminuído. A meia-vida nada mais é que a quantidade de tempo que passa antes que as informações sejam substituídas por outras atualizadas ou mais precisas. Você pode estudar o quanto quiser: as informações que processa agora estarão desatualizadas mais cedo do que pensa. Os "fatos" escritos em artigos, livros e documentários são baseados em fortes evidências e aceitos como verdade. Mas eles são completamente revertidos quando sai um novo estudo.

Não preciso contar a você como estamos completamente afogados pelos detalhes digitais. Mesmo quando tentamos "sair da rede", a informação digital dá um jeito de nos encontrar. Neste momento, desliguei todos os meus dispositivos para escrever. Mas preciso ter acesso à internet para pesquisar e, com isso, uma série de notificações e atualizações aleatórias continua aparecendo no meu computador (sim, sei que poderia desabilitá-las, mas você já me entendeu).

Nos capítulos 12 (Estudo) e 14 (Leitura Dinâmica), você descobrirá formas práticas de alcançar, acompanhar e se antecipar à sobrecarga digital de informações que deve processar todos os dias.

COMECE LOGO

Pare um instante e reserve 30 minutos na sua agenda esta semana. É um momento para ficar longe da tecnologia, dedicando-se a limpar sua mente, relaxar e ser criativo.

DISTRAÇÃO DIGITAL

Antes dos dispositivos móveis, toda hora dizíamos *brb* [sigla para *be right back*, ou "volto logo" em português] quando estávamos online. Isso não acontece mais. Não saímos mais. Agora nós vivemos aqui. Por estarmos sempre online, com os dispositivos sempre conectados, temos dificuldade para nos conectar com os amigos e a família, e precisamos lutar para seguir concentrados no trabalho. Muitos de nós lidamos com algum tipo de situação da vida profissional em que não ficamos confortáveis em abandonar a conexão digital por grandes períodos de tempo todos os dias. Então permanecemos ligados por temer que, se ficamos inacessíveis, acabaremos prejudicados.

O problema é que somos predispostos a sentir prazer com isso. Cada injeção sucessiva de dopamina recebida, seja por conta de uma curtida nas redes sociais ou das mensagens de texto de entes queridos ou amigos, apenas reforça o nosso comportamento. Mas essas recompensas estão mudando nossos cérebros. Em vez de relaxar durante possíveis momentos de inatividade, seja em uma fila, à espera de um ônibus ou de um compromisso, pegamos os telefones e treinamos nossos músculos de distração. E o que acontece quando esse é nosso modo constante, em que cada momento livre é preenchido com estímulos luminosos?

Estar conectados pode nos tornar mais seguros, mas não nos deixa mais felizes. Ryan Dwyer, mestre em psicologia e doutorando na *British Columbia University*, liderou um estudo que mostrou como os hábitos digitais estão afetando nossas relações. Em um experimento com mais de 300 adultos e estudantes universitários, foi pedido que, durante uma refeição, alguns deixassem seus telefones na mesa, com fácil acesso, enquanto outros colocariam o aparelho no silencioso, armazenado em um recipiente também na mesa. Depois, os participantes teriam que responder a um questionário em relação aos seus sentimentos sobre conexão, diversão, distração e tédio.

A pesquisa também pedia para eles detalharem o total de tempo gasto no telefone durante a refeição. Aqueles cujos aparelhos estavam acessíveis os usavam com mais frequência... E eles disseram se sentir mais distraídos. Eles também afirmaram ter aproveitado menos a refeição do que aqueles que não mexeram nos telefones. "A tecnologia moderna pode ser maravilhosa, mas pode facilmente desviar nossa atenção e nos privar de momentos especiais com os amigos e a família pessoalmente", disse Dwyer a respeito do estudo.[5]

Assim como poucos de nós aprendem a aprender, poucos sabem como processar e filtrar a enorme quantidade de informações que estamos vendo constantemente. Esse modo multitarefa, com absorção de tantas coisas ao mesmo tempo, não faz bem. "Pedir ao cérebro que desvie a atenção de uma atividade para outra faz com que o córtex e o corpo estriado pré-frontal queimem a glicose oxigenada, o mesmo combustível necessário para permanecer na tarefa", aponta o neurocientista Daniel J. Levitin em seu livro *A Mente Organizada*. "E o tipo de mudança rápida e contínua que fazemos ao sermos multitarefa leva o cérebro a queimar combustível tão rapidamente que ficamos exaustos e desorientados depois de um curto período de tempo. Literalmente, esgotamos os nutrientes em nosso cérebro, o que leva a um comprometimento nos desempenhos cognitivo e físico."[6]

De notificações de aplicativos a mensagens, não são apenas os adultos que lidam com isso. Com a disponibilidade da tecnologia e a pressão social para estarmos online e ativos nas redes sociais, crianças e adolescentes também vivem essa distração constante.

No capítulo 11 (Foco), você descobrirá as chaves para manter a concentração e desenvolver o foco no aprendizado e execução de tarefas.

 COMECE LOGO
Acesse as configurações de notificação do seu celular e desligue todos os sons e sinais desnecessários e perturbadores. Faça isso agora.

DEMÊNCIA DIGITAL

Qual foi a última vez que você lembrou do número de telefone de alguém? Estou entregando a idade aqui, mas faço parte de uma geração que, quando queria ligar para um amigo, precisava *saber* o seu número. Você consegue se lembrar dos números de alguns dos seus melhores amigos de infância? E de alguém com quem fala todos os dias? Isso não é mais necessário, porque o seu celular faz isso para você. Não quer dizer que alguém queira ou deva memorizar 200 números de telefone, mas todos perdemos a habilidade de lembrar de um novo número, ou de uma conversa que acabamos de ter, o nome de um novo cliente em potencial ou algo importante que devemos fazer.

O neurocientista Manfred Spitzer usa o termo demência digital para descrever como o uso excessivo da tecnologia resulta no colapso das habilidades cognitivas. Ele argumenta que os caminhos de memória de curto prazo começarão a se deteriorar por subutilização se usarmos excessivamente a tecnologia. É a mesma coisa com o GPS. Vá para uma nova cidade e veja o quanto você depende dele para se locomover. Então veja quanto tempo você leva para mapear novas ruas em sua mente — provavelmente muito mais do que quando era criança, mas não porque seu cérebro não está funcionando bem. Com ferramentas como o GPS, não damos às nossas mentes a chance de trabalhar. Contamos com a tecnologia para fazer a memorização para nós.

Essa dependência pode estar prejudicando a nossa memória de longo prazo. Maria Wimber, da Universidade de Birmingham, contou à *BBC* que a tendência de procurar informações impede o acúmulo de memórias de longo prazo. Em um estudo que examinou os hábitos de memória de 6 mil adultos no Reino Unido, França, Alemanha, Itália, Espanha, Bélgica, Holanda e Luxemburgo, Wimber e sua equipe descobriram que mais de um terço dos entrevistados procurou o computador para buscar informações em primeiro lugar. O Reino Unido teve os números mais altos: mais da metade dos participantes pesquisou a resposta online antes de pensar em responder por conta própria.[7]

Por que isso é sério? Porque essa informação instantânea pode ser fácil e imediatamente esquecida. "Nosso cérebro parece fortalecer uma memória cada vez que lembramos dela e, ao mesmo tempo, esquecer memórias irrelevantes que nos distraem", disse a doutora Wimber. Forçar-se a buscar informações em vez de depender de uma fonte externa é uma forma de criar e fortalecer uma memória permanente. Quando você contrapõe este dado com a realidade de que a maioria de nós vive constantemente buscando informação, que às vezes até já buscamos antes, sem nem tentar lembrar, parece que estamos nos prejudicando.

Confiar na tecnologia é sempre ruim? Muitos pesquisadores discordam. Eles dizem que, ao terceirizar algumas tarefas menores, como memorizar números, fazer contas básicas ou encontrar o caminho para um restaurante ao qual já fomos, estamos economizando espaço no cérebro para algo que é mais importante para nós. Há pesquisas que dizem que nossos cérebros parecem mais com músculos do que com um disco rígido. Quanto mais você usa, mais forte ele fica, e maior é seu poder de armazenamento. A pergunta é: Estamos fazendo essas escolhas por nossa vontade ou a partir de um hábito inconsciente?

Muitas vezes terceirizamos nossos cérebros para os dispositivos inteligentes que, por sua vez, nos deixam um pouco estúpidos. O cérebro é a nossa principal máquina de adaptação, capaz de níveis aparentemente infinitos de evolução. Porém, muitas vezes esquecemos de lhe dar o exercício que ele necessita. Assim como há um preço físico em confiar sempre na tecnologia do elevador em vez de ir de escada, o mesmo acontece com músculos mentais preguiçosos: use-os ou perca-os.

No capítulo 13 (Memória), mostrarei ferramentas e técnicas simples para lembrar qualquer coisa de forma mais fácil e rápida, de nomes e discursos a idiomas.

 COMECE LOGO

Reserve um minuto para exercitar sua memória: memorize o número de telefone de alguém com quem você se comunica regularmente.

DEDUÇÃO DIGITAL

"Em um mundo primeiramente digital, em que millenials obtêm todas as respostas para os problemas com o clique de um mouse ou o toque de um dedo, a dependência da tecnologia para resolver todas as questões confunde a percepção das pessoas sobre seu próprio conhecimento e inteligência. E essa dependência pode muito bem levar a um excesso de confiança e a uma tomada de decisões equivocada", comentou Rony Zarom, fundador da plataforma de vídeos de conteúdo colaborativo *Newrow*.[8] A onipresença de informação sobre tudo também significa que há uma ubiquidade de opiniões. Se você quer saber como se sentir em relação a um tema polêmico, basta acessar a internet e coletar as opiniões de outras pessoas. Se você deseja conhecer as consequências de um evento ou tendência, uma rápida pesquisa online fornecerá infinitas análises. O resultado é que a dedução — um conjunto de pensamento crítico, resolução de problemas e criatividade, que é uma habilidade essencial para se tornar ilimitado — está sendo automatizada.

Há algum valor nisso, certamente. Antes da internet, nosso acesso à opinião dos outros era limitado. Em um mundo ideal, poder receber o máximo de perspectivas possíveis sobre um tópico deveria ter um valor enorme na hora de ajudar a formar nossa opinião. Infelizmente, isso raramente acontece no mundo real. Pelo contrário, tendemos a identificar diversa fontes com as quais estamos alinhados e, então, deixamos que elas influenciem de forma extrema nosso pensamento e tomada de decisões. No processo, os "músculos" que usamos para pensar criticamente e raciocinar efetivamente estão atrofiando. Concluindo: estamos deixando a tecnologia deduzir por nós. E se a tecnologia forma nossas deduções, então também estamos cedendo grande parte de nossa capacidade de resolução de problemas — algo muito importante e que discutiremos ao longo do livro.

O psicólogo Jim Taylor define o pensamento como "a capacidade de refletir, raciocinar e tirar conclusões com base em nossas experiências, conhecimentos e ideias. É o que nos torna humanos e nos permitiu nos comunicar, criar, construir, avançar e nos tornar civilizados". Segundo ele, um "grande número de pesquisas concluem que a tecnologia pode tanto ser benéfica quanto prejudicial às diferentes maneiras pelas quais as crianças pensam".[9]

A renomada professora de psicologia da UCLA Patricia Marks Greenfield analisa esse problema há mais de uma década. Ao discutir seu impacto na educação, ela escreveu: "Qual é o efeito no aprendizado se os estudantes usarem seus laptops para acessar a internet durante uma aula? A hipótese foi testada em uma aula de estudos de comunicação, na qual os alunos geralmente eram incentivados a usar seus laptops para explorar os tópicos com mais detalhes, na internet e em bancos de dados de bibliotecas. Metade dos estudantes podia manter seus laptops abertos, enquanto a outra metade (escolhida aleatoriamente) deveria ficar com eles fechados. O segundo grupo lembrou de muito mais conteúdo ao fazer um teste surpresa após a aula do que os que mantiveram o laptop aberto."[10] Por estarem com a mente envolvida na aula em vez de procurarem na internet sobre o assunto, eles estavam muito mais receptivos na hora de raciocinar por conta própria. Outro estudo de Greenfield mostrou que universitários que viram um noticiário sem aquelas manchetes passando na parte inferior da tela lembraram muito mais sobre o que os âncoras falavam.

O dramaturgo Richard Foreman teme que essa dependência da internet para cobrir muito do nosso pensamento esteja nos mudando. "Venho de uma tradição da cultura ocidental em que o ideal (o meu ideal) era a estrutura complexa, densa e 'catedrática' de personalidade altamente educada e articulada — um homem ou uma mulher que carregavam em si uma construção pessoal e versão única de toda a herança ocidental... Hoje, porém, vejo dentro de nós (inclusive em mim), a substituição dessa complexa densidade interna por um novo tipo de autoevolução sob a pressão da sobrecarga de informações e da tecnologia 'pronta para usar'."[11]

Você se lembra de quando estava entrando na adolescência e começou a formular pensamentos e opiniões independentes dos seus pais? Meu palpite é que essa experiência foi extremamente libertadora e que deve ter sido a primeira vez na sua vida em que você se sentiu realmente como você mesmo. O que aconteceu, é claro, é que as suas faculdades críticas se tornaram refinadas o suficiente para permitir que use regularmente as razões para levar sua vida adiante.

Por que, então, você entregaria essa habilidade libertadora para um dispositivo? Pense nisso: Como você se sente quando alguém tenta lhe impor um pensamento? Se um membro da família, um amigo ou colega viesse até você e falasse "não pense sobre isso, eis a sua opinião", você se afastaria o mais rápido possível. No entanto, quando buscamos a informação imediatamente na internet, estamos tendo essencialmente o mesmo comportamento.

No capítulo 15, trarei um poderoso conjunto de ferramentas que permitirá a você turbinar o pensamento e expandir sua perspectiva em relação a qualquer tópico ou problema.

Embora esses quatro cavaleiros sejam os que precisamos enfrentar com mais entusiasmo, há outro perigo digital digno de nossa atenção, que eu chamo de *depressão digital*. É um resultado da cultura de comparação que surge quando deixamos que os destaques de outras pessoas nas redes sociais façam com que nós nos diminuamos. Não me entenda mal, eu gosto das redes sociais. Adoro permanecer conectado à nossa comunidade de estudantes e ouvintes de podcasts, e ficar em dia com o cotidiano da minha família e amigos. Gosto disso não somente como fonte de entretenimento, mas também de educação e fortalecimento. Mas recomendo o uso de forma consciente, não por hábito ou reflexo, e de forma harmoniosa, para não prejudicar sua produtividade e tranquilidade.

Na segunda parte do livro, Mentalidade Ilimitada, compartilho ideias para atenuar esse sentimento de não ser bom o bastante, bem como o medo de parecer ruim ou perder algo. São os mesmos limites que impedem o crescimento pessoal e a aprendizagem. Na terceira parte, Motivação Ilimitada, mostrarei como somar, quebrar ou alterar esses hábitos.

 COMECE LOGO
Pense em uma decisão que você precisa tomar. Reserve algum tempo para trabalhar nela sem o uso de dispositivos digitais.

MANTENDO OS VILÕES AFASTADOS

Na Jornada do Herói, os heróis precisam muito dos vilões e vice-versa. Os desafios oriundos de provações e rivais fazem com que cresçamos e nos tornemos melhores. O poder e a força do vilão determinam a força e o poder necessários para o herói. Se o vilão fosse fraco, não haveria nada a conquistar — e nenhuma necessidade de o herói alcançar a grandeza. No meu podcast, quando entrevistei Simon Sinek, autor de *O Jogo Infinito*, ele se refere aos nossos "rivais dignos" como aqueles que ajudam a apontar as fraquezas pessoais que precisamos resolver. É aí que mora a sua oportunidade.

Como mencionei, amo o lado positivo da tecnologia — como ela pode nos conectar, nos educar, capacitar e facilitar nossas vidas. O que acabamos de descrever são algumas potenciais desvantagens, uma parte inerente a todo o bem que ela traz para nossas vidas. Tal qual o fogo, a tecnologia mudou o curso da história humana. O fogo pode cozinhar a sua comida ou queimar a sua casa: tudo se resume à forma como você o usa. Como qualquer ferramenta, a tecnologia em si não é boa nem ruim, mas precisamos controlar conscientemente a forma como a usamos. Se não, quem é que acabará sendo a ferramenta? Cabe a você escolher como se envolver.

 COMECE LOGO

Qual dos quatro vilões digitais você acha que está atualmente prejudicando mais o seu desempenho, produtividade e tranquilidade?

Pare um instante para escrever o nome desse vilão abaixo:

_____

Ter consciência é o primeiro passo para resolver um problema.

"O cérebro humano tem mais de 100 bilhões de neurônios, cada um conectado a 10 mil outros neurônios. Sobre seus ombros está o objeto mais complicado de todo o universo conhecido."

—MICHIO KAKU

3

SEU CÉREBRO SEM LIMITES

Você deve estar pensando: "Jim, entendo o que você quer dizer em relação à tecnologia. Não queria viver sem ela, mas me sinto mais sobrecarregado, distraído e esquecido do que nunca." Aí vai a boa notícia: você nasceu com a melhor das tecnologias, o maior superpoder entre todos.

Vamos parar um momento para reconhecer como o seu cérebro é algo extraordinário. Ele gera mais de 70 mil pensamentos por dia e atinge a velocidade do carro de corrida mais rápido do mundo. Assim como suas impressões digitais, ele é exclusivamente seu — não existem dois cérebros iguais no universo. Ele processa muito mais rápido do que qualquer computador e tem uma capacidade de armazenamento praticamente infinita. Mesmo quando danificado, é capaz de produzir genialidade. E, mesmo que você use somente metade dele, ainda pode ser um ser humano em pleno funcionamento.

E há uma série de histórias maravilhosas sobre isso. Uma delas é a do paciente em coma que, de alguma forma, desenvolveu um método de comunicação com seu médico. Ou a da mulher que conseguia relembrar da data de cada evento importante desde os 12 anos de idade. Ou a de um cara preguiçoso que se tornou um gênio da matemática depois de sofrer uma concussão durante uma briga de bar. Nenhum deles veio da ficção científica ou é produto de uma revista de super-heróis: são apenas exemplos da extraordinária função incorporada àquela máquina incrível que repousa entre os seus ouvidos.

Subestimamos muito essa função. Vamos pensar exatamente no que a pessoa comum alcançou simplesmente sendo uma pessoa "comum". Com um ano de idade você aprende a andar, e isso não é nenhuma tarefa simples considerando quantos processos neurológicos e fisiológicos complexos são necessários. Mais ou menos um ano depois, você aprende a se comunicar por meio de palavras e linguagem. Você aprendeu dezenas de novas palavras e seus significados diariamente, e continuou fazendo isso o tempo todo na escola. E, enquanto está aprendendo a se comunicar, também aprende a raciocinar, calcular e analisar um número interminável de conceitos complexos — e tudo isso antes de ler uma única página de um livro ou assistir a uma aula!

Nossos cérebros são o que nos separa do resto do reino animal. Pense nisso. Não podemos voar, não somos particularmente fortes ou rápidos, não podemos escalar com a destreza de alguns animais ou respirar debaixo d'água. No que diz respeito à maioria das funções físicas, somos apenas medianos. Mas, por conta do poder dos nossos cérebros, somos, de longe, a mais dominante espécie do planeta. Ao aproveitar esse poder mental incrível, criamos formas de explorar as profundezas do oceano como um peixe, mover toneladas como um elefante e até voar como um pássaro. Sim, o cérebro é um presente e tanto.

O cérebro é tão complexo que sabemos mais sobre nosso vasto universo do que sobre seu funcionamento. Aprendemos mais na última década do que ao longo da história da humanidade... E conheceremos ainda mais no momento em que este livro for impresso e chegar às prateleiras. Nossa compreensão do cérebro está sempre evoluindo e sabemos que o conhecimento de hoje é apenas uma pequena fração do que há para ser aprendido. Mas o que já sabemos é impressionante. Por isso, vamos viajar pelo seu cérebro sem limites.

O cérebro é parte do nosso Sistema Nervoso Central (SNC). Semelhante à torre de controle de um aeroporto, ele age como o seu centro de controle, direcionando todas as entradas e saídas de informações, processos e impulsos. O cérebro tem três áreas principais: o tronco cerebral, o cerebelo e o córtex cerebral (tanto o córtex cerebral quanto o cerebelo têm o prefixo *cere*, do latim "cera", por conta de sua aparência). Ele é feito de gordura e água, pesa aproximadamente 1,5 quilo e facilita poderes e habilidades incríveis.[1]

O tronco cerebral modera as funções básicas de que precisamos para viver, como a respiração, a manutenção da frequência cardíaca regular, impulsos para comer ou fazer sexo e nossas respostas às mudanças fisiológicas causadas pelo estresse. É localizado no topo da nossa coluna e na base do crânio, enterrado profundamente dentro do cérebro. Na parte de trás fica o cerebelo, responsável por moderar o movimento e a coordenação. Há evidências crescentes de que ele também desempenha um papel em nossa tomada de decisão.

O córtex cerebral é a maior parte do cérebro, onde ocorre a maior parte do nosso pensamento complexo, memória de curto prazo e estímulo sensorial. Ele é constituído pelos lobos occipital, parietal, temporal e frontal. Nossos lobos frontais são onde a maior parte do nosso pensamento ocorre: de onde derivam a lógica e a criatividade.

O cérebro é dividido em duas metades que são conectadas pelo corpo caloso, que funciona como uma série de fios telefônicos entre os lobos, mandando mensagens de um lado a outro. Neste momento, você tem algo em torno de 86 bilhões de neurônios (também chamados de células cerebrais) disparando e agindo em conjunto enquanto lê estas palavras e assimila a informação nestas páginas.[2] Esses sinais neurais são liberados no cérebro e recebidos pelos neurotransmissores, que passam a mensagem para outros neurotransmissores ou a interrompem completamente se esta for a resposta apropriada.

Costumávamos pensar que atingíamos nosso ápice neurológico no fim da adolescência, e depois disso nossos cérebros nunca mudavam — a não ser para se deteriorarem. Hoje, sabemos que isso está longe de ser verdade. Eles têm a capacidade da neuroplasticidade, o que significa que podem ser alterados e moldados pelas nossas ações e ambientes. Seu cérebro está em constante mudança, moldando-se ao seu entorno e às demandas que você impõe a ele.

Por estar sujeito à influência dos nossos genes e do ambiente, o cérebro é inteiramente exclusivo de cada pessoa. São como flocos de neve: não há dois iguais. Cada cérebro se adapta às necessidades do seu dono. Vejamos o exemplo de alguém que cresceu em um ambiente estressante, como pobreza, dificuldade de acesso à alimentação ou insegurança. Essa pessoa terá uma estrutura cerebral bem diferente em relação àquela que viveu em um ambiente muito confortável, rico e bem cuidado. Mas antes que você chegue à conclusão de que um ambiente é "melhor" que o outro e gera um cérebro que funciona melhor, desafio você a reconsiderar.

Como afirmei anteriormente, o cérebro é capaz de ser moldado e modelado, o que significa que qualquer pessoa pode decidir mudar a maneira como ele funciona a qualquer momento. Embora seja fácil assumir que um indivíduo que cresceu em um ambiente mais estressante e pouco favorável pode não atingir todo o seu potencial devido ao desenvolvimento do cérebro nessas circunstâncias, evidências crescentes sugerem que essas pessoas são capazes de prosperar e alcançar novos níveis de sucesso devido à mentalidade que elas são forçadas a desenvolver em tal situação. Com base no número de pessoas bem-sucedidas que superaram uma educação problemática, pode ser que uma infância difícil ou educação desafiadora gere resiliência, entre outros atributos, que levam ao sucesso.

ENTENDENDO A NEUROPLASTICIDADE

O que podemos aprender com o cérebro dos taxistas de Londres?

Foi essa a pergunta feita pela neurocientista Eleanor Maguire, da Universidade de Londres, ao considerar a vasta quantidade de informação guardada pelos cérebros dos motoristas de táxi da cidade, apropriadamente chamada de "O Conhecimento". Para conseguirem a licença, os candidatos viajam de ciclomotor por uma parte específica da cidade — um raio de 10 quilômetros da estação de Charing Cross — por 3 a 4 anos, memorizando um labirinto de 25 mil ruas e as milhares de atrações nelas. Mesmo após este intenso estudo, somente 50% dos candidatos são aprovados. Talvez, pensou Maguire, aqueles que passaram tivessem hipocampos maiores do que a média.

Maguire e seus colegas descobriram que os taxistas de Londres realmente tinham "mais massa cinzenta em seus hipocampos posteriores do que pessoas com idade, educação e inteligência semelhantes, mas que não dirigiam táxis. Em outras palavras, os motoristas de táxi tinham centros de memória mais gordos. Parecia que, quanto mais tempo alguém dirigia um táxi, maior ficava o seu hipocampo, como se o cérebro se expandisse para acomodar as demandas cognitivas de navegar pelas ruas de Londres".[3]

Esse estudo é um exemplo convincente da neuroplasticidade do cérebro, ou sua capacidade de se reorganizar e transformar à medida que é exposto ao aprendizado e às novas experiências. Ter de aprender constantemente novas rotas na cidade forçou os cérebros dos taxistas a criar novos caminhos neurais, que mudaram a estrutura e o tamanho do cérebro — um incrível caso do cérebro sem limites em ação.

Também conhecida como plasticidade cerebral, a neuroplasticidade significa que, quando você aprende algo novo, seu cérebro faz uma nova conexão sináptica. E toda vez que isso ocorre ele muda fisicamente, atualizando seu hardware para refletir um novo nível da mente.

A neuroplasticidade depende da capacidade dos nossos neurônios crescerem e fazerem conexões com outros neurônios em diferentes partes do cérebro. Ela funciona criando novas conexões e fortalecendo (ou enfraquecendo, conforme o caso) velhos laços.[4]

Nosso cérebro é maleável. Temos a incrível habilidade de mudar sua estrutura e organização ao longo do tempo, formando novas vias neurais à medida que experimentamos, aprendemos algo novo e nos adaptamos. A neuroplasticidade ajuda a explicar como qualquer coisa é possível. Pesquisadores afirmam que todos os cérebros são flexíveis, pois as redes complexas de neurônios conectados podem ser religadas para formar novas conexões. Às vezes, isso significa que o cérebro compensa algo que ele perdeu, como quando um hemisfério aprende a funcionar por ambos. Assim como há pessoas que sofreram derrames e foram capazes de reconstruir e recuperar suas funções cerebrais, aquelas que procrastinam, têm pensamentos negativos excessivos ou não conseguem parar de comer porcarias também podem dar uma renovada, mudando seus comportamentos e transformando suas vidas.

Se aprender é fazer novas conexões, lembrar é mantê-las e sustentá-las. Quando temos dificuldades com a memória ou temos alguma perda, provavelmente estamos experimentando uma desconexão entre os neurônios. Na aprendizagem, quando você não conseguir se lembrar de algo, veja isso como uma falha em fazer a conexão entre o que aprendeu e o que já sabe, e com a forma como vai usar isso na vida.

Por exemplo, se você sentir que algo que aprendeu é valioso naquele momento, mas nunca mais irá usá-lo, é improvável que crie uma lembrança. Da mesma maneira, se você aprende algo, mas não tem um raciocínio mais amplo sobre por que isso é importante para você ou como se aplica à sua vida ou trabalho, é provável que seu cérebro não retenha as informações. É totalmente normal ter um lapso de memória — somos humanos, não robôs. Mas, se respondermos a esse lapso com atitudes como "tenho uma memória ruim" ou "não sou inteligente o suficiente para me lembrar disso", afetamos negativamente nossa habilidade de aprender e crescer. Em outras palavras, a conclusão que podemos tirar em resposta ao esquecimento causa muito mais danos do que o lapso de memória. Esse tipo de conversa interna reforça uma crença limitadora em vez de reconhecer o erro e recuperar a informação.

O que isso significa para a aprendizagem? Plasticidade quer dizer que você pode moldar e modelar seu cérebro de acordo com os seus desejos. É como se a sua memória pudesse ser treinada — quando você sabe como ajudar o cérebro a receber, codificar, processar e consolidar a informação. Isso significa que, com pequenas mudanças em coisas simples como seu ambiente, comida ou exercícios, você pode mexer drasticamente no funcionamento do seu cérebro. Vou compartilhar essas dicas de energia detalhadamente no Capítulo 8.

Concluindo: a plasticidade significa que sua aprendizagem não está pré-determinada, assim como sua vida. Você pode ser, fazer, ter e compartilhar qualquer coisa quando otimiza e reconecta seu cérebro. Não há limites quando você se alinha e aplica a mentalidade, a motivação e os métodos corretos.

SEU SEGUNDO CÉREBRO

Meus alunos contam que, após aprenderem sobre a imensidão de seus cérebros, ganham um novo senso de valor e sua autoestima cresce da noite para o dia. Aqui vão mais boas notícias: você não está limitado a apenas um cérebro, há um segundo — seu intestino. Você já teve um pressentimento? Aquele momento em que simplesmente sabia o que aconteceria? Se você já seguiu seus instintos ou sentiu um "frio na barriga", já se perguntou por que isso ocorreu? Escondido nas paredes do sistema digestivo, esse "cérebro no seu intestino" está revolucionando a compreensão da medicina sobre as ligações entre digestão, humor, saúde e até a forma como você pensa.

Cientistas chamam esse pequeno cérebro de Sistema Nervoso Entérico (SNE). E ele não é tão pequeno assim. O SNE é composto por duas camadas finas de mais de 100 milhões de células nervosas que revestem o trato gastrointestinal do esôfago ao reto. A ciência está apenas começando a entender o eixo cérebro-intestino e como isso afeta nosso cérebro, humor e comportamento. Você já deve ter ouvido falar da "conexão cérebro-intestino". Na década passada, descobrimos que o intestino tem um efeito enorme em como nossos cérebros funcionam. Você pode compará-lo às árvores. As raízes no chão drenam os nutrientes vitais e a água do solo, além de se comunicarem com outras plantas. Esses nutrientes são levados ao corpo da árvore, fortalecendo e solidificando o tronco, dando à árvore tudo o que ela necessita para, a cada primavera, gerar novas folhas — que, por sua vez, captam luz, outra fonte de energia.

Da mesma forma, os nutrientes que recebemos são absorvidos pelo nosso intestino. Contamos com eles para alimentar os nossos cérebros. Embora os cérebros ocupem muito pouco do nosso peso corporal total, eles usam 20% da energia que ingerimos. Assim, os nutrientes fazem grande diferença em como os cérebros funcionam no dia a dia.

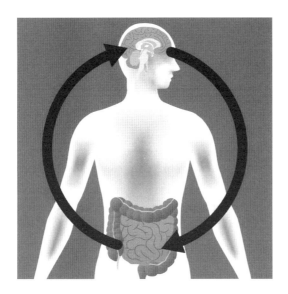

O intestino é revestido com mais de 100 milhões de células nervosas e faz parte do SNE. Quando o bebê cresce no útero materno, o SNE e o SNC se desenvolvem a partir do mesmo tecido e permanecem conectados pelo nervo vago. Os dois sistemas também se espelham muito na estrutura. Além disso, ambos usam dos mesmos neurotransmissores para funcionar, incluindo serotonina, dopamina e acetilcolina. Assim como no SNC, acreditávamos que cada um de nós nasceu com uma certa quantidade de células — e é isso mesmo. Mas, tal como o cérebro, agora sabemos que o SNE produz novos neurônios ao longo da vida adulta e pode ser reparado quando danificado.[5] O intestino é constituído por esses neurônios, além de uma rede de bactérias que forma o microbioma. Assim como o cérebro, cada pessoa tem seu microbioma.

Além disso, essas células nervosas operam por caminhos surpreendentemente semelhantes aos do cérebro. Em 2010, o neurocientista Diego Bohórquez, da Universidade Duke, descobriu que as células enteroendócrinas do intestino tinham "protrusões parecidas com os pés", que se assemelham às sinapses que os neurônios usam para se comunicar. Isso levou Bohórquez a imaginar se essas células poderiam "conversar" com o cérebro por meio de sinais similares aos usados pelos neurônios. Ele supôs que, se isso estivesse acontecendo, eles teriam que utilizar o nervo vago, que conecta o intestino e o tronco cerebral.[6] Após mais testes, descobriram que as células de fato usam o nervo vago para captar mensagens e enviá-las ao cérebro, uma via mais rápida do que a corrente sanguínea.

TRABALHO EM EQUIPE

A conexão entre o cérebro e o intestino continua sendo explorada, mas parece que ambos funcionam de maneiras muito similares e em conjunto. O pequeno cérebro, junto ao grande, determina parcialmente o nosso estado mental. Quando você tem um pressentimento de que algo não está certo ou, por outro lado, que deve seguir um palpite, não é só superstição — seu intestino tem sua forma específica de interpretar eventos e mandar sinais para o cérebro. Além disso, quando você dá alimentos inferiores ao intestino, também está alimentando o cérebro com combustível inferior.

Nesse momento, seu intestino está digerindo o alimento que você acabou de comer e enviando combustível para o cérebro. Ao mesmo tempo, uma parte do seu cérebro está percebendo as páginas sob as pontas dos seus dedos (ou do leitor digital, se for da sua preferência), sentindo o conforto da cadeira em que você está sentado e monitorando o ambiente em volta para garantir que você está bem. Já outra parte do seu cérebro está percebendo o cheiro do ambiente: talvez o de café, de um perfume ou o que exala destas páginas. Outra parte está absorvendo os símbolos das palavras nas páginas dos livros e transformando-as em significado, que é então processado e armazenado na memória de curto prazo, para onde será mandado à de longo prazo (sob as condições certas, nas quais chegaremos em breve).

Descrevi tudo isso para dizer que você tem o maior superpoder de todos entre os seus ouvidos. Além disso, possui a habilidade de aprimorá-lo e aumentá-lo — ou deixá-lo fraquejar e decair. E é você que decide em que tipo de ambiente seu superpoder vive: o que apoia sua missão na vida ou o que o afasta dos seus maiores sonhos.

O ÓBVIO INDESCRITÍVEL

Considerando que temos esse enorme poder das nossas mentes à nossa disposição, por que estamos com tanta dificuldade? Se seu cérebro realmente é tão magnífico, por que a sobrecarga, a distração, o esquecimento e os sentimentos de inadequação nos afetam tanto? Como conciliamos o fato de termos tanto potencial com os dias em que não conseguimos nos lembrar de um nome simples ou fazer qualquer coisa? A resposta é muito simples, quase o óbvio indescritível: não fomos ensinados como.

Dê uma ideia a uma pessoa e você enriquecerá o dia dela. Ensine uma pessoa a aprender, e ela poderá enriquecer a vida inteira.

A escola é um ótimo lugar para se aprender. Lá, nos ensinam o que aprender, o que pensar e o que lembrar. Mas há poucas aulas, se é que há alguma, sobre *como* aprender, *como* pensar e *como* lembrar.

No livro *Escolas Criativas: A Revolução que Está Transformando a Educação*, considerado uma referência da área, Ken Robinson diz: "Uma das minhas preocupações mais profundas é que, enquanto os sistemas de educação ao redor do mundo estão sendo reformados, muitas dessas reformas são conduzidas por interesses políticos e comerciais, que não compreendem como as pessoas de carne e osso aprendem e como escolas excelentes realmente trabalham. Assim, estão prejudicando o futuro de inúmeros jovens. Cedo ou tarde, para o bem ou para o mal, eles afetarão você ou alguém que você conhece."[7]

Meu palpite é o de que eles já afetaram você e todos que estão à sua volta. Como você já sabe, minha própria experiência com o sistema de educação foi complicada e reconheço que minhas circunstâncias não foram usuais. Na realidade, porém, mesmo que jamais tivesse sofrido aquele fatídico traumatismo craniano no jardim de infância, provavelmente teria obtido muito menos da minha educação escolar do que o ideal. Isso ocorre porque poucas escolas no mundo incorporaram o "como aprender" aos seus currículos. Elas nos enchem de informação. Nos expõem a grandes obras da literatura e a pessoas que mudaram o curso da civilização. Elas nos testarão, algumas vezes incessantemente, para determinar se podemos repetir o que nos ensinaram. Mas não irão além disso para nos mostrar como ensinar a nós mesmos, enriquecer nossas mentes, descobrir novos conceitos e realmente absorver o que entendemos ser fundamental às nossas vidas cotidianas.

Não se trata de culpar os professores, que trabalham duro para ensinar os nossos filhos. Na minha opinião, eles são alguns dos seres humanos mais carinhosos, compassivos e capazes da nossa sociedade. De fato, minha mãe se tornou professora após minha lesão cerebral, porque estava com muita dificuldade e ela queria ajudar a mim e a outros como eu. O problema está no sistema desatualizado em que os professores trabalham. Se o personagem Rip Van Winkle, do conto de mesmo nome, acordasse depois de décadas de hibernação, a única coisa que ele reconheceria hoje são as salas de aula, porque elas mudaram muito pouco. A educação não mudou o suficiente para nos preparar para o mundo em que vivemos hoje. Em uma era de carros elétricos autônomos e veículos capazes de nos levar à Marte, nosso sistema educacional é o equivalente a um cavalo e a uma carruagem.

"A única maneira de vencer é aprender mais rápido do que qualquer outro."

—ERIC RIES

E há a questão da mudança cada vez mais rápida e profunda da forma como ganhamos a vida. A automação e a inteligência artificial estão afetando o futuro do trabalho e não estou falando somente de empresas em que os funcionários estão sendo substituídos por robôs. Além disso, muitos de nós enfrentamos a necessidade de mudar da estrutura de um emprego em um escritório para a volatilidade da economia de trabalhos temporários e sem vínculos empregatícios. Empregos que poucos de nós imaginávamos até cinco anos atrás ganharam força, enquanto outros estão surgindo neste exato momento e influenciarão o local de trabalho nos próximos anos.

Tudo isso nos leva à mesma direção: temos de assumir o controle do nosso próprio aprendizado. Se as escolas dizem o que devemos aprender, mas não como, teremos de fazer o restante do trabalho por conta própria. Se a sobrecarga digital ameaça sequestrar o nosso cérebro, devemos usar o que sabemos sobre aprender para redefinir as regras básicas. Se o local de trabalho evolui com tanta rapidez que nunca poderemos ter certeza de como será trabalhar amanhã, só poderemos estar realmente preparados para um futuro irreconhecível assumindo o controle completo da nossa aprendizagem.

LIGANDO A ENERGIA

Vamos relembrar uma história rápida: certo dia, tudo parou abruptamente em uma usina de energia. Todas as máquinas desligaram. O silêncio era ensurdecedor. As pessoas que comandavam o local ficaram fora de si e, horas e horas depois, nenhum dos funcionários conseguiu resolver o problema. O chefe de operações estava desesperado, então ligou para a melhor ajuda local que podia encontrar.

O especialista chegou e andou pela instalação. Ele foi a uma das inúmeras vigas entre todas as caixas elétricas e abriu uma delas, olhando os vários fios e parafusos lá dentro. Ele girou um parafuso e, como em um passe de mágica, tudo começou a funcionar normalmente. A fábrica voltou à vida.

O chefe de operações ficou aliviado. Ele agradeceu ao técnico e perguntou o valor do serviço. O técnico disse: "US$10 mil." O chefe de operações levou um susto: "Como assim US$10 mil? Você ficou aqui poucos minutos e só girou um parafuso. Qualquer um poderia ter feito isso. Preciso de uma conta detalhada, por favor."

O técnico colocou a mão no bolso, tirou um bloco de notas, rabiscou por alguns segundos e entregou a conta ao outro homem. O chefe leu e, imediatamente, fez o pagamento. Na conta estava escrito: "Girar um parafuso: US$1. Saber qual parafuso girar: US$9,999."

Qual é a moral da história? Não é a de que você tem um parafuso solto. A história mostra duas coisas.

A primeira é quanto valor agregado uma mente sem limites pode oferecer a você e aos outros. Entramos em uma economia especializada, em que o poder do cérebro supera a força bruta. O que você tem entre os ouvidos é o seu maior ativo gerador de riqueza. Há aqueles que sabem e os que não sabem disso. E esse conhecimento aplicado não é apenas poder, mas também lucro. Sua habilidade de pensar, resolver problemas, tomar as decisões certas, criar, inovar e imaginar é como agregamos valor. Quanto mais rápido você aprender, mais rápido ganhará dinheiro.

E isso nos leva à segunda lição. Aquele parafuso fez toda a diferença. Orientei e treinei algumas mentes incríveis, e você não precisa ser um gênio para ver que a genialidade deixa pistas. Uma delas é a de que os artistas mentais de elite filtram e se concentram nos poucos "parafusos" que fazem toda a diferença e ativam todo o resto. Este livro está repleto de comportamentos, ferramentas e estratégias que descobri para lhe dar o máximo de resultados e recompensas pelo seu esforço.

O mundo está lhe propondo mais desafios do que nunca e todos os sinais indicam que eles continuarão a crescer. Ao mesmo tempo, há muito a ganhar com um cérebro na sua melhor forma. E agora você sabe que tem potencial mais do que suficiente para enfrentar qualquer desafio. Mas isso exigirá que você tenha controle do seu aprendizado.

Pode parecer que sejam necessárias capacidades sobre-humanas para acompanhar as demandas da nossa realidade atual. Mas você já tem um superpoder escondido: o seu cérebro. Talvez você não seja capaz de atirar teias das suas mãos, mas tem algo muito melhor: as teias neurais na sua cabeça. Essa usina de superpoder em rede entre os seus ouvidos representa o seu maior dom e vantagem. Tudo o que temos de fazer é atualizar o cérebro da mesma forma como você faz com seu telefone. Como instalar um novo software no seu cérebro? Uma das minhas formas favoritas é a que você está fazendo agora: a leitura.

"Não uso apenas o meu cérebro, mas todos que posso tomar emprestado."

—WOODROW WILSON

(4)

COMO LER E SE LEMBRAR DESTE (E DE QUALQUER) LIVRO

O tempo é um dos seus maiores patrimônios. É a única coisa que você não pode pegar de volta.

Como *coach* do seu cérebro, quero que você obtenha os melhores resultados e o melhor retorno por meio de sua atenção, então aqui vão algumas recomendações sobre como aproveitar este livro ao máximo. Você pode seguir este conselho com praticamente qualquer coisa que queira aprender e ler.

Vamos começar com uma pergunta: Você já leu alguma coisa e a esqueceu no dia seguinte?

Você não está sozinho. Os psicólogos chamam isso de "curva do esquecimento". É uma fórmula matemática que descreve a taxa em que as informações são esquecidas após serem absorvidas inicialmente. Segundo pesquisas, os seres humanos esquecem cerca de 50% do que aprenderam em uma hora, e uma média de 70% em outras 24.[1]

A seguir estão algumas recomendações para ajudá-lo a ficar à frente da curva. Depois, compartilharei estratégias avançadas para acelerar seu aprendizado e retenção de informações nas seções sobre estudo, leitura dinâmica e evolução da memória.

Pesquisas apontam que a nossa habilidade natural de se concentrar diminui entre 10 e 40 minutos. Se gastamos mais tempo em uma determinada tarefa, obtemos retornos decrescentes em nosso investimento de tempo, pois nossa atenção começa a se desviar. Por essa razão, sugiro que você use a técnica *Pomodoro* [tomate, em português], um método de produtividade criado pelo italiano Francesco Cirillo. Ele se baseia na ideia de que o tempo ideal para uma tarefa é de 25 minutos, seguido de uma pausa de 5.[2] Cada período de 25 minutos é chamado de *Pomodoro*. Enquanto você lê este livro, sugiro que o faça por um *Pomodoro* e dê ao seu cérebro uma pausa de 5 minutos antes de seguir.

Quando se trata de aprender, a técnica *Pomodoro* funciona por razões relacionadas à memória, mais precisamente pelos efeitos de precedência e recenticidade.

O efeito da precedência significa que você está mais inclinado a se lembrar do que aprendeu no começo da sessão, da aula, da apresentação ou mesmo de uma interação social. Se você for a uma festa e conhecer 30 estranhos, está mais propenso a se lembrar das primeiras pessoas (a não ser que tenha treinado para recordar os nomes com meu método, que ensinarei mais adiante neste livro).

Já o efeito da recenticidade mostra que você também é propenso a se lembrar da última coisa que aconteceu (a mais recente). Na mesma festa, significa que lembrará o nome das últimas pessoas que conheceu.

Todos nós procrastinamos antes de uma prova. Então, na noite anterior, sentamos para estudar e nos "entulhar" ao máximo, sem parar. A precedência e a recenticidade são somente duas das (muitas) razões que mostram que isso não funciona. Porém, ao fazer pausas, você cria mais inícios e fins, retendo muito mais sobre o que está estudando.

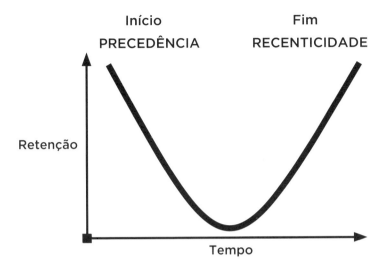

Se você senta para ler um livro durante 2 horas sem pausas, talvez se lembre do que leu nos primeiros 20 minutos, tenha uma queda na marca dos 30 minutos e, então, é provável que se lembrará do final da leitura. Isso significa que o que ficou no meio do caminho, sem interrupções para assimilar ou refletir sobre o que você acabou de ler, é um espaço morto para a aprendizagem. Então leia este livro um *Pomodoro* por vez, para absorvê-lo ao máximo. Se você ainda escolher se "entulhar", aprenderá aqui métodos úteis para reter as informações intermediárias.

Você sabia que o próprio ato de ler este livro o tornará mais inteligente? Sei que é uma grande pretensão, mas estou completamente convencido de que é verdade. Em um nível, ele irá ensiná-lo a ser mais inteligente por meio de ferramentas e táticas que compartilharei. Entretanto, em outro nível, quando você lê-lo ativamente, formará imagens em sua mente e fará conexões entre o que sabe e o que está aprendendo. Você considerará como isso se aplica à sua vida atual e imaginará como usar o conhecimento que está absorvendo. Isso promove a neuroplasticidade. O filósofo americano Oliver Wendell Holmes disse: "De vez em quando, a mente de um homem é alongada por uma nova ideia ou sensação e nunca diminui de volta às suas dimensões anteriores."[3] Quando você lê qualquer livro, tem a oportunidade de ampliar o alcance da sua mente, que jamais será a mesma.

COMECE LOGO

Marque 25 minutos em um cronômetro agora e concentre-se no que você está lendo neste livro por esse tempo. Quando o alarme disparar, marque a página e feche o livro. Em seguida, anote o que aprendeu dentro desse período.

USE O MÉTODO *FASTER*

Para aproveitar este livro ao máximo, segue uma forma simples de aprender qualquer coisa rapidamente. Trata-se do método *Faster* [mais rápido, em português] e quero que você o use enquanto lê, começando agora.

O acrônimo *Faster* significa: *Forget* [esquecer], *Act* [agir], *State* [condição], *Teach* [ensinar], *Enter* [entrar] e *Review* [revisar]. Veja mais detalhes a seguir:

F de Forget

A chave para manter um foco consistente é eliminar ou esquecer o que o distrai. Há três coisas que você quer esquecer (ao menos, temporariamente). A primeira é o que você já sabe. Quando aprendemos algo novo, tendemos a supor que entendemos mais do que sabemos sobre o assunto. O que pensamos saber sobre um tópico pode bloquear nossa habilidade de absorver uma informação nova. Uma das razões pelas quais crianças aprendem mais rápido é porque são recipientes vazios; elas sabem que não sabem. Muitas pessoas que dizem ter 20 anos de experiência têm, na verdade, um ano de experiência que foi repetido 20 vezes. Para aprender além do seu atual senso de restrições, quero que você esqueça temporariamente o que já sabe ou pensa que sabe sobre o tópico, abordando-o com o que a filosofia Zen chama de mente de principiante. Lembre-se de que a sua mente é como um paraquedas — só funciona quando está aberta.

A segunda coisa é deixar para lá o que não é importante ou urgente. Ao contrário da crença popular, o cérebro não realiza várias tarefas ao mesmo tempo (veremos mais adiante). Se você não estiver totalmente presente, será difícil aprender quando seu foco estiver dividido.

COMECE LOGO

Quando sua mente inevitavelmente se desviar para outra coisa na leitura deste livro — e for importante, mas não urgente —, não lute contra. O que você resiste acaba persistindo. Em vez disso, mantenha um caderno por perto para anotar o pensamento ou ideia. Assim, você pode liberá-lo temporariamente e abordá-lo após a conclusão da tarefa em questão.

E, finalmente, esqueça suas limitações. Essas são as noções preconcebidas que você tem sobre si mesmo, como sua memória não ser boa ou você ser um aluno lento. Esqueça (ao menos temporariamente) o que você acredita ser possível. Sei que isso pode ser difícil, mas mantenha a mente aberta para o que você pode fazer. Afinal, já que está lendo este livro, algumas partes suas, no fundo, devem acreditar que há mais na vida do que aquilo que você já demonstrou. Faça o seu melhor para manter uma conversa interna positiva. Lembre-se disso: se você lutar a favor de suas limitações, vai mantê-las. Sua capacidade não é limitada, o que torna possível aprender sobre qualquer coisa.

A de Act

A educação tradicional ensinou a muitas pessoas que aprender é um ato passivo. Você senta quieto na sala, não fala com o colega e consome a informação. Mas assimilar *não é* ser um espectador. O cérebro humano não aprende tanto consumindo como faz por meio da criação. Sabendo disso, gostaria que você se perguntasse como pode ser mais ativo em seu aprendizado. Faça anotações e todos os exercícios Comece Logo. Baixe o aplicativo *Kwik Brain* para testar e treinar suas habilidades ilimitadas. Vá à página de pesquisa em www.LimitlessBook.com/resources [conteúdo em inglês] para obter ferramentas gratuitas adicionais. Recomendo que destaque as ideias principais, mas não se torne um daqueles viciados em marcação de página que faz com que todas elas brilhem no escuro de tanto usar o marca-texto. Se apontar tudo como importante, então nada se torna importante. Quanto mais ativo você for, aprenderá melhor, mais rápido e ainda mais.

COMECE LOGO

O que você *fará* para tornar a leitura deste livro uma experiência mais ativa? Escreva aqui: _____
_____.

S de State

Toda aprendizagem depende da sua condição, que é uma imagem das suas emoções. Ela é altamente influenciada por seus pensamentos (psicologia) e pela condição física do seu corpo (fisiologia). Seus sentimentos (ou a falta deles) sobre um assunto em uma situação específica afetam o processo de aprendizagem e, como consequência, os resultados. De fato, quando você associa um sentimento à informação, ela se torna mais marcante. Para provar isso, aposto que certas músicas, cheiros ou comidas te levam de volta à infância. O oposto também é verdade. Qual foi a condição emocional predominante que você sentiu na escola? Quando pergunto isso ao público, a maioria das pessoas grita "tédio!". Muito provavelmente você se identifica com isso.

Se a sua energia emocional na escola era baixa, não é de se admirar que você tenha se esquecido da tabela periódica. Mas, quando você controla sua condição física e mental, pode tornar a experiência chata do aprendizado em em uma experiência curiosa, emocionante e até divertida. Para isso, você deve tentar mudar a forma como seu corpo se move em um ambiente de aprendizagem ou despertar diferentes humores antes de se sentar para aprender. Mude sua postura ou a profundidade de sua respiração. Sente-se ou ponha-se em pé do jeito que você faria se estivesse totalmente energizado e animado com o que está por vir. Fique entusiasmado com o tamanho benefício que terá com o aprendizado e o que fará com o seu conhecimento. Lembre-se de que todo aprendizado é dependente da sua condição. Escolha conscientemente condições de alegria, fascínio e curiosidade.

COMECE LOGO

Você está concentrado, cheio de energia ou motivado neste momento? Classifique seu estado atual em uma escala de 1 a 10. O que você *fará* agora para que esse número aumente?

T de Teach

Se você quer reduzir bem a curva de aprendizagem, aprenda com a intenção de ensinar para alguém. Pense nisso: se você sabe que terá de apresentar o que absorveu, abordará como entender o tópico com a intenção de dominá-lo o suficiente para explicá-lo a outra pessoa. Você prestará mais atenção. Suas anotações serão mais detalhadas e, talvez, será possível até fazer perguntas melhores. Quando você ensina algo, aprende duas vezes: uma por conta própria e, depois, por conta da educação de outra pessoa.

Aprender não é sempre um ato solitário; ele também pode ser social. Talvez você aproveite melhor este livro se convidar alguém para aprender junto. Compre uma cópia para um amigo ou, melhor ainda, comece um clube do livro *Sem Limites*, que se encontra semanalmente para discutir suas ideias e conceitos. Você gostará mais de aprender quando estiver salvando para a posteridade, com um amigo ou em grupo. Trabalhar com mais alguém não somente vai ajudá-lo a se manter responsável, mas também lhe dará alguém para praticar esse método.

 **COMECE LOGO**

Encontre um colega de aprendizado para ler este livro. Um vai se responsabilizar pelo outro. Coloque o nome dele (ou deles) aqui:
_____.

E de Enter

Qual é a ferramenta de desempenho pessoal mais simples e poderosa? O seu calendário. Colocamos coisas importantes em nossa agenda: reuniões de trabalho, reuniões de pais e professores, consultas com o dentista, levar o animal de estimação para passear e por aí vai. Você sabe o que a maioria das pessoas não põe na agenda? Seu crescimento e desenvolvimento pessoal. Se isso não está no seu calendário, há uma grande chance de não estar acontecendo. É muito fácil passar o dia "se esquecendo" de exercitar o seu corpo e o seu cérebro.

COMECE LOGO

Pegue seu calendário e insira a leitura de *Sem Limites* pelos próximos 7 dias. Identifique-a como Hora *Sem Limites*, Hora Genial, Formação Cerebral, Conversa com Jim ou qualquer outra coisa chamativa o suficiente para garantir que você mantenha o compromisso na agenda.

R de Review

Uma das melhores formas de reduzir os efeitos da curva de esquecimento é se lembrar ativamente do que você aprendeu usando repetições espaçadas. Você ficará mais apto a reter a informação ao revisá-la em diversos momentos espaçados no tempo. Para otimizar, pare por um momento antes de começar sua sessão de leitura, mesmo que por alguns minutos, para revisar o que já aprendeu. Seu cérebro dará grande valor ao material e preparará sua mente para o que está por vir.

COMECE LOGO

Antes de cada leitura, reserve alguns minutos para falar ou escrever o que você se lembra da leitura anterior.

ESCOLHA SABIAMENTE

O filósofo francês Jean-Paul Sartre afirmou que "a vida é feita de C entre B e D", o que significa que a vida que vivemos tem base nas escolhas [*choices*, em inglês] entre o B [*birth*, nascimento em português] e o D [*death*, morte em português]. A enorme simplicidade dessa declaração é particularmente relevante para a jornada que estamos percorrendo. Não ter limites é uma escolha e ela é inteiramente sua, independentemente das suas circunstâncias. Você pode optar por desistir desse poder, mas por que você faria isso sabendo que pode realmente viver uma vida sem barreiras? Mas escolher é algo dinâmico, e o momento de fazer essa escolha é agora.

Quero que você tome uma decisão e se comprometa. A maioria das pessoas estão mesmo interessadas em fazer algo que elas sabem que *devem* fazer, mas elas não o fazem porque consideram uma escolha e não um compromisso. Há um poder enorme em verdadeiramente tomar uma decisão. Quero

"Esta é sua última chance. Depois não há como voltar. Se tomar a pílula azul, a história acaba e você acordará na sua cama acreditando no que quiser acreditar. Se tomar a pílula vermelha, ficará no País das Maravilhas e eu lhe mostrarei até onde vai a toca do coelho. Lembre-se: tudo que ofereço é a verdade. Nada mais."

—MORFEU

que você escreva seu compromisso de concluir este livro. Quando colocamos algo no papel, estamos mais do que propensos a fazer o que prometemos.

Mais adiante, você verá uma página de compromisso para preencher. Se você quiser pontos extras, tire uma foto da sua promessa assinada e poste nas redes sociais. Essa resolução pública o ajudará a continuar assumindo a responsabilidade. Não se esqueça de me marcar (@JimKwik #LimitlessBook), para que possamos torcer por você!

AS PERGUNTAS SÃO A RESPOSTA

Você já leu uma página de um livro, chegou ao final e não conseguiu se lembrar do que tinha acabado de ler? Você pode até reler, mas vai esquecer novamente. Não quero que isso aconteça com você durante a leitura desta publicação. Por que você acha que isso acontece? A resposta é: você não está fazendo os questionamentos certos. As perguntas, de fato, são a resposta.

A cada segundo, seus sentidos coletam 11 milhões de bits de informação do mundo à sua volta. É claro, se você tentar interpretar e decifrar todos ao mesmo tempo, ficará imediatamente sobrecarregado. É por isso que o cérebro é, principalmente, um dispositivo de exclusão; ele é desenvolvido para manter as informações do lado de fora. Uma mente consciente processa, tipicamente, somente 50 bits por segundo.

O que passa pelo filtro é determinado pela parte do cérebro chamada Sistema de Ativação Reticular (SAR). O SAR é responsável por várias funções, incluindo o sono e a mudança de comportamento. Ele também age como guardião da informação durante o processo chamado de habituação, que permite ao cérebro ignorar estímulos repetitivos e sem sentido, e permanecer sensível a outras informações.

Uma das formas de orientar o SAR é por meio das perguntas que fazemos a nós mesmos. Elas dizem ao cérebro o que é importante para nós. Vamos usar o aniversário da minha irmã mais nova como exemplo. Anos atrás, ela me mandava cartões postais, e-mails e fotos de cachorros da raça pug. Você sabe, aqueles com carinha sentimental e olhos brilhantes. Eles são muito dóceis; você pode vesti-los de bailarina e eles não ligam. É claro que eu me perguntava por que ela me enviava fotos de pugs — então lembrei que o aniversário dela estava chegando e ficou evidente que ela estava deixando pistas porque queria um.

Mais tarde naquele dia, estava no caixa da loja de alimentos naturais e olhei para a fila do lado. Para minha surpresa, vi uma mulher carregando um pug em seus ombros. "Uau, não vejo um deles há muito tempo — quais são

Eu, _____, me comprometo a ler este livro em intervalos de 10 a 25 minutos até terminá-lo.

Eu me comprometo a me concentrar, esquecendo meu conhecimento anterior, distrações e crenças limitantes do que é possível.

Eu me comprometo a ser ativo no processo. Farei todos os exercícios Comece Logo, anotações, marcações e praticarei fazendo perguntas relevantes a mim mesmo enquanto leio.

Eu me comprometo a gerenciar minha condição enquanto leio, checando regularmente meus níveis de energia e ajustando minha motivação proativamente conforme necessário.

Eu me comprometo a ensinar aos outros o que aprendi, para que todos possamos nos beneficiar.

Eu me comprometo a escrever o tempo de leitura em minha agenda, porque, se estiver lá, eu farei.

Eu me comprometo a revisar o que já aprendi, para que possa lembrar melhor antes de passar para algo novo.

E, finalmente, mesmo que eu fracasse em qualquer um desses itens, eu me comprometo a não me machucar. Vou recomeçar e fazer o meu melhor.

Sim! Estou pronto para me tornar SEM LIMITES!

Assinado,

_____ Data: _____

"O único objetivo real da educação é deixar uma pessoa em condições de fazer perguntas continuamente."

—BISPO MANDELL CREIGHTON

as chances disso?", pensei. No dia seguinte, fui correr no meu bairro e havia alguém andando com seis pugs.

A pergunta é: De onde vieram os pugs? Eles simplesmente apareceram, como mágica? É claro que não. Eles sempre estiveram lá. Mas, na enxurrada de estímulos, nunca havia prestado atenção neles antes. Quando os pugs invadiram a minha consciência, comecei a vê-los em todo lugar. Você já viveu algo parecido? Talvez com um carro ou peça de roupa que começou a aparecer em todos os lugares como em um "passe de mágica".

Em uma entrevista com a personalidade e estilista americana Jeannie Mai, comparamos esse efeito com o modo como a sua rede social favorita começa a mostrar mais postagens com base em um interesse demonstrado anteriormente. O site que você está usando sabe disso por conta do que você já clicou, curtiu ou viu. Seu SAR é como o algoritmo desse site. Ele mostra mais sobre o que você expressa interesse e esconde as coisas com as quais você não se envolve.

Muitas vezes as respostas que queremos estão lá, mas não estamos fazendo as perguntas certas para chamar a atenção para elas. Em vez disso, estamos fazendo perguntas inúteis, ou pior, que nos desmerecem. Por que não sou inteligente o suficiente? Por que não sou bom o bastante? Por que não consigo perder peso? Por que não encontro a pessoa certa? Fazemos perguntas tão negativas que, em seguida, elas nos dão evidências — ou pugs — como respostas. A mente humana está sempre generalizando para dar sentido ao mundo. Aqui, ali e em qualquer lugar, podemos achar evidências que confirmam nossas crenças.

Pensar é um processo de raciocinar sobre algum assunto, durante o qual fazemos e respondemos perguntas. Você deve estar se perguntando: "É mesmo?" Veja, você tinha que fazer uma pergunta. Enquanto temos dezenas de milhares de pensamentos ao dia, nós temos uma, talvez duas perguntas dominantes que fazemos mais do que as outras. Como você deve imaginar, elas direcionam o nosso foco, que guia como nos sentimos e como, consequentemente, passamos nossas vidas. Como um experimento mental, imagine alguém cuja pergunta frequente seja: "Como fazer as pessoas gostarem de mim?" Você não sabe a sua idade, carreira ou como ela é. Mas você sabe mais do que imagina. Como você vê a personalidade dela? Você não precisa de muito para adivinhar que ela gosta de agradar os outros, não é direta ao expressar suas necessidades e também não é autêntica sobre seus pensamentos ou sentimentos em um dado momento. Alguém que se pergunta constantemente como fazer as pessoas gostarem dela jamais poderá mostrar o seu verdadeiro eu, pois ela sempre estará se moldando às preferências das pessoas ao seu redor, mesmo que não tenha consciência disso. Você sabe toda essa informação e só conhece uma pergunta que ela faz a si mesma. Qual você acha que é a sua pergunta dominante?

SUA PERGUNTA DOMINANTE

Quando sentia que meu cérebro estava quebrado, adorava fugir para o mundo de super-heróis, histórias em quadrinhos e *Dungeons and Dragons* [um popular *Role Playing Game*, ou RPG]. O mundo da fantasia me ajudou a esquecer a dor. Decidi que o melhor superpoder para mim era a invisibilidade e minha pergunta dominante se tornou "como me manter invisível?". Em vez de ser visto, estava sempre observando os outros, imaginando como eram as vidas deles. Imaginava por que esta pessoa era tão popular e aquela era tão feliz, ou o que fazia outra ser tão inteligente. Estava sofrendo o tempo todo, então, enquanto observava as pessoas e aprendia com o mundo ao meu redor, minha pergunta dominante passou a ser "como fazer isso melhor?". Queria resolver este enigma: "Como a minha mente trabalha, para que eu possa botá-la para trabalhar?" Quanto mais fazia essas perguntas, mais respostas recebia. Esse livro é o resultado de duas décadas fazendo perguntas poderosas.

Conheci Will Smith na festa de aniversário de 80 anos de Quincy Jones, famoso empresário americano e produtor musical. Após ouvir sobre meu traumatismo cerebral, Will Smith me convidou para ir à estreia do seu filme Um Homem Entre Gigantes, sobre a preocupante relação entre o futebol americano e o traumatismo craniano. (Falarei sobre proteção cerebral em um próximo capítulo). Eventualmente, Will me convidou para ir a Toronto, no Canadá, e passar uma semana com ele no set. Ele estava gravando um filme de super-herói, então você pode imaginar como fiquei feliz.

O interessante foi que elenco e equipe estavam trabalhando todas as noites, das 18h às 6h, do lado de fora, no auge do inverno. Nem tudo em Hollywood é brilho e glamour; há muita correria só para esperar no set. Durante um intervalo, Will e eu descobrimos algumas de suas perguntas dominantes. Uma delas era: "Como faço para tornar este momento ainda mais mágico?" Enquanto estávamos esperando a próxima cena de Will ser filmada, sua família e amigos estavam amontoados em tendas, assistindo aos outros atores trabalhando. Às 3h, enquanto tinha certeza de que todos estavam cansados e congelando, vimos sua pergunta dominante em ação. Ele estava trazendo chocolate quente para todos, contando piadas para que ríssemos e fazendo o papel de anfitrião, quando poderia estar descansando. Ele realmente estava fazendo aquele momento ser mais mágico. O resultado daquela

"Aquele que faz as perguntas não pode evitar as respostas."

—PROVÉRBIO CAMARONÊS

pergunta direcionou o seu foco e comportamento, mudando completamente a experiência de todos.

 COMECE LOGO

Que pergunta dominante você faz para si mesmo? Escreva-a aqui:
_____
_____.

PREPARE A SUA MENTE

Perguntas direcionam o nosso foco e contribuem para tudo na vida — até para a compreensão da leitura. Como as pessoas normalmente não fazem questionamentos suficientes ao ler, comprometem seu foco, compreensão e retenção de informação. Se você preparar a sua mente com o tipo certo de perguntas antes de ler, verá a resposta (pugs) em todos os lugares. Por essa razão, coloquei perguntas-chave específicas ao longo deste livro.

Para começar, aqui estão as três perguntas dominantes a serem feitas durante nossa jornada juntos. Elas o ajudarão a agir em relação ao que aprendeu e a transformar o conhecimento em poder.

- Como posso usar isto?
- Por que devo usar isto?
- Quando usarei isto?

 COMECE LOGO

Estas são suas três perguntas mágicas: Como posso usar isto? Por que devo usar isto? Quando usarei isto? Elas o ajudarão a integrar o conhecimento deste livro à sua cabeça, coração e mãos. Incorpore-as. Escreva elas onde você possa vê-las — na sua mesa ou telefone.

Em vez de ler passivamente, considere essas perguntas ao absorver o conhecimento deste livro. Lembre-se, as perguntas são a resposta. A partir de agora — e até o fim do livro, no começo de cada capítulo, você encontrará uma série de questões voltadas a preparar o seu foco à medida que lê. Estude as questões antes de ler cada capítulo e você estará mais bem preparado para entender e lembrar o que aprender.

Além das questões, faça os exercícios Comece Logo, dispostos em lugares estratégicos ao longo do livro. São atividades específicas, projetadas para treiná-lo a tomar ações imediatas em seu aprendizado e na vida. Muitos podem ser feitos em um ou dois minutos. Lembre-se do poder da neuroplasticidade: cada vez que você responder a uma pergunta e fizer uma nova atividade, reconectará o seu cérebro. Também concluo cada capítulo com exercícios para fazer antes de ir para a próxima seção, para realmente colocar essas lições em prática.

"Todo mundo é um gênio. Mas, se você julgar um peixe por sua capacidade de subir em uma árvore, ele vai gastar toda a sua vida acreditando que é estúpido."

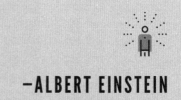

—ALBERT EINSTEIN

PARTE II

MENTALIDADE SEM LIMITES

O QUE

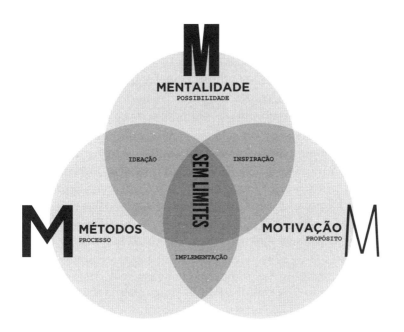

Mentalidade

men-ta-li-da-de *(substantivo feminino)*

O conjunto de crenças, atitudes e suposições profundamente enraizadas que criamos sobre quem somos, como o mundo funciona, do que somos capazes, o que merecemos e o que é possível.

O primeiro dos três elementos do Modelo Sem Limites é a Mentalidade, que é a atitude ou disposição mental que predetermina a resposta de uma pessoa às interpretações e situações. A mentalidade é feita das crenças, suposições e atitudes que temos de nós mesmos e do mundo à nossa volta. Todo comportamento é motivado por crença, então, antes de tratarmos como aprender, devemos falar das crenças inerentes que temos sobre o que é possível.

Não nascemos com uma mentalidade definida sobre o que somos capazes de fazer — aprendemos essas formas fixas e limitadas de pensar com as pessoas em nossas vidas e a cultura que vivemos ao crescer.

Pense em um jovem elefante preso a uma estaca no chão. Quando ele é bebê, não é forte o suficiente para puxar a estaca, então acaba parando de tentar ao descobrir que o esforço é inútil. À medida que o elefante cresce, ele ganha força e poder mais que suficientes para arrancar a estaca. Mas ele segue preso, por algo tão irrelevante quanto uma corda e um frágil pedaço de metal, por conta do que aprendeu quando bebê. Na psicologia, isso se chama desamparo aprendido.

Muitos de nós temos o mesmo comportamento do elefante. Em algum momento, uma experiência nos deu uma impressão do que somos capazes e, a partir daí, a crença sobre o nosso potencial foi estabelecida. Porém, assim como o desamparo pode ser aprendido, também podemos aprender a não ter limites. Nesta seção, você conhecerá as sete mentiras que nos ensinam sobre nosso potencial e como substituí-las por novas crenças.

Uso o termo "mentira" intencionalmente porque a expressão em inglês *Limited Idea Entertained* [Ideia Limitada Mantida, em português]forma o acrônimo LIE [mentira, em português]. Se você é como a maioria das pessoas por aí, tem ideias firmes sobre si mesmo que o definem como algo aquém do potencial que você pode alcançar. Você dá força a essas ideias e permite que vivam em sua mente, mas elas nada são além de *Belief Systems* [sistemas de crença, em português], ou melhor dizendo, BS [abreviação em inglês para *bullshit*, ou besteira em uma tradução leve para o português]. Durante os próximos capítulos, você descobrirá de onde essas mentiras vêm, como o aprisionam e o que pode ser feito com elas. E continue perguntando a si mesmo: Quantas das minhas restrições nada mais são que "mentiras" ou "besteiras", de acordo com meus acrônimos? Acho que você ficará surpreso com as respostas e elas serão libertadoras.

Antes de continuarmos, vou contar mais uma pequena história. Uma das amizades mais preciosas da minha vida foi com Stan Lee. Como você sabe, as criações dele na Marvel me ajudaram a enfrentar alguns dos meus maiores desafios na vida quando era mais jovem e seguem sendo uma fonte de inspiração ilimitada até hoje. Minhas conversas com ele sempre foram envolventes e, muitas vezes, esclarecedoras.

Lembro-me de uma conversa em particular: estávamos no mesmo carro, a caminho do almoço. Stan parecia radiante em seu terno com uma gravata ousada do Homem-Aranha, o que me deu a coragem para perguntar algo que sempre quis.

"Stan, você criou tantos personagens maravilhosos ao longo dos anos, como os Vingadores e os X-Men", eu disse. "Qual é seu favorito?"

Ele não hesitou por um segundo sequer:

"Homem de Ferro", disse. "E o seu?"

Apontei para a sua gravata: "Homem-Aranha."

Stan concordou e disse: "Com grandes poderes vêm grandes responsabilidades."

"Isso é verdade, Stan. E o oposto também é: com grandes responsabilidades vêm grandes poderes."

Ele pareceu gostar daquilo, o que me agradou profundamente. Embora nunca tivesse formulado dessa maneira antes, percebi que estava expressando um dos princípios da mentalidade sem limites. Quando assumimos a responsabilidade por alguma coisa, estamos imersos em grande poder para fazer as coisas melhor.

E é disso que se trata a mentalidade sem limites. Nossos antecedentes e circunstâncias podem ter influenciado quem somos, mas devemos ser responsáveis por quem nos tornamos. Trata-se de entender que somos responsáveis por nossas premissas e atitudes. E, quando você aceita que todo o seu potencial está inteiramente sob seu controle, o poder deste potencial cresce definitivamente.

Então, super-herói, vamos começar a tornar sua mentalidade sem limites. Como diria Stan: "Excelsior!"

"Não é o que você não sabe que vai colocá-lo em apuros. É o que você tem certeza de que não vai."

–MARK TWAIN

5

O FEITIÇO DO SISTEMA DE CRENÇAS

Por que suas crenças têm tanto efeito em sua vida?

Por que crenças limitadoras o mantêm longe de seus objetivos?

Como rejeitar as crenças limitadoras?

Pegue uma pipoca imaginária, porque faremos uma visita rápida ao cinema. A cena é a seguinte:

Uma ponte está prestes a desabar no rio, porque um supervilão enfraqueceu seus suportes. Enquanto ela range e balança, nossa super-heroína fica sabendo da crise e corre para o local. Ela é a única pessoa com força para evitar a catástrofe e salvar centenas de vidas.

Ela está a menos de 10 segundos da ponte agora. Porém, quando chega perto, uma voz em sua cabeça a recorda de quando ela caiu de cara no chão ao fazer uma cambalhota na escola. Poucos segundos depois, ela se lembra do seu pai dizendo que seria melhor que ela reduzisse suas expectativas sobre o futuro. Com a ponte à vista, outra visão: sua ex-melhor amiga a ridicularizando por seus delírios de grandeza.

O reboco da ponte cai na água. O rangido fica mais alto. Os gritos de dezenas e dezenas de pessoas enchem o ar.

Cheia de dúvidas, nossa super-heroína senta-se à beira da estrada, leva as mãos ao rosto e se afoga em lágrimas, com pena de si mesma.

Espere... O quê?

Você nunca viu essa cena em um filme de super-herói, certo? Há algumas razões para isso. Uma: essa história seria horrível. Outra razão é que, independentemente da escuridão do passado ou dos conflitos morais que os super-heróis possam enfrentar, eles não se tornam verdadeiros heróis cedendo às crenças limitadoras. O Super-Homem não acha que, em um dia bom, talvez ele possa pular sobre um prédio alto ou, quem sabe, uma altura de dois andares. Tony Stark não pensa: "O traje do Homem de Ferro provavelmente pode falhar no pior momento possível, porque sou propenso a errar." A Capitã Marvel não para na nossa atmosfera e, do nada, começa a refletir: "Não sei se tenho capacidade emocional para voar sozinha pelo espaço." Eles têm superpoderes e qualquer senso de restrição que vá pro inferno.

E sabe de uma coisa? Você também tem superpoderes. Como percebê-los? Comece com a sua mentalidade.

ENCONTRANDO MEU ROGER BANNISTER

Quando eu era criança, talvez com 9 ou 10 anos, tivemos uma grande reunião de família. Éramos mais de 20 pessoas ao redor de uma mesa enorme, em um restaurante grande e movimentado. Por ser um sábado à noite, o lugar estava lotado, com os garçons indo e vindo de mesa em mesa o mais rápido que podiam.

Alguns minutos depois que todos nos reunimos, nossa garçonete veio pegar o pedido. Como você consegue imaginar, foi um processo longo. Mais ou menos na metade, era a minha vez e ela perguntou o que eu queria para comer e beber. Foi quando percebi que ela não havia anotado o que meus parentes haviam pedido. Achei aquilo extremamente curioso. Estávamos em cerca de 25 pessoas e ela estava atendendo outras pessoas, eu sabia que não éramos a sua única mesa. Como era possível ela se lembrar do que todo mundo havia pedido? Disse a ela o que queria e, então, observei-a atentamente enquanto ela seguia para falar com os outros.

Não estava muito confiante de que comeria exatamente o que pedi. Mesmo naquela idade, tinha um certo nível de ceticismo. Não por ser uma pessoa negativa ou não confiar nas pessoas, mas porque precisava ver algo fora do comum antes de acreditar que aquilo era possível. Naquele caso, pensei que, na melhor das hipóteses, a garçonete acertaria a maioria dos pedidos, mas se confundiria e os entregaria trocados, fazendo com que nós mesmos tivéssemos de trocar os pratos pela mesa.

Bem, primeiro vieram as nossas bebidas. Todos receberam exatamente o que pediram, mesmo a prima que pediu gelo em sua Coca-Cola e a outra que queria sua bebida com uma rodela de limão-siciliano, outra de limão e duas cerejas. Ok, pensei, isso foi muito legal. Mas vinha mais por aí. Poucos minutos depois, chegaram as saladas e, novamente, tudo estava perfeito. Quem pediu molho à parte conseguiu o que queria; quem queria molho em cima da salada também; e todo mundo conseguiu o molho que pediu. Meu ceticismo estava sendo testado. Então vieram os pratos principais. Nenhum erro, mesmo em meio a diversos pedidos especiais malucos. Tudo foi preparado como solicitado e todos os acompanhamentos estavam certos.

Comecei a comer, mas não parava de pensar no que a garçonete havia feito. Naquela idade, estava apenas começando a ler com competência e minha lesão cerebral ocasionou todo tipo de desafio ao meu aprendizado. E, no entanto, aqui estava alguém me mostrando que o nosso cérebro é capaz de muito mais do que teria imaginado.

A garçonete era o meu Roger Bannister, uma estrela do atletismo nos anos 1950. Durante os primeiros anos da sua carreira, dizia-se abertamente que era fisicamente impossível um atleta correr uma milha em menos de 4 minutos. O sentimento era o de que nossos corpos se despedaçariam com o esforço antes de atingirem esse tempo. Então, em 6 de maio de 1954, Bannister correu uma milha em 3 minutos e 59,4 segundos, mostrando que a barreira dos 4 minutos poderia, sim, ser quebrada. O mais interessante para mim é que alguém bateu o recorde de Bannister menos de dois meses depois e a marca foi sendo quebrada sucessivas vezes. Os tempos vêm caindo desde então.

O que Bannister fez foi mostrar que aquilo não era, de fato, uma barreira. Foi isso o que a garçonete me mostrou. O que percebia como a capacidade do meu cérebro era muito menos do que ela realmente era. Como você sabe, continuei tendo dificuldades com o aprendizado por muitos anos. Mas, desde aquele jantar, tinha um modelo do que era possível.

A garçonete não tinha limites naquela situação. Ela demonstrou algo na minha frente que nunca pensei ser possível, nem em um milhão de anos. Nunca a conheci melhor, mas sou eternamente grato porque o que ela fez por mim, pessoalmente, mudou a percepção sobre minhas próprias restrições. Ela mudou minha mentalidade. Era impossível para mim acreditar na ideia de que poderia realizar apenas um mínimo com o meu cérebro quando sabia que outros poderiam alcançar muito mais. Bastava encontrar um método.

Compartilharei com você muito desse método neste livro. Em sua essência, existe um conceito fundamental: não ter limites. A chave para se tornar ilimitado é esquecer falsas premissas. Muitas vezes, não realizamos algo porque nos convencemos de que não podemos fazer isso. Vamos voltar a Roger Bannister por um momento. Todo dia antes de 6 de maio de 1954, as pessoas estavam convencidas de que uma milha em menos de 4 minutos estava além da capacidade humana. Quarenta e seis dias depois de Bannister conseguir, outro o bateu, assim como fizeram mais de 1.400 corredores posteriormente. Correr uma milha em menos de 4 minutos continua sendo um feito extraordinário, embora não impossível. Uma vez que a "barreira" foi quebrada, muitos outros a alcançaram,

Então, como você enfrenta as crenças que o limitam?

O QUE AS CRENÇAS LIMITADORAS FAZEM CONOSCO

Crenças limitadoras são frequentemente reveladas nas conversas internas. Sim, aquelas que se concentram no que você está convencido de que não pode fazer, e não no que já domina e no que vai continuar realizando hoje e no futuro. Com que frequência você se impede de tentar fazer algo ou de buscar um sonho porque essa voz o convence de que está além do seu alcance? Se isso soa familiar, você não está sozinho, mas também não está fazendo nenhum favor a si mesmo.

"Chegamos a esse mundo sem saber se a vida é fácil ou difícil, se o dinheiro é escasso ou abundante, se somos importantes ou não. Olhamos para duas pessoas que sabem de tudo: nossos pais",[1] disse Shelly Lefkoe, especialista em mudança de valores, em entrevista ao nosso podcast. Os pais são nossos primeiros professores e, embora eles provavelmente não queiram nos prejudicar, ainda assim nos afastamos de nossas infâncias com as crenças limitadoras que eles, inconscientemente, transmitiram para nós.

As crenças limitadoras podem impedi-lo de seguir seu caminho mesmo quando você está fazendo algo que já domina e faz bem. Você já viveu uma situação de pressão em que precisa realizar algo tipicamente fácil — escrever um memorando ou fazer um cálculo rápido, por exemplo —, mas a intensidade o fez duvidar de si mesmo e o levou a errar? Essa é uma crença limitadora que o atrasa. Se você pudesse fazer o assunto sair da sua cabeça, não teria problemas para fazer o trabalho, mas sua voz interior fica lhe confundindo.

O Feitiço do Sistema de Crenças

Agora, pegue essa situação e leve-a para todo um segmento da sua vida: talvez suas aspirações profissionais ou sua capacidade de fazer amigos. Se suas crenças limitadoras estão no controle, você pode se ver envolto em insatisfação, querendo saber por que nunca realmente chegou lá ou se convencendo de que não merece.

Alexis, que fundou a *Kwik Learning* comigo, também lutou para aprender na infância, mas por razões completamente diferentes. Ela nasceu na Coreia do Sul, filha de pais empreendedores que estavam com dificuldade nos negócios. Eles não tinham muito dinheiro, mas sempre trabalharam duro para sobreviver. Embora ela tivesse um teto, sua família de quatro pessoas morava em um porão de um cômodo. O segundo negócio deles havia acabado de falir quando receberam uma carta dos Estados Unidos dizendo que seu pedido de visto havia sido aprovado — após 7 anos de espera. À beira do desespero, sua família vislumbrou uma nova chance, então eles pegaram emprestado o equivalente a US$2 mil e partiram.

Alexis chegou sem saber uma palavra de inglês. Foi um choque cultural — ela não entendia o que estava sendo dito à sua volta e as normas culturais eram completamente diferentes. Seus pais também não falavam o idioma, então todos lutavam para compreender seu novo mundo.

Alexis se matriculou na escola perto da sua nova casa. Ela era uma aluna tímida e introvertida e, como não conhecia o idioma, costumava sentar sozinha no almoço ou comia no banheiro apenas para evitar se sentir uma pária.

Foram seis anos até Alexis se sentir apta a realmente compreender o inglês. Tanto os alunos quanto os professores da escola não entendiam por que ela teve dificuldades por tanto tempo. Após alguns anos, colegas começaram a criticá-la por ser lenta para aprender. "O que há de errado com você?", "Você é estúpida?", "Você é estranha". Essas eram frases que ela ouvia com frequência na infância.

Suas dificuldades na escola se estendiam à educação física, a única área em que, aparentemente, não precisava usar muitas palavras. Alexis se lembra de estar sentada na arquibancada, copiando repetidamente: "Vou trazer a roupa de educação física para a aula." Mas ela não tinha ideia do que estava escrevendo e ninguém conseguiu lhe comunicar que devia trazer uma muda de roupa.

Quando estava com vinte e poucos anos, Alexis tinha dificuldades para ler um livro de cabo a rabo. Ela lutava com suas vozes internas sempre que tentava aprender. Uma voz dominante a criticava constantemente e duvidava de suas habilidades, enquanto outra, em menor escala, questionava essa crítica. Algo dentro dela não conseguia aceitar inteiramente a noção de que ela era "burra". Seus pais trabalharam duro para lhe dar uma segunda chance e ela não podia decepcioná-los. Embora houvesse momentos em que ela sentia não ser boa o suficiente para fazer algo especial, em outros tinha a certeza de que havia mais na vida do que aceitar as circunstâncias.

Se Alexis deixasse que aquelas vozes externas moldassem sua realidade, isso a impediria de evoluir. Ela jamais teria procurado soluções para os problemas; em vez disso, buscou respostas observando e aprendendo com os outros. Alexis começou a se perguntar o que eles estavam fazendo de diferente para achar sucesso e felicidade, pois queria saber se era pura sorte e genialidade ou se havia um método. Na busca para aprender como alcançar o sucesso, ela acabou em uma das minhas primeiras aulas: ela não tinha certeza no que estava se metendo, mas sabia que queria algo diferente, precisava sentir esperança.

No primeiro dia, falamos da memória. Foram 8 horas de treinamento intenso, mas ao final da sessão Alexis se sentiu renovada, até mesmo entusiasmada, sobre o que estava aprendendo. "De que outra forma posso usar meu cérebro?", ela pensou. Pela primeira vez na vida, não se sentiu lenta, mas sim animada por aprender.

O segundo dia foi sobre leitura dinâmica. Inicialmente ela não estava empolgada com isso por conta dos seus desafios anteriores. Mas se animou quando aprendeu hábitos inteligentes de leitura e começou a fazer os exercícios de leitura dinâmica. Subitamente, ela viu potencial e até mesmo diversão em ler. Ela percebeu que não era tão lenta ou estúpida quanto pensava; simplesmente nunca lhe mostraram como aprender e usar o supercomputador entre seus ouvidos. Conforme experimentava o poder do aprendizado, os anos de conversas negativas e crenças limitadoras ficaram para trás em sua mente.

Depois daquela aula, Alexis leu um livro inteiro pela primeira vez na vida e ficou impressionada com o quanto ela entendeu e lembrou, e o quanto gostou da experiência.

Foi um grande ponto de virada em sua vida. Ela saiu de uma mentalidade limitada, acreditando que "as coisas são do jeito que são", para entender que poderia mudar e moldar sua mente para alcançar seus objetivos. Pela primeira vez na vida, começou a acreditar em si mesma e imaginar o que poderia ser possível.

Hoje, Alexis não foge de aprender algo novo. Ela não se sente incapaz se não souber de algo; vai buscar as respostas e as aplica. Por conta de sua paixão pelo aprendizado, ela também começou o *Kwik Learning* online comigo, para compartilhar sua transformação com outras pessoas ao redor do mundo.

Em seu livro *meQuilibrium*, os autores Jan Bruce, Andrew Shatté e Adam Perlman chamam esses tipos de valores de "crenças iceberg" por conta de quantos deles se encontram abaixo da superfície do nosso subconsciente. "As crenças iceberg são profundamente enraizadas e poderosas, elas alimentam nossas emoções", diz o livro. "Quanto mais entranhado um iceberg está, mais estragos causará na sua vida... Criando caos na sua agenda, impedindo-o de se manter em uma dieta ou de aproveitar oportunidades."

E, talvez ainda mais importante, os autores falam que: "Se controlarmos nossos icebergs, conseguiremos fazer o mesmo com nossos sentimentos e vidas. Derreta um iceberg e todos os eventos posteriores que ele causa serão levados pela água também."[2]

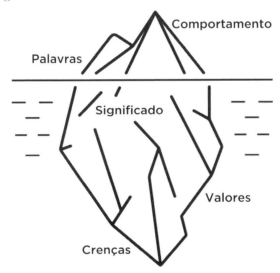

Jennice Vilhauer, diretora do Programa de Psicoterapia Ambulatorial no Departamento de Psiquiatria e Ciências do Comportamento da Faculdade de Medicina da Universidade Emory, nos implora para ficarmos cara a cara com a nossa crítica interna. "A voz na sua cabeça que o julga e duvida de você, que o diminui e diz constantemente que você não é bom o suficiente. Ela lhe diz coisas prejudiciais e negativas que você nunca sonharia dizer a mais ninguém, tais como: 'Sou tão idiota; sou um impostor; nunca faço nada certo; nunca terei sucesso.'"

Ela continua: "A crítica interna não é inofensiva. Ela inibe, limita e impede que você busque a vida que você quer de verdade. Tira a sua paz mental, o bem-estar emocional e, se não for tratada a tempo, pode levar a sérios problemas de saúde mental, como depressão e ansiedade."[3]

Vamos rever nossa super-heroína fracassada do início do capítulo. Ela certamente tem a motivação e as técnicas para salvar o dia, mas falta a mentalidade. Sua crítica interna a convence de que não é boa o suficiente, então ela senta no meio-fio se sentindo culpada em vez de resolver o assunto. Sem dúvida, um argumento dessa história é o de que a nossa heroína fracassada estragou tudo. Ela falhou em um momento crítico porque não conseguia parar de se preocupar.

Mas há outro elemento imensamente importante nessa história: nossa heroína tinha, dentro de si, tudo para triunfar. Se, ao menos, ela conseguisse superar as crenças que a impediam, seus talentos extraordinários teriam brilhado.

Por isso que é tão importante derrotar suas crenças limitadoras.

E SE EU LHE DISSESSE QUE VOCÊ É UM GÊNIO?

Quando você pensa em gênios, quais são as primeiras pessoas que vêm à sua mente? Eu chutaria Einstein e Shakespeare. Outros palpites seriam Stephen Hawking, Bill Gates, Marie Curie ou Ruth Bader Ginsburg. Esses nomes pipocam na cabeça da maioria das pessoas porque cada um foi extraordinário nos tipos de inteligência que tendemos a relacionar à genialidade. Mas será que LeBron James está na sua lista? E Beyoncé? Oprah? E você?

Não seria surpreendente se você não incluísse os últimos nomes na sua relação. Muitos de nós tendem a equiparar o gênio a uma medida específica de inteligência: o Quociente Intelectual — QI, no popular. Quem tem QI elevado é gênio e quem possui QI menor pode ser bom ou até ótimo em alguma coisa, mas não é considerado gênio.

Se você pensa da mesma forma, está longe de saber definir realmente quem é um gênio. Diria que a maioria das pessoas tem essa concepção. Mas há dois problemas nisso. Primeiro, isso o impede de apreciar a genialidade que muitas pessoas possuem. O outro é que isso talvez o atrapalhe a identificar o gênio que existe em você.

Há inúmeras formas de genialidade. Muitos especialistas divergem com relação a quantos tipos existem, mas concordam que ela se expressa em pelo menos uma das quatro formas a seguir. Aqui está uma maneira de ver que isso existe há milhares de anos.

- **Dynamo Genius [genialidade da energia, em português]:** aqueles que expressam sua genialidade por meio da criatividade e das ideias. Um exemplo era Shakespeare, que inventava histórias que nos diziam muito sobre nós mesmos. Galileu também, pela forma como via as coisas que os outros não conseguiam quando olhava para o céu. Essas são as pessoas em quem geralmente pensamos quando estamos falando de gênios.

- **Blaze Genius [genialidade brilhante, em português]:** aqueles cuja genialidade se torna clara por meio de seu carisma. Oprah Winfrey é brilhante por conta da habilidade extraordinária de se conectar aos corações, mentes e almas de muitas pessoas. A genialidade da ativista Malala Yousafzai se expressa pela capacidade de ligar sua história às pessoas de todo o mundo. Geralmente são mestres na arte da comunicação.
- **Tempo Genius [genialidade do tempo, em português]:** aqueles cuja genialidade se expressa pela capacidade de ver o panorama geral e manter o plano em andamento, com perseverança. Nelson Mandela era assim, pois foi capaz de ver a sabedoria de sua visão mesmo diante de um cenário mais que desfavorável. A genialidade de Madre Teresa de Calcutá a permitiu imaginar circunstâncias melhores para aqueles que a cercavam, mesmo nos tempos mais sombrios. Essas pessoas entendem a visão em longo prazo de formas que a maioria de nós não consegue.
- **Steel Genius [genialidade do aço, em português]:** aqueles que são brilhantes em observar minuciosamente as pequenas coisas e perceber detalhes que outros perderam ou não poderiam imaginar. Sergey Brin viu potencial em grandes quantidades de dados ao cofundar o Google. Se você leu *Moneyball: O Homem que Mudou o Jogo*, sabe que Billy Beane e sua equipe redefiniram o beisebol pela genialidade em processar dados. Pessoas assim agem de forma mais lógica e fria (daí a referência ao aço), gostam de obter o máximo possível de informações e têm a visão do uso delas que a maioria não possui.

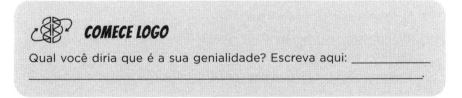

COMECE LOGO

Qual você diria que é a sua genialidade? Escreva aqui: _____
_____.

Há uma grande chance da sua genialidade ser uma combinação de duas ou mais delas. Pouquíssimas pessoas sabem apenas lidar com dados ou são somente adeptos da empatia. Mas o importante para você entender aqui é que a genialidade vai muito além da sua capacidade de se destacar no meio acadêmico ou de recitar a tabela periódica quando solicitado — e que você tem um gênio dentro de si.

Se você acha essa última afirmativa surpreendente, volte e releia alguns dos capítulos anteriores. Não ter limites tem tudo a ver com liberar sua genialidade inata. Talvez você não tenha a energia criativa de Shakespeare ou o brilhantismo de Oprah, mas há uma combinação aí dentro esperando para se expressar, ou se expressar *até mais* do que já faz. Por isso, é fundamental deixá-la livre.

NÃO ESTÁ SÓ NA SUA CABEÇA

Antes de apresentar algumas ferramentas para ajudá-lo a mudar para uma mentalidade mais positiva, vamos falar um pouco sobre a importância do pensamento positivo. Há conexões claras entre o pensamento positivo e a saúde física. Em um estudo da Escola de Medicina Johns Hopkins, na cidade norte-americana de Baltimore, a doutora Lisa Yanek descobriu que "pessoas com atitude positiva entre a população em geral tinham 13% menos chance de ter um ataque cardíaco ou outro evento coronariano do que aquelas que pensam negativo".[4]

Ao mesmo tempo, a organização norte-americana da área de serviços médicos *Mayo Clinic* notou que "o pensamento positivo que geralmente vem com o otimismo é parte essencial de um gerenciamento do estresse eficaz, que está associado a muitos benefícios à saúde."

Fazem parte dessa lista:

- Maior tempo de vida;
- Níveis mais baixos de depressão;
- Níveis mais baixos de aflição;
- Maior resistência ao resfriado comum;
- Melhor bem-estar físico e psicológico;
- Melhor saúde cardiovascular e risco reduzido de morte por doenças cardiovasculares;
- Melhor habilidade para lidar com dificuldades e momentos de estresse.[5]

REESTRUTURANDO AS CRENÇAS LIMITADORAS

Há uma metáfora que sempre achei útil quando ajudava as pessoas a se afastarem de suas crenças limitadoras. Digo a elas que as diferenças entre as crenças limitadoras e uma mentalidade sem limites é como a diferença entre um termômetro e um termostato. O termômetro só tem uma função: reagir ao ambiente. Ele lê a temperatura e nada mais. É semelhante a como as pessoas reagem às crenças limitadoras. Elas leem seu senso de restrição, reagem de forma restrita a isso e levam suas vidas de maneira limitada.

Por outro lado, um termostato mede o ambiente e faz o ambiente reagir a ele. Se ele perceber que a sala está muito fria ou quente, muda para se adequar ao ideal definido. Da mesma forma, se você encontrar tentativas externas ou internas de impor restrições a si mesmo, poderá agir como um termostato, rejeitando essas crenças limitadoras e criando um ambiente que se alinhe aos seus objetivos mais ambiciosos.

E como você minimiza as crenças limitadoras e desenvolve uma mentalidade de super-herói? Para mim, há três formas.

Forma 1: Dê Nome às suas Crenças Limitadoras

Você já viu aqui alguns exemplos de crenças limitadoras, mas há muito mais de onde elas vieram (e discutiremos sobre as sete crenças limitadoras mais comuns no aprendizado em breve). Elas podem ter a ver com os seus talentos, seu caráter, suas relações, sua educação ou qualquer coisa que acione aquele lamento interno que diz que você não pode ser o que quer. Comece a prestar atenção agora sempre que disser a si mesmo que é incapaz, mesmo que pense que essa coisa em particular pode não ter consequências em sua vida.

Por exemplo, talvez você ache que é péssimo em contar piadas. Provavelmente isso não é um problema para você, porque ser um bom contador de piadas não é uma aspiração pessoal. Mas você também pode estar dizendo a si mesmo que não é divertido ou está longe de ser uma companhia boa e agradável; esse tipo de conversa interna pode, em última instância, fazer com que você engasgue quando estiver em uma interação social importante ou precisar falar a um grupo. Portanto, ouça atentamente toda vez que falar a si mesmo frases como "eu não posso", "não sou" ou "não". Você está mandando a si mesmo mensagens que afetam como pensa sobre a sua vida em geral, mesmo que o que você esteja martelando seja algo específico e, aparentemente, não seja importante para a forma como você se define.

Ao mesmo tempo, tente também identificar a origem desse tipo de conversa interna. Crenças limitadoras geralmente começam na infância. Isso não significa automaticamente que sua família é a única fonte. Outros contextos sociais no início da vida podem causá-las, assim como as primeiras experiências com a educação. Algumas podem se firmar porque algo não deu certo nas primeiras vezes em que você tentou quando criança.

Estar ciente de como você está lidando com sua conversa interna e passar algum tempo para chegar à fonte dessas crenças é extremamente libertador. Ao ter consciência disso, perceberá que não são fatos, mas opiniões sobre você. E há uma grande chance de elas estarem erradas.

Após identificar as vozes em sua cabeça focadas no que você não pode fazer, responda a elas. Se estiver pensando "sempre estrago esse tipo de coisa", contra-ataque com "só porque nunca fui bom, não significa que não posso ser ótimo agora. Guarde suas opiniões para você".

Forma 2: Conheça os Fatos

Uma das injustiças fundamentais das crenças limitadoras é que, em muitos casos, elas estão completamente erradas. Você é mesmo tão ruim falando em público? Você é realmente péssimo no papel de líder? Você é mesmo a pessoa menos interessante no ambiente, seja ele qual for? Que evidências sustentam isso? Quantas vezes você já esteve nessas situações e quais foram os resultados?

Uma das coisas mais nocivas a respeito das crenças limitadoras é que elas atacam duramente as nossas emoções. Ao se deparar com uma delas, é provável que as encontrem duelando com o seu eu racional (e, geralmente, vencendo). Mas o quanto dessa conversa interna se baseia na realidade? Pense nas suas experiências sobre falar em público (um pânico muito comum, por sinal). Em vez de se concentrar em como você se sentiu nesses casos, considere como as coisas foram. Você foi vaiado? Pessoas riram e disseram como você foi horrível? Seu chefe chamou você para conversar no dia seguinte e recomendou considerar uma carreira em que não teria que pronunciar uma palavra sequer?

Aposto que nenhuma dessas coisas aconteceu. Em vez disso, é bem capaz da sua audiência ter se sentido conectada com o que você disse. Se fosse um ambiente profissional, talvez eles estivessem fazendo anotações e você, quase certamente, lhes ensinou algo. Isso significa que seu próximo discurso deveria ser no TED, a famosa série de conferências pelo mundo destinadas à disseminação de ideias? É claro que não. Entretanto, você provavelmente é muito melhor em transmitir informações a um grupo do que diz aquela voz na sua cabeça.

E vem a pergunta: Quanto deste desempenho que você considerou ruim ocorreu porque sua conversa interna não o deixou em paz? Esse é um problema real para muitas pessoas. Quando as pessoas fazem algo em que não têm confiança, a crítica interna será tão perturbadora que faltará concentração. E, portanto, não acabará bem. Essa é uma das razões pelas quais é tão importante aprender a enfrentar e acalmar suas crenças limitadoras. Quanto melhor você for nisso, melhor será para controlar as distrações durante seus maiores desafios de crescimento.

Portanto, ao examinar os fatos por trás das suas crenças limitadoras, certifique-se de considerar duas coisas: se há realmente alguma evidência para provar que você realmente possui dificuldades nessa área, e se ela foi contaminada pelo barulho em sua cabeça.

Forma 3: Crie uma Nova Crença

Agora que você deu nome às suas crenças limitadoras e examinou cuidadosamente a realidade delas, é hora de dar o passo mais essencial — gerar um novo valor que seja mais verdadeiro do que as "mentiras" que você tem aceitado, beneficiando a condição sem limites que está sendo criada.

Você verá esse processo em funcionamento no próximo capítulo, mas vamos fazer um rápido *test drive*. Digamos que uma das suas crenças limitadoras é a de que você sempre falha nos momentos mais importantes da sua vida. Após identificar a crença limitadora, você vai para o próximo passo, que é o de examinar os fatos. Você percebe que, embora às vezes tenha sucumbido ao nervosismo em um momento de pressão, poucos desses momentos foram realmente desastrosos. Após analisar, percebe a quantidade de vezes em que superou isso "nos momentos finais". De fato, agora que você realmente pondera sobre isso, teve sucesso com muito mais frequência do que errou.

Nesse caso, está na hora de criar uma nova crença: a de que ninguém triunfa na conjuntura mais crítica o tempo todo, mas que você deve se orgulhar de si mesmo pelo número de vezes em que teve melhor desempenho quando a pressão era mais alta. Ela substitui completamente a crença antiga e é amplamente apoiada pelos fatos, dando a você uma mentalidade bem mais saudável na próxima situação crítica.

Tenho mais uma ferramenta para você usar aqui. Dialoguei com muitos especialistas ao longo dos anos e a conversa sempre voltava ao mesmo ponto: contanto que você acredite que sua crítica interna é a sua verdadeira voz, a sua versão mais sábia, ela sempre o guiará. Muitos de nós usam frases como "eu me conheço e…" antes de soltar uma crença limitadora.

Mas, se você criar uma personalidade separada para a sua crítica interna, diferente do seu eu verdadeiro, terá muito mais sucesso em silenciá-la. Isso pode ser extremamente útil e, ao mesmo tempo, uma diversão. Dê à sua crítica interna um nome e atributos físicos absurdos, como se ela fosse uma caricatura que não apareceria nem em um filme B. Deboche da sua estrita

"A vida não tem limitações, exceto as que você cria."

−LES BROWN

dedicação à negatividade. Revire os olhos quando ela vier à mente. Quanto melhor você separar essa voz do seu verdadeiro ser, melhor evitará que crenças limitadoras apareçam.

AS POSSIBILIDADES FICAM SEM LIMITES

Agora que você já sabe como superar suas crenças limitadoras, pode começar a usar sua mentalidade positiva na missão de se tornar sem limites. Pode parecer um plano audacioso, mas há milhares de evidências que embasam a conexão entre a mentalidade e a realização.

James Clear, autor do best-seller do *New York Times Hábitos Atômicos*, que você verá novamente ainda neste livro, escreveu sobre um estudo de autoria de Barbara Fredrickson, pesquisadora de psicologia positiva da Universidade da Carolina do Norte. Antes de uma conversa para o meu podcast, ele enfatizou o que as emoções negativas fazem conosco, usando o exemplo de encontrar um tigre na floresta. "Pesquisadores sabem há muito tempo que as emoções negativas programam o seu cérebro para executar uma ação específica", disse ele. "Por exemplo, você corre quando um tigre cruza o seu caminho. O resto do mundo não importa. Você está inteiramente focado no tigre, no medo que ele gera e como poderá sair do seu caminho."[6] O ponto ao qual Clear quer chegar é o de que as emoções negativas nos levam a restringir o alcance daquilo que somos capazes de fazer. É tudo uma questão de fugir do (metafórico) tigre e nada mais importa. Ao deixar as emoções negativas (e crenças limitadoras) nos controlarem, ficamos no modo de sobrevivência regularmente, presos a poucas possibilidades.

Fredrickson descobriu que uma mentalidade positiva leva exatamente ao resultado oposto. Em um experimento, ela dividiu os participantes em cinco grupos e os expôs a pequenos filmes. O primeiro grupo viu vídeos que provocaram alegria; o segundo, que traziam satisfação; o terceiro, que causavam medo; e o quarto, que geravam raiva. O quinto era o grupo de controle.

Depois de terem visto os clipes, os participantes foram convidados a imaginar situações similares às que acabaram de ver, e como reagiriam a elas. Em seguida, eles foram solicitados a preencher um formulário com 20 notas que começavam com "eu gostaria de". As pessoas que sentiram medo e raiva escreveram o menor número de respostas, enquanto as que experimentaram alegria e satisfação preencheram muito mais até do que o grupo de controle. "Em outras palavras", segundo Clear, "quando você está vivenciando emoções positivas como alegria, satisfação e amor, verá mais possibilidades em sua vida".[7]

Também é essencial observar que os benefícios de uma mentalidade positiva vão muito além da experiência de uma emoção positiva. Clear apresenta este exemplo:

> Uma criança que costuma correr do lado de fora de casa, balançando em galhos e brincando com os amigos, desenvolve a capacidade de se mover atleticamente (habilidade física), a de brincar com os outros e se comunicar com uma equipe (social), e a de explorar e examinar o mundo à sua volta (criativa). Assim, as emoções positivas do ato de brincar e da alegria levam a criança a desenvolver habilidades úteis e valiosas na vida cotidiana. A felicidade promovida pela exploração e criação de novas habilidades terminou há muito tempo, mas as capacidades em si continuam vivas.[8]

Fredrickson se refere a isso como a teoria de "ampliar e construir" porque as emoções positivas *ampliam* seu senso de possibilidades e abrem sua mente. Isso permite que você *construa* novas habilidades e recursos que possam agregar valor a outras áreas da sua vida.

> A soma da teoria com a pesquisa revisada aqui sugere que as emoções positivas: (i) ampliam a atenção e o pensamento das pessoas; (ii) desfazem a excitação emocional negativa persistente; (iii) estimulam a resistência psicológica; (iv) criam recursos pessoais importantes; (v) desencadeiam espirais ascendentes em direção a um bem-estar maior no futuro; e (vi) semeiam o florescimento humano. A teoria também carrega uma importante mensagem prescritiva. As pessoas devem cultivar emoções positivas em suas próprias vidas e nas das pessoas à sua volta não apenas porque elas se sentem bem no momento, mas também porque elas acabam mudando para melhor, entrando no caminho da longevidade crescente e saudável.[9]

A mentalidade que obtemos ao silenciar a crítica interna abre um novo mundo. Quando você está repleto de emoções positivas, vê — e aproveita — oportunidades que talvez nunca tivesse notado antes. E, com um alto senso de motivação (e, francamente, como não ficar motivado com isso?) e os métodos certos, você está rumo a se tornar quase sem limites.

ANTES DE SEGUIRMOS ADIANTE

Para aprender mais rápido, devemos transcender a definição restrita do que acreditamos ser possível para nós. Nas páginas a seguir, você aprenderá sobre as sete mentiras de aprendizado, que são as crenças limitadoras mais comuns que atrasam as pessoas. Vejo alunos e clientes se apegarem a essas crenças ao longo das minhas décadas ensinando pessoas a aprender. Essas restrições são sua única barreira real. Afinal, as pessoas não aprendem a ler mais rápido se acharem que não é possível. Elas não aprendem a memorizar com mais eficiência se seguirem dizendo a si mesmas que têm memória ruim. Todo o resto se ajusta ao sair do transe das chamadas "limitações". Ao combater essas mentiras, você derruba as principais peças que o impedem de não ter limites. Seguem algumas coisas a serem tentadas antes de irmos ao próximo capítulo.

- Pense em uma ocasião em que você viu alguém realizar algo que realmente o impressionou. Agora pense em que inspiração pessoal você pode tirar disso;
- Imagine novamente sua crítica interna. Mude os atributos dessa voz na sua cabeça para começar a dar menos credibilidade a ela;
- Enfrente uma crença limitadora agora. O que você diz regularmente a si mesmo que não pode fazer? Encontre a prova que mostra que essa crença não é verdadeira.

"Existe uma única grande mentira — a de que somos limitados. Os únicos limites que temos são aqueles em que acreditamos."

—WAYNE DYER

6

AS 7 MENTIRAS DA APRENDIZAGEM

Quais são os mitos mais limitadores que você diz a si mesmo?

Como você pode superar o efeito debilitante desses mitos?

Como você pode transformar estas crenças limitadoras em crenças positivas?

Você está sendo enganado. Constantemente. Às vezes, por você mesmo. Todos nós estamos sujeitos a um fluxo interminável de informações erradas sobre as restrições às nossas capacidades. Recebemos essas informações com tanta frequência que a maioria das pessoas não tem outra escolha a não ser acreditar nelas. O problema é que essas mensagens vão diretamente de encontro à sua busca por não ter limites. Essas sete "mentiras" ou Ideias Limitadas Mantidas [*Limited Idea Entertained*, ou LIE, na sigla em inglês] em nossa mente podem nos impedir ou levar a uma direção que não queremos. Então vamos revelá-las, analisá-las pelo que são e substituí-las por algo melhor.

MENTIRA NÚMERO 1: A INTELIGÊNCIA É FIXA

À primeira vista, Rae parecia ser uma pessoa altamente positiva — ela comandava seu próprio negócio, tinha uma rede social bem-sucedida, e amava estar cercada de gente com grandes ideias, que imaginavam possibilidades com as quais a maioria das pessoas não sonharia.

Quando Rae teve uma filha, percebeu que, talvez, não fosse tão positiva quanto pensava ser. Um tipo diferente de mentalidade começou a aparecer de maneiras muito sutis, como essas coisas normalmente acontecem. Primeiro, foi pela forma como ela reagia a algumas coisas que sua filha fazia. Rae pensava que "este era o jeito dela", em vez de acreditar que poderia ter um efeito na forma como sua filha se comportava. Quando seu parceiro tentou ensinar novas coisas à sua filha, Rae notou ter sentido um pequeno desconforto, como se quisesse proteger sua filha da decepção se ela não conseguisse aprender o que estava sendo ensinado. Ela percebeu que estava constantemente pensando que sua filha "era muito jovem para aprender aquilo".

Um dia, seu parceiro olhou para ela e disse: "Você acha que ela não pode aprender, que ela nunca vai melhorar em relação ao que é hoje?" A resposta, é claro, foi não — ela amava sua filha, e a menina era inteligente, curiosa e aprendia algo novo todo dia. A verdade era, obviamente, o oposto... E, no entanto, Rae sabia que havia alguma crença profunda nela, que sussurrava: "Não, ela é do jeito que é." Rae estava lutando contra uma mentalidade fixa sobre a inteligência de sua filha.

Valores como esse são incrivelmente sutis. São poucos os que pensam, conscientemente, sobre nossas restrições ou as que acreditamos que os outros têm. Mas eles surgem em lugares que afetam profundamente nossa felicidade — no trabalho, em casa e com as crianças. Se acreditarmos que é impossível melhorar, então não será possível mesmo. É extremamente difícil concluir algo quando você, em primeiro lugar, não acredita que aquilo possa ser feito.

A professora de psicologia na Universidade Stanford Carol Dweck descreve a diferença entre a mentalidade fixa e a construtiva:

> Na mentalidade fixa, os alunos creem que suas habilidades básicas, sua inteligência e talentos são apenas traços fixos. Há uma certa quantidade e ponto final. Então, o objetivo deles é parecerem inteligentes o tempo todo, nunca burros. Em uma mentalidade construtiva, eles entendem que seus talentos e habilidades podem ser desenvolvidos por meio de esforço, bons ensinamentos e persistência. Eles não pensam, necessariamente, que todos são iguais ou que qualquer um pode ser Einstein, mas acreditam que todos podem ficar mais espertos se trabalharem nisso.[1]

Assim como Rae, muitas pessoas não pensam se têm uma mentalidade fixa ou construtiva. Muitos continuam pensando nos mesmos padrões da sua família, mesmo sem saber. Por mais sutil que isso seja, a adoção de uma ou de outra forma de pensar afeta profundamente a forma como encaramos a vida. Com a mentalidade fixa, as coisas são do jeito que são — não temos o poder de mudá-la. Já com a mentalidade construtiva, temos a capacidade de aprimorar qualquer coisa.

Se Rae pensa, mesmo muito sutilmente, que sua filha não pode evoluir ou crescer, o que ela faz em vez de ensiná-la? Provavelmente, um monte de coisas — apaziguar, dar tempo, desviar a atenção. Tudo isso contribui para aliviar o estresse do momento, mas não para o crescimento da sua filha. Da mesma forma, se como adultos acreditamos que não temos a capacidade de aprender, o que fazemos em vez de assumir a responsabilidade de aprender por nós mesmos? Falamos a nós mesmos que isso não é necessário, damos desculpas, culpamos pessoas ou circunstâncias e, então, nos distraímos com coisas que nos fazem nos sentir bem.

A origem dessa crença limitadora é, provavelmente, algo de que você não se lembra, ou que veio dos seus primeiros anos de vida. E isso tem um efeito profundo na forma como você vê sua inteligência e capacidade de aprender. Pontuações e testes de nível de QI foram criados no início dos anos 1900 para avaliar melhor quais alunos teriam mais dificuldades na escola. O psicólogo francês Alfred Binet e seu aluno Theodore Simon foram alguns dos primeiros cientistas a fazerem um teste que media a inteligência a serviço do governo francês.[2] Eles foram capazes de elaborar algo que levou em consideração a idade no que se refere à competência. Eles também foram elogiados pelo fato de que o teste foi facilmente adaptável a outros idiomas e culturas.[3]

Mais de 100 anos depois, ainda existem calorosas discussões sobre se esses testes têm a capacidade de medir a inteligência, que é a capacidade de adquirir e assimilar conhecimento e informações. Curiosamente, o próprio Binet não estava feliz pela forma como seu teste foi usado porque ele não media a criatividade ou a inteligência emocional.[4] Além disso, nosso entendimento cultural desses testes significa que atribuímos a essas pontuações um peso indevido. Acabamos pensando que as pontuações de QI são um reflexo fixo de nossa inteligência, mas não é esse o caso. Na verdade, o teste de QI mede as capacidades acadêmicas atuais, não a inteligência inata.[5] Até hoje, os testes de QI ainda não medem a criatividade ou a inteligência prática (o que você pode chamar de "malandragem"), nem a inteligência emocional[6] — e todos os três são cada vez mais importantes no trabalho e na vida.

O importante aqui é lembrar a diferença entre os resultados de testes e a sua capacidade de aprender. "Aqueles que afirmam que o QI é fixo para toda a vida estão, na verdade, se referindo às nossas pontuações no teste de

QI, que são relativamente estáveis — não aos nossos níveis de inteligência, que estão aumentando constantemente", diz Bryan Roche, da Universidade Nacional da Irlanda.[7]

David Shenk promove essa ideia em seu livro *O Gênio em Todos Nós*. Ele escreve que todos temos o potencial para a genialidade ou, pelo menos, para a grandeza. Isentar-se da responsabilidade de assumir o controle de nossa própria vida é o que nos leva a acreditar que ou somos gênios ou não somos, que temos talento ou não. "A crença em dons e limites inatos é muito mais suave na mente: a razão pela qual você não é um grande cantor de ópera é porque não pode ser um. Essa é a forma como você foi criado. Pensar no talento inato torna nosso mundo mais gerenciável, mais confortável. Alivia uma pessoa do fardo da expectativa."[8]

A sua inteligência não só é maleável, mas dependente da sua capacidade em cultivar uma mentalidade construtiva. Comece a observar sua atitude. Ouça a forma como você fala; uma mentalidade fixa, normalmente, aparece na sua linguagem. Talvez você diga a si mesmo: "Não sou bom de leitura." Esse tipo de afirmação sugere que você acredita que essa é uma situação fixa e que suas habilidades não podem ser melhoradas. Em vez disso, tente dizer algo como "ainda não sou bom nisto". Essa mudança na linguagem pode ser aplicada a qualquer coisa que você queira melhorar. Resultados de testes não determinam o seu futuro e não definem o quanto você é capaz de aprender e realizar. Assuma sua educação com suas próprias mãos.

A verdade é esta: não se trata do quanto e sim de como você é inteligente. Há vários tipos de inteligência (falaremos mais adiante sobre isso). Assim como muitas coisas, a inteligência é uma combinação de atitudes e ações, e depende do contexto.

Nova crença: a inteligência é fluida.

MENTIRA NÚMERO 2: USAMOS APENAS 10% DO NOSSO CÉREBRO

Todos já ouviram falar disso. Alguns pela primeira vez na sala de aula, outros por algum amigo. E outros pela imprensa — talvez em um documentário, programa de TV ou filme. Esse mito, normalmente, é usado no contexto de destacar possibilidades desejadas: se pudéssemos acessar o resto dos nossos cérebros, o que poderíamos realizar?

Essa história foi atribuída a diferentes fontes, mas, como muitas vezes acontece na formação da opinião pública, provavelmente foi construída por eventos sucessivos. Alguns a atribuem ao autor e filósofo William James, que escreveu em *The Energies of Men* [*As Energias do Homem*, em tradução livre] que "usamos somente uma pequena parte de nossos possíveis recursos mentais e físicos".[9] Pode ter se originado no trabalho de Pierre Flourens, um famoso físico francês que descobriu no final dos anos 1800 como o cérebro e o sistema nervoso trabalham, individualmente e em conjunto.

Essa lenda também pode estar relacionada ao trabalho do psicólogo Karl Lashley nos anos 1920; quando ele removeu de ratos partes do córtex cerebral, uma área responsável pelo processamento cognitivo de ordem superior, descobriu que eles ainda podiam reaprender algumas tarefas. Isso o levou à hipótese — incorreta — de que partes inteiras do cérebro não estavam sendo usadas.[10] Alguns culpam os primeiros exames PET [sigla em inglês para *Positron Emission Tomography*] e de ressonância magnética funcional, que mostravam manchas brilhantes na tela com explicações simplificadas como "isso é o que o seu cérebro faz quando você pega algo". Essas imagens geralmente mostravam somente uma porção do cérebro se acendendo, levando o leigo a concluir que usamos apenas uma pequena porção do órgão por vez.[11]

Essa premissa também foi perpetuada em inúmeros anúncios e filmes nos últimos 100 anos. A adaptação do livro *The Dark Fields [Os Campos Escuros,* em tradução livre], que deu origem ao filme *Sem Limites,* de 2011, disse que usamos 20% da nossa função cerebral; o filme *Lucy,* de 2014, afirmou que usamos 10% em todos os momentos. Em 2017, em um episódio da série *Black Mirror,* um programa conhecido pela pesquisa e uso bem pensado de fatos e estatísticas, elogiou isso ao dizer: "Mesmo em um bom dia, usamos apenas 40% da capacidade do cérebro." Todas essas histórias foram focadas na ideia de desbloquear nosso maior, embora oculto, potencial.

Não preciso dizer que essa lenda é generalizada, mas não é verdade.

Em um breve segmento da *National Public Radio,* o apresentador toca um clipe com narração de Morgan Freeman e sua característica voz grossa sobre o cenário hipotético em que *Lucy* se baseia: "E se houvesse uma maneira de acessar 100% do nosso cérebro? Do que poderíamos ser capazes?"

A resposta é dada de forma pertinente pelo neurocientista David Eagleman: "Seríamos capazes de fazer exatamente o que fazemos agora, o que significa que usamos 100% do nosso cérebro."[12]

Inúmeras evidências confirmam isso — são muitas para incluir aqui —, mas Barry Beyerstein, professor de psicologia na Universidade Simon Fraser, no Canadá, descreve algumas das maiores descobertas científicas que rejeitam essa lenda.[13] Veja algumas delas a seguir:

- Estudos de cérebros danificados mostram que não existe nenhuma área do órgão que possa suportar lesões sem perda de capacidade, ao contrário das teorias anteriores. Exames mostraram que todas as áreas cerebrais são ativas, não importa a atividade. Mesmo enquanto dormimos, todas as partes do nosso cérebro mostram atividade;

- Nossos cérebros são consumidores de energia. O cérebro ocupa somente 2% de espaço em peso e, ainda assim, é responsável por 20% do consumo de energia, mais do que qualquer outro órgão. Não precisaríamos de uma quantidade tão incrível de energia para um órgão que funcionasse a 40% ou menos;

- Cientistas também determinaram que as regiões do cérebro têm funções distintas que trabalham juntas. Depois de mapear extensivamente o cérebro ao longo de décadas, eles concluíram que não existem áreas sem função no cérebro;

- Por fim, como já aprendemos, o cérebro usa um processo chamado supressão sináptica. Se não utilizássemos uma parte grande dos nossos cérebros, veríamos áreas vastas de degeneração (e não vemos, a menos que haja doenças cerebrais).[14]

Resumindo, essa suposição simplesmente não é verdade. Em entrevista à revista *Scientific American*, o neurologista Barry Gordon, da Escola de Medicina Johns Hopkins, na cidade americana de Baltimore, disse: "Essa ideia é tão errada que é quase ridícula."[15]

A verdade é esta: o que quero que você aprenda com isso é que todo o poder do seu cérebro está agora à sua disposição. A utopia que cada um desses filmes e programas de TV mostra já é possível para você. Embora usemos todo o nosso cérebro, algumas pessoas o usam melhor do que outras. Assim como a maioria das pessoas usa 100% do corpo, mas existem algumas que são mais rápidas, mais fortes, mais flexíveis e mais ativas. O segredo é aprender a usar seu cérebro da forma mais eficiente e eficaz que você puder — ao final desse livro, você terá todas as ferramentas para isso.

Nova crença: estou aprendendo a usar todo o meu cérebro da melhor forma possível.

MENTIRA NÚMERO 3: ERROS SÃO FALHAS

Quando ouvimos o nome de Albert Einstein, pensamos em brilhantismo e feitos intelectuais que muitos de nós acreditam que nunca seremos capazes de realizar. Essa associação, que é quase um sinônimo, é bem merecida; Einstein fez mais para promover o campo científico em geral, e a física em particular, do que qualquer outro cientista do nosso tempo. Suas descobertas tornaram possível algumas das nossas tecnologias modernas mais importantes.

Com reputação tão ilustre, seria fácil presumir que Einstein raramente cometia erros —, mas esse não é o caso. Para começar, seu desenvolvimento foi descrito como "lento" e ele foi considerado um aluno abaixo da média.[16] Desde cedo, era evidente que sua forma de pensar e aprender era diferente em relação aos demais alunos da turma. Por exemplo, ele gostava de resolver os problemas mais complicados de matemática, mas não era muito bom com os mais "fáceis".[17]

Mais tarde na carreira, Einstein cometeu erros matemáticos simples que apareceram em alguns dos seus trabalhos mais importantes. Seus vários erros incluem sete grandes gafes em cada versão da sua Teoria da Relatividade, outros na sincronização do relógio, relacionados aos seus experimentos, e muitos mais nos cálculos de matemática e física usados para determinar a viscosidade dos líquidos.[18]

Einstein foi considerado um fracasso por causa de seus erros? Dificilmente. Mais importante ainda, ele não permitiu que seus erros o impedissem, continuando a fazer experimentos e contribuir para seu campo. Ele é famoso por ter dito "quem nunca errou nunca experimentou nada novo". Mais importante, ninguém se lembra dele pelos seus erros, apenas por suas contribuições. Então, por que temos tanto medo de errar? Isso pode estar enraizado na mente, pois, em idade escolar, éramos julgados por nossos erros e o número de erros em qualquer prova determinava se passávamos ou não. Se éramos chamados na frente da turma e déssemos a resposta errada, a maioria de nós geralmente ficava com vergonha de levantar a mão novamente. Infelizmente, erros nem sempre são usados como uma ferramenta para aprender e sim como uma maneira de medir as capacidades de uma pessoa. Cometa muitos erros e você fracassará na prova ou na matéria.

Precisamos mudar isso. Muitos de nós não chegam nem perto de nossas capacidades porque temos muito medo de cometer um erro. Em vez de ver erros como prova de uma falha, considere-os como prova de que você está tentando.

A ex-vice-presidente da *General Electric*, Beth Comstock, e sua equipe aprenderam isso quando a empresa precisou se desfazer de uma nova linha de produtos em que havia investido. Autora de *Imagine It Forward: Courage, Creativity, and the Power of Change* [*Imagine o Adiante: Coragem, Criatividade e o Poder da Mudança*, em tradução livre], Comstock fala frequentemente sobre a crescente demanda das empresas e das pessoas dentro delas para se adaptarem e mudarem mais rapidamente.[19] Ela reflete sobre como ela e sua equipe foram capazes de encarar os erros que cometeram não como falhas, mas como grandes lições de aprendizado que levaram ao desenvolvimento de uma nova linha que impulsionou a empresa.[20] Em vez de pensar nos erros, eles se perguntaram o que aprenderam.

A verdade é esta: erros não representam falhas. Eles são sinal de que você está tentando algo novo. Você pode pensar que tem de ser perfeito, mas a vida não é se comparar com os outros, e sim avaliar a si mesmo em comparação com quem era ontem. Quando você aprende com seus erros, eles têm o poder de transformá-lo em algo melhor do que era antes.

Além disso, lembre-se de que você não é reflexo dos seus erros. Errar não representa nada sobre sua pessoa. É fácil chegar à conclusão de que você é naturalmente inútil, mas você erra; os erros não dizem quem você é. Use-os como degraus para subir ao nível seguinte. O que nos define não é como cometemos erros, mas como lidamos com eles.

Nova crença: Não existe falha. Somente a falha em aprender.

MENTIRA NÚMERO 4: CONHECIMENTO É PODER

Todos nós já ouvimos a frase "conhecimento é poder", geralmente como um motivo para aprender, como se apenas o conhecimento nos desse poder. Você já deve ter ouvido essa frase com a intenção oposta: como uma razão para esconder informações ou conhecimento de outra pessoa, por exemplo, em uma negociação.

Embora a frase "conhecimento é poder" seja comumente atribuída a Francis Bacon, o primeiro uso conhecido da expressão exata não foi escrito até Thomas Hobbes, que trabalhou como secretário de Bacon em sua juventude, usar a frase *scientia potentia est*, ou "conhecimento é poder" em latim, no *Leviatã* em 1651. Ele, então, expandiu a ideia em *De Corpore*, em 1655. Infelizmente, o sentido original de Hobbes foi sendo modificado ao longo dos anos. No original, ele diz: "O fim do conhecimento é poder; e o uso de teoremas destina-se à resolução de problemas. Por fim, o objetivo de toda especulação é a *realização de alguma ação ou alguma coisa a ser feita*." [Ênfase adicionada.][21]

Em outras palavras, o conhecimento é importante, mas o que o torna poderoso é "a execução de alguma ação". É aqui que ficamos presos enquanto cultura. Conforme discutido, ficamos afogados em informações diariamente. Temos mais acesso ao conhecimento do que jamais tivemos na história da humanidade e, ainda assim, esse excesso de informações torna cada vez mais difícil agir.

Eu costumava acreditar nesse mito. Quando era "o garoto com o cérebro quebrado", não queria nada mais além de aprender como o resto da minha turma. Mas, uma vez que fui capaz de fazer isso, logo percebi que ter conhecimento não iria me diferenciar das pessoas ao meu redor, e sim a forma como o usava.

A verdade é esta: conhecimento não é poder. Ele tem somente o potencial para ser poder. Você pode ler este livro e aprender tudo nele, mas isso será inútil se você não aplicar o conhecimento. Todos os livros, podcasts, seminários, programas online e postagens inspiradores nas redes sociais ao redor do mundo não funcionarão até que você coloque seu conhecimento em prática.

É fácil falar sobre o que aprendemos. Mas quero desafiá-lo a mostrar o que aprendeu e não a ficar falando sobre isso. É melhor bem feito do que bem falado. Não prometa, prove. Seus resultados falam por si.

Nova crença: conhecimento × ação = poder

MENTIRA NÚMERO 5: É MUITO DIFÍCIL APRENDER COISAS NOVAS

Quando ouvimos a palavra *aprendizagem,* geralmente pensamos na escola. Poucas pessoas têm lembranças boas de lá. Mesmo que tenhamos ido bem academicamente, a escola é, tipicamente, um lugar associado às dificuldades da juventude, onde alguns acham o amor (e, provavelmente, a rejeição) pela primeira vez e vivenciam o tédio esmagador. Para quem teve dificuldades, as emoções extras de vergonha, dúvidas e o sentimento sempre presente de que somos burros demais para aprender qualquer coisa também remetem à escola. Não é de se admirar que, quando pensamos em aprendizagem, imaginamos dificuldade e conflito.

Carol Greider é uma bióloga molecular norte-americana, ganhadora do Prêmio Nobel em 2009 por sua participação na descoberta de como os telômeros mudam com o tempo, o que tem um enorme potencial para o entendimento e tratamento do câncer.[22] Greider é uma professora da cátedra *Bloomberg Distinguished,* o que a coloca em um seleto grupo da área médica mundial, e da *Daniel Nathans,* além de ser nomeada diretora de biologia molecular e genética da Escola de Medicina John Hopkins. Com uma carreira tão ilustre, é de se supor que ela tenha ido bem na escola, mas não foi esse o caso.

"Quando estava no ensino fundamental, era considerada fraca para soletrar e em qualquer outra matéria relacionada a palavras, então fiz aulas de reforço", lembra Greider. "Lembro que um tutor veio, me tirou da minha sala e me levou para uma sala diferente. Certamente, parecia que não era tão boa quanto as outras crianças."[23]

Acontece que ela tinha dislexia, uma deficiência de aprendizagem que afeta partes do cérebro que processam a linguagem. Aqueles que lutam contra a dislexia têm problemas para identificar os sons da fala e relacioná-los com as letras e palavras, o que resulta em dificuldade de ler e, às vezes, de falar.[24] Greider se sentia estúpida e descreveu a situação como difícil de superar, mas ela não desistiu.

> Fiquei pensando em formas de compensar. Aprendi a memorizar as coisas muito bem porque não conseguia soletrar palavras. Mais tarde, quando tive de fazer aulas como química e anatomia, em que tinha de memorizar, descobri que era muito boa nisso. Nunca planejei uma carreira. Fiz vista grossa, o que me ajudou a superar muitas coisas que poderiam ser obstáculos. Apenas segui adiante. É uma habilidade que tinha desde pequena e que foi se ajustando.[25]

Mesmo que a escola tenha sido difícil no início, ela encontrou outras formas de compensar sua deficiência e, por causa da sua capacidade de adaptação, ela se tornou uma espécie de "resolvedora de problemas" que podia não só aprender, mas também contribuir com pesquisas que mudaram a forma como vemos o câncer. Aprender era difícil, mas ela descobriu como contornar sua deficiência. Afinal, não se trata do quanto você é inteligente, e sim de como você é inteligente. Por ter que resolver os problemas de ensino à sua maneira, Greider agora tem uma carreira que causa impacto no mundo.

A verdade é que aprender não é sempre fácil, mas o esforço compensa. De fato, o aprendizado deve ser, pelo menos, um pouco desconfortável; caso contrário, estaria apenas reforçando o que já sabe. Se você já tentou cortar lenha com uma lâmina cega, sabe que gasta muito mais tempo e energia para completar a tarefa do que deveria. Da mesma forma, a falta de motivação ou os métodos inadequados o atrasarão e farão com que você sinta que aprender é muito difícil (mostraremos como abordar essas questões mais adiante neste livro).

O segredo é dar pequenos passos simples. Pense em um profissional de construção trabalhando com um bloco de pedra. Ele pode sentar e martelar seu bloco de pedra pelo que parece ser uma eternidade, fazendo apenas pequenas lascas e entalhes aqui e ali. De repente, a pedra se quebra. Isso aconteceu de uma vez só? Não, foi resultado de todo o esforço contínuo, que preparou a pedra para partir.

Aborde o seu aprendizado como esse pedreiro. É necessário que você cultive paciência para ter uma atitude positiva, e se adapte às suas próprias necessidades. Se você é o tipo de aluno que faz o seu melhor com um livro nas mãos, isso é fantástico. Mas, se você já sabe que isso não funciona, por que continuar tentando a mesma coisa? Busque outras formas de aprender que funcionem para você.

Saiba que não será difícil, mas requer esforço — talvez nem tanto quanto você está pensando. O essencial é a consistência. Você tem que ter paciência para voltar a fazer repetidas vezes. Ao fazer isso, não apenas colherá as recompensas de seu conhecimento adquirido com muita dedicação, mas também será uma pessoa melhor por ter cultivado a tenacidade para continuar tentando.

A verdade é esta: às vezes, aprender coisas novas *é* difícil. De forma mais precisa, temos que saber que o aprendizado é um conjunto de métodos, um processo que certamente pode ser mais fácil quando você sabe como aprender.

Nova crença: quando você aprende novas formas de aprender, o desafio do aprendizado pode ser divertido, fácil e mais agradável.

MENTIRA NÚMERO 6: A CRÍTICA DAS OUTRAS PESSOAS IMPORTA

Há alguns anos, fui palestrante em um evento organizado pelo médico norte--americano Deepak Chopra. Após minha apresentação, me sentei na plateia para assistir ao restante da programação. Para minha surpresa, uma figura alta se aproximou e pairou sobre mim. Olhei para cima e vi um de meus atores favoritos: Jim Carrey.

Pouco depois, estávamos no lobby do local tendo uma conversa profunda sobre criatividade. Em dado momento, o ator disse: "Jim, estou trabalhando em *Debi e Loide 2* e preciso ficar realmente inteligente para fazer o personagem."

Algumas semanas depois, passamos um dia juntos em sua casa. Durante uma das pausas, enquanto fazia guacamole (um dos meus combustíveis favoritos para o cérebro) na cozinha, perguntei: "Por que você faz o que você faz? Você é um ator único e um pouco exagerado diante das câmeras." Jim respondeu: "Ajo desta forma porque quero dar às pessoas que estão assistindo permissão para serem elas mesmas. A maior farsa do mundo está nas pessoas se impedindo e se limitando a expressar quem realmente são por terem medo do que as outras pessoas pensam." Este sentimento é quase como uma religião para Jim; ele chama de "libertar as pessoas da preocupação". Ele falou mais sobre isso durante um discurso de formatura na Maharishi International University, em Fairfield, no estado norte-americano de Iowa.

O propósito da minha vida sempre foi libertar as pessoas das preocupações. Como você vai servir ao mundo? Do que eles precisam que seu talento pode oferecer? Isso é tudo o que você tem de descobrir. O efeito que você tem nos outros é a moeda mais valiosa que existe. Tudo o que você ganha na vida vai apodrecer e desintegrar. E tudo o que restará de você é o que estava em seu coração.[26]

As pessoas que aprendem mais rápido no planeta são as crianças, em parte porque elas não se importam com o que os outros pensam. Elas não têm vergonha de errar. Elas vão cair 300 vezes e levantar outras 300 tentando aprender a andar e não se sentirão envergonhadas; elas apenas sabem que querem andar. À medida que envelhecemos, temos mais dificuldades em nos manter abertos assim. Seja em uma aula de canto ou de programação, se estivermos fora do tom ou cometermos um erro enquanto aprendemos, vamos nos retrair ou parar de vez.

Parte de se tornar sem limites é aprender a ignorar o medo das críticas de outras pessoas. A história está repleta de exemplos daqueles que superaram as opiniões negativas das pessoas ao seu redor. Os irmãos Wright realizaram a incrível façanha de construir uma máquina que voasse — e, inicialmente, não receberam quase nenhum elogio por isso. Quando voltaram para casa após o voo inaugural, em 17 de dezembro de 1903, não foram recebidos com bandas, charutos e serpentinas. Eles foram recebidos com dúvidas.

Biógrafo dos irmãos, Fred Kelly escreveu que os vizinhos não conseguiam acreditar no que havia acontecido. Um deles disse: "Sei que vocês, garotos, são confiáveis e, se disseram que voaram pelos ares com uma máquina, eu acredito. Mas, então, lá na costa das Carolinas, vocês tinham condições especiais para ajudá-los. É claro que não conseguiriam fazer isso em nenhum outro lugar."[27]

Não era bem a resposta entusiasmada que eles esperavam, não é?

A imprensa também não relatou seu feito. Segundo Kelly, cientistas notáveis da época já haviam explicado por que o homem não podia voar, então nenhum repórter estava disposto a cobrir o evento por medo de ser humilhado.[28] Nenhum editor queria publicar uma história que refutava diretamente as declarações de um respeitado cientista de que voar não era cientificamente possível. A falta de reconhecimento público não perturbou os irmãos Wright. Eles sabiam que havia mais trabalho a ser feito e começaram a aperfeiçoar sua máquina voadora, o que acabou por lhes dar o reconhecimento que mereciam.

A maioria das pessoas teme a opinião dos outros quando simplesmente pensa em tentar algo novo. O que a história dos irmãos Wright mostra é que a imaginação do público é terrivelmente desanimadora e as pessoas têm dificuldade em conciliar o que acreditam ser possível com o que realmente está acontecendo.

A verdade é esta: Criar a vida que você quer pode ser assustador. Mas sabe o que é mais assustador? Se arrepender. Um dia daremos nosso último suspiro e nenhuma opinião ou medo das outras pessoas vai importar. O que importa é como vivemos. Não aceite críticas de alguém a quem você não pediria conselhos. As pessoas vão duvidar e criticar, não importa o que você faça. Você nunca conhecerá seu verdadeiro potencial até romper os julgamentos injustos que coloca em si mesmo. Não permita que a opinião e as expectativas dos outros atrapalhem ou arruínem sua vida.

Nova crença: Não cabe a você gostar, amar ou me respeitar. Esse trabalho é meu.

MENTIRA NÚMERO 7: GENIALIDADE VEM DE BERÇO

Bruce Lee é conhecido no mundo inteiro hoje em dia. Foi uma estrela do cinema, filósofo e um dos mais talentosos lutadores de artes marciais na história do esporte. Pensando que a genialidade vem do berço, você dificilmente o teria considerado um futuro ícone mundial.

A família de Lee se mudou de São Francisco para Hong Kong logo depois que ele nasceu.[29] Não muito após sua chegada, Hong Kong foi ocupada pelo Japão, tornando-se um lugar política e socialmente tumultuado para se crescer. Quando jovem, Lee encontrou dificuldades devido às suas origens. Ele não era chinês puro, então os colegas o discriminavam. Ele também não era britânico como as outras crianças da escola particular, então era frequentemente provocado por ser "oriental". O sentimento de tensão estava sempre presente e foi aí que ele começou a lutar para abrir caminho.[30] A luta começou a defini-lo. Suas notas eram baixas e ele brigava tanto na escola que acabou sendo transferido para outra.

Quando tinha 13 anos, Lee conheceu seu professor Yip Man, que o ensinou o Wing Chun. Ele foi aceito na escola desse famoso mestre e começou a aprender aquele estilo de Kung Fu. De forma similar às suas outras experiências educativas, ele ainda era insultado pelas crianças chinesas, que achavam que ele não era parecido com elas o suficiente para ser "autorizado" a aprender a técnica. Ele tinha constantemente que provar a si mesmo e as suas habilidades, e sua luta tomou as ruas. Essa tensão interna, juntamente com a derrocada de Hong Kong com a violência de gangues, levou Lee a lutar muito mais frequentemente do que a aprender. Ele desenvolveu uma reputação de mau elemento nas ruas por sua disposição e inclinação para a batalha.

Após uma violenta briga de rua, um policial de alto escalão chamou os pais de Lee e disse a eles que seu filho teria que ser preso. O rapaz que ele massacrou na noite anterior era filho daquele policial. O pai de Lee rapidamente o mandou de volta para os Estados Unidos, afinal ele ainda era um cidadão norte-americano. Então, com apenas US$100 no bolso, ele retornou. "Como a maioria das crianças chinesas que acabavam de chegar, meu primeiro trabalho foi lavar e recolher pratos",[31] disse Lee em uma entrevista. Ele fez bicos para se sustentar e, eventualmente, começou a ensinar artes marciais.

Lee não era apenas talentoso — também estava disposto a ensinar outras pessoas e aceitou todos os que o procuravam como aluno, independentemente de sua raça ou origem. Isso logo irritou a comunidade chinesa em Oakland, que considerava que essas técnicas não deveriam ser ensinadas a quem não era chinês. Por fim, ele foi forçado a defender o seu direito de ensinar. Os tradicionalistas chineses o desafiaram para uma luta dizendo que, se ele ganhasse, poderia manter sua escola, mas, se perdesse, seria forçado a fechá-la e parar de ensinar às pessoas de fora de seu grupo étnico.

O estilo de Lee era diferente de qualquer outra forma de artes marciais. Quando ainda vivia em Hong Kong, ele tomou aulas de dança e, em 1957, era tão bom que conquistou o título de chá-chá-chá. Ele usou os movimentos aprendidos com a dança em suas técnicas de luta. Enquanto outros lutadores adotavam uma postura principalmente solitária com os pés, ele se movia constantemente, o que impulsionou sua capacidade de se adaptar aos movimentos do oponente. Lee fez isso com tudo o que aprendeu em sua vida. Eventualmente, seu estilo incorporou não apenas Wing Chun, mas boxe, esgrima e dança.

Foi um grande momento de virada — a velha vanguarda contra o novo. A esposa de Lee, Linda, estava grávida de oito meses na época e se lembra claramente da cena, quase que cômica. Ela lembra que Lee demorou apenas 3 minutos para derrubar seu oponente e, antes disso, ele corria ao redor da sala, tentando fugir.

Após a luta, Linda encontrou Lee com a cabeça afundada nas mãos, apesar da vitória. Ele disse que seu treino não o preparou para esse tipo de batalha. Como ela descreveu, este foi o começo da evolução para seu próprio estilo de artes marciais.

Após essa batalha, Lee não tentou mais colocar seus conhecimentos e ensinamentos em uma caixa e descartou a maior parte de seu treinamento original. Ele assumiu abertamente influências de estilos de luta fora do Wing Chun e Kung Fu, usando-as para formar a filosofia da arte marcial. Em uma entrevista, ele disse: "Não acredito mais em estilos. Não acredito que exista uma maneira chinesa de lutar, uma maneira japonesa de lutar."[32] Em vez disso, a abordagem de Lee se concentrou na luta como forma de expressão pessoal máxima. "Quando as pessoas vêm aprender, elas não vêm para aprender como se defender. Elas querem aprender a se expressar por meio do movimento, da raiva ou da determinação." Ele acreditava que o indivíduo era mais importante do que qualquer estilo ou sistema.

Ninguém se lembra de Lee por seus esforços acadêmicos. Ele é lembrado por sua tenacidade, sua habilidade em derrotar os oponentes, sua filosofia e pela forma como conseguiu sair da sua caixa de pensamento ortodoxo e unir diferentes estilos de luta para criar uma filosofia totalmente nova. Seria ele, então, um gênio natural, alguém que nasceu para alcançar grandes feitos físicos, mentais e filosóficos?

Em *O Código do Talento*, o autor Daniel Coyle investiga se o talento é inato ou se pode ser desenvolvido. Ele argumenta que "grandeza não é de nascimento, mas de crescimento". Por meio da prática intensiva, da ignição e dos ensinamentos do mestre, qualquer pessoa pode desenvolver um talento tão profundo que o faça parecer um gênio.[33]

A filha de Bruce Lee, Shannon, discursou em nossa conferência anual sobre a abordagem de seu pai para memorizar e aprender. Ela disse que, na época em que era uma estrela do cinema e um notável professor, Lee já havia alcançado milhares e milhares de horas de prática intensa, pelo menos em parte por causa de seus primeiros dias de luta nas ruas. Mais tarde, Lee não dominou a famosa técnica do soco de uma polegada em um dia, mas durante anos de duras práticas e repetições. Mesmo com uma lesão nas costas, Lee continuou a treinar e se condicionar — era um compromisso diário. Ignição é a motivação, o combustível para você fazer o que faz. Parece que o combustível inicial de Lee era a tensão que sentia por ser um sino-americano em locais que não o aceitavam nem como chinês, nem como americano. Depois, sua ignição parece ter sido a motivação para a autoexpressão final. Por fim, Lee recebeu seu treinamento de um mestre, Yip Man, que foi treinado por vários professores desde que era criança. Quando Lee se tornou seu aluno, ele já ensinava Kung Fu há décadas.

O talento de Lee nasceu de uma confluência de experiências e circunstâncias que o serviram bem, embora pudessem ter derrotado outra pessoa. Quantos de nós olhariam para uma criança com tendência para brigas e notas baixas, e preveríamos que ela se tornaria um professor, mestre e filósofo?

A verdade é esta: A genialidade deixa pistas. Há sempre um método por trás do que parece mágica.

Nova crença: A genialidade não vem com o nascimento, e sim por meio da prática intensa.

> ### 🧠 COMECE LOGO
>
> Em quantas das mentiras descritas neste capítulo você acreditava antes de ler este livro? Há outras que você gostaria de adicionar?
> Escreva-as aqui: _____
> _____
> _____

ANTES DE SEGUIRMOS ADIANTE

Entender que essas crenças limitadoras comuns não passam de mitos é uma parte essencial para se tornar sem limites. Quando você se convence de que tudo isso é verdade, está se sobrecarregando desnecessariamente. Embora essas sete mentiras estejam entre as mais comuns, mantenha-se alerta em busca de qualquer "sabedoria convencional" que tenha o efeito de restringir seu potencial e a examine com muito cuidado. Na maioria dos casos, você verá que essas restrições não se aplicam a ninguém disposto a ir além delas. Antes de ir para o próximo capítulo, tente o seguinte:

- Dê uma boa olhada nos erros que cometeu. Você deixou que eles o definissem? Como seus sentimentos sobre esses erros mudaram depois de ler este capítulo?

- Ache uma forma de botar em prática algo que você aprendeu recentemente (mesmo que tenha sido hoje). Note a diferença que faz quando você transforma o conhecimento em poder;

- Pense em uma situação em que você permitiu que as opiniões de outras pessoas influenciassem suas ações. Como você trataria a mesma situação, de forma diferente, se a única opinião que importasse fosse a sua? Pegue meus 4Gs para uma mentalidade ilimitada, incluindo mais estratégias para substituir crenças limitadoras, em *LimitlessBook.com/resources* [conteúdo em inglês].

"A cultura é nutrida pela motivação humana — um recurso ilimitado que, às vezes, pode ser subestimado."

—LYNNE DOUGHTIE

PARTE III

MOTIVAÇÃO SEM LIMITES

O PORQUÊ

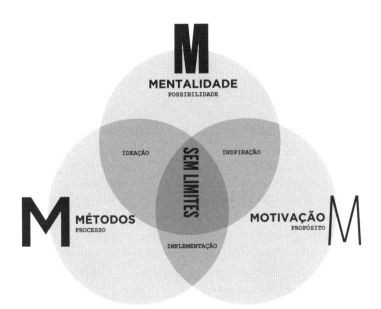

Motivação

mo·ti·va·ção *(substantivo feminino)*

O propósito que se tem para agir. A energia necessária para alguém se comportar de uma maneira específica.

No filme *Sem Limites*, o escritor Eddie Morra está completamente desmotivado, sem foco nem energia. Quando ele toma a pílula que o torna ativo imediatamente, sua vida muda de forma drástica para melhor porque ele está apto a fazer as coisas.

Vamos anular algumas mentiras [LIEs, em inglês] comumente aceitas sobre motivação. Ao contrário da crença popular e tal qual a sua mentalidade, a motivação não é fixa. Ninguém tem um nível de motivação. E, quando as pessoas dizem que estão desmotivadas, isso não é completamente verdade. O que elas podem ter é um alto nível de motivação para ficar na cama e assistir televisão.

Motivação também não significa que você deve curtir o que precisa fazer. O empreendedor Tom Bilyeu, meu amigo, odeia malhar, mas tem uma razão clara e convincente para fazer isso, então se exercita todas as manhãs. Não gosto de tomar banho frio, mas faço isso todos os dias (explicarei por que no Capítulo 8).

Finalmente, não existe isso de "acordar com ou sem motivação". Ficamos em transe quando dizemos "não tenho qualquer motivação". Motivação não é algo que você tem, mas o que você faz. E é inteiramente sustentável. Ao contrário de um banho quente, não é algo que você experimenta por um momento e depois perde, a menos que você o aqueça novamente. A motivação não deriva de um seminário que o estimula temporariamente. É um processo. E, como é uma estratégia, você tem controle sobre ela e pode criá-la de forma consistente, seguindo a receita certa.

A fórmula é a seguinte: Motivação = Propósito × Energia × S³

Quando você combina propósito, energia e pequenos passos simples [*small simple steps*, ou S³, em inglês], ganha uma motivação sustentável. E a forma derradeira de motivação é o estado do fluxo. Pense nisso como a administração de energia. Criá-la, investir nela e não desperdiçá-la. Um propósito ou razão claro lhe dá energia. As práticas que você emprega cultivam energia para o cérebro e o resto do corpo, e pequenos passos simples requerem pouca energia.

Nesta seção, vamos falar sobre como cultivar uma poderosa motivação sustentável por meio da aprendizagem e de uma vida duradoura. Vamos alcançar isso esclarecendo seu propósito, promovendo a energia mental e física que o sustentará, estabelecendo pequenos passos simples e ativando os estados de fluxo.

O propósito nos leva à ação. E ele tem que ser claro o suficiente para que possamos saber por que estamos agindo e o que esperamos ganhar com aquilo. Gerar energia suficiente é vital — se você estiver cansado ou sonolento, ou se seu cérebro estiver nebuloso, então você não terá o combustível para agir. Pequenos passos simples demandam esforço mínimo e evitam que você fique paralisado pela sobrecarga. E encontrar o fluxo é o benefício final da motivação.

"Razões colhem resultados."

—JIM KWIK

(7)

PROPÓSITO

Como certas frases dominadoras determinam quem você é?

Como seus valores o definem?

O que seu senso de propósito diz sobre quem você é?

Por muito tempo, minha kriptonita era a falta de sono. Dormir nunca foi fácil para mim. Durante anos na infância, passava a noite inteira em claro, estudando longas horas, tentando compensar meus desafios de aprendizagem. Desenvolvi terríveis problemas de sono. Estava sempre cansado na escola, mas, de qualquer maneira, enfrentava isso por ter um forte desejo de trabalhar duro e deixar minha família orgulhosa. Meu propósito e razões estavam superclaros, então estava bastante motivado. Mesmo depois de começar a usar técnicas de aprendizado acelerado aos 18 anos e não precisar mais gastar um número insano de horas, minha insônia ficou cada vez pior na idade adulta — um total de 2 a 4 horas de sono muito interrompido por noite, por cerca de 20 anos.

Quanto mais tempo sem dormir, mais difícil se torna manter um senso de realidade ou qualquer motivação. A falta de sono compromete todas as suas capacidades cognitivas, sua concentração, sua propensão à depressão e muitos transtornos. Posso dar testemunho dos lugares sombrios em que me encontrei como resultado da falta de sono. Minha agenda de viagens como palestrante ao redor do mundo certamente não ajuda. Em um ano, estive viajando 235 dias. Lidando com fuso horário, *jet lag*, quartos de hotel insossos. Meu cérebro estava dando sinal; imagine um especialista em memória esquecendo em que cidade está acordando.

Isso me intrigou porque, como estudante de meditação de longa data, minha mente não estava ruminando ou atuando à noite; estava a mais calma possível. Há alguns anos, quando fui hospitalizado por ter passado várias noites sem descanso, participei de um estudo do sono durante uma noite inteira e acabei diagnosticado com apneia obstrutiva do sono grave, um distúrbio físico que me fazia, na verdade, parar de respirar mais de 200 vezes a cada noite.

Hoje, após inúmeros tratamentos, estou orgulhoso em dizer que meu sono é muito melhor. Após resolver o problema físico com uma cirurgia, estava apto a otimizar meu sono com uma série de ferramentas que vou explicar no Capítulo 8.

Durante os momentos mais difíceis, me perguntei por que continuava a fazer o que fazia. Por que lutar quando poderia simplesmente dizer a mim mesmo que não tinha energia para tal? Quando criança, meu propósito e motivação (para agir) era compensar minha falta de talento com trabalho duro, para provar a mim mesmo que era capaz. Mas, quando aumentei o nível da minha aprendizagem, por que continuava trabalhando tão duro, apesar da exaustão, privação do sono e da minha extrema introversão, para fazer discurso atrás de discurso, vídeo atrás de vídeo, podcast atrás de podcast? É a mesma coisa que me guiava quando era criança: tinha um propósito claro e definitivo. Não quero que ninguém lute e sofra como eu. A missão que me guia é libertar cérebros melhores e mais brilhantes.

Muitas vezes, as nossas maiores lutas levam às nossas maiores forças. Meus dois maiores desafios quando criança eram aprender e falar em público. A vida tem uma certa ironia, porque gasto a maior parte da minha vida falando em público sobre aprendizagem. Não conseguia ler e, hoje, ensino pessoas ao redor do mundo a lerem melhor. Batalhei para entender o meu cérebro e, hoje, falo diante de milhares de pessoas para ajudá-las a entender a maravilhosa ferramenta que possuem. Aprendi que há um dom na maioria dos desafios. De certa forma, décadas de falta de sono me deram duas importantes lições.

Em primeiro lugar, aquilo me forçou a viver tudo o que está neste livro. Não seria capaz de me apresentar da forma que faço sem as ferramentas que aprendi, então dediquei-me a tudo o que ensino. Raramente tenho que me preparar para um discurso porque uso essas habilidades todos os dias. Eu as vivo. É quem eu sou.

Segundo, tive de ser muito claro sobre meu propósito, identidade, valores e razões para fazer o que faço todos os dias. Quando você não dorme e tem uma quantidade muito limitada de energia e foco, você não a desperdiça. Você prioriza e sabe bem claramente quais são seus compromissos e por que os está assumindo. Todas essas escolhas o levam a uma motivação inesgotável. É disso que falaremos neste capítulo.

COMECE PELO PORQUÊ

Um dos meus livros favoritos é *Comece pelo Porquê*, de Simon Sinek, a quem já entrevistei várias vezes em meu show. Frequentemente, ele enfatiza a importância de poder transmitir aos outros por que você faz o que faz. Segundo ele, se você conseguir articular a crença que está lhe guiando (o seu porquê), as pessoas desejarão o que você está oferecendo. Ou, como ele sempre diz, "as pessoas não compram *o que* você faz; elas compram *o porquê* você faz isso, de modo que, se você não sabe *por que* faz *o que* faz, por que alguém mais fará isso?"

Existe uma razão pela qual a segunda pergunta mágica é: "Por que devo usar isto?" (Você lembra as outras duas?) As palavras favoritas da maioria das crianças são "por que", uma vez que perguntam o tempo todo. Você sabe por que era importante memorizar a tabela periódica ou datas históricas? Se não, provavelmente não se lembra delas. Nós ouvimos as palavras "propósito" e "meta" usadas com frequência nos negócios, mas sabemos realmente o que elas significam e quais são suas semelhanças ou diferenças? A meta é o ponto que alguém deseja alcançar. O propósito é a razão pela qual se visa atingir a meta.

Se a sua meta é ler um livro por semana, aprender outra língua, ficar em forma ou simplesmente sair do trabalho a tempo de ver a família, essas são coisas que você quer alcançar. Mas como você faz isso? Uma das formas populares é traçar as metas Smart [esperto, em português]. Sim, é um acrônimo em inglês:

- **S de Specific (Específico):** sua meta deve ser bem definida. Não diga que você quer ser rico, mas que você quer fazer uma certa quantia em dinheiro;
- **M de Measurable (Mensurável):** se você não consegue mensurar sua meta, não pode administrá-la. Ficar saudável não é mensurável, mas correr uma milha em seis minutos é;
- **A de Actionable (Acionável):** você não conseguirá dirigir até outra cidade sem perguntar pelo caminho. Desenvolva as etapas para atingir o seu objetivo;

- **R de Realistic (Realístico):** se você vive no porão dos seus pais, é difícil ficar milionário. Suas metas devem desafiá-lo e ampliá-lo, mas não a ponto de fazer com que você desista delas;
- **T de Time-based (Baseado no tempo):** a frase "a meta é um sonho com prazo" vem à mente. Definir um tempo para cumprir a meta o deixa muito mais propenso a alcançá-la.

O desafio para muitas pessoas é que este processo, embora lógico, é muito intenso. Para as metas saírem do pensamento e chegarem à execução, verifique se elas se adequam às emoções no seu coração [ou o acrônimo Heart, em inglês]:

- **H de Healthy (Saudável):** como você pode garantir que seus objetivos apoiem seu bem-estar geral? Eles devem contribuir para a sua saúde mental, física e emocional;
- **E de Enduring (Estável):** suas metas devem inspirá-lo e sustentá-lo durante os tempos difíceis, quando você pensar em desistir;
- **A de Alluring (Encantador):** nem sempre é preciso se esforçar para trabalhar suas metas. Elas devem ser emocionantes, sedutoras e envolventes a ponto de lhe deixar atraído;
- **R de Relevant (Relevante):** não defina uma meta sem saber por que você a está definindo. Idealmente, seus objetivos devem estar relacionados a um desafio que está enfrentando, ao propósito da sua vida ou a seus valores essenciais;
- **T de Truth (Verdade):** Não defina uma meta só porque seu vizinho está fazendo ou porque é algo que seus pais esperam de você. Tenha certeza de que a sua meta é algo que você quer, algo que permanece verdadeiro para você. Se ela não é assim, é muito mais provável que você procrastine e sabote a si mesmo.

SOBRE PROPÓSITO E PAIXÃO

Conhecer o seu propósito na vida o ajuda a viver com integridade. Pessoas que conhecem seus propósitos na vida sabe quem são, o que são e por que são. E, quando você se conhece, se torna mais fácil viver uma vida fiel aos seus valores fundamentais.

Seu propósito de vida consiste no seu objetivo motivador central, a razão pela qual você acorda de manhã. O propósito pode guiar as decisões da vida, influenciar o comportamento, oferecer um senso de direção e criar signifi-

Propósito

cado. O meu propósito de vida é criar um mundo com cérebros melhores e mais brilhantes.

O idioma inglês é repleto de palavras que são usadas de forma intercambiável, como se significassem a mesma coisa. Veja o exemplo de *nice* (agradável) e *kind* (gentil). Com frequência, elas são usadas no mesmo sentido, mas *nice* vem do latim *nescius*, que significa "ignorante". Kind, por outro lado, tem origem germânica e relação com a palavra "*kin*". O sentido original desta palavra é "natureza, ordem natural" e "caráter, forma ou condição inata". Ela se transformou do sentimento de "sentir-se relacionada um com o outro" e se tornou uma palavra que quer dizer "fazer o bem aos outros de forma amigável e deliberada".[1]

Passion (paixão) e *purpose* (propósito) estão no mesmo campo — com frequência são confundidas. Mas os conceitos são discutidos por toda a internet, em livros motivacionais e palestras do TED. É fácil sentir que algo está faltando na sua vida se você não sente uma paixão ou um propósito ardente. Na minha experiência, porém, paixão e propósito não são a mesma coisa; em vez disso, um leva ao outro.

Encontrar sua paixão não significa escolher o caminho certo ou encontrar o destino profissional perfeito. Trata-se de experimentar para ver o que desperta a sua alegria. A paixão chega quando redescobrimos nosso eu autêntico e vivo, aquele que foi silenciado e enterrado sob uma pilha de expectativas de outras pessoas. Não há um único caminho certo a ser descoberto ou revelado. Em vez disso, acredito que quando mudamos da mentalidade fixa para a construtiva, como discutimos no Capítulo 6 na seção de mitos, aprendemos que os interesses podem ser desenvolvidos por meio da experiência, do investimento e do esforço.

Além disso, diferentes paixões podem ser cultivadas simultaneamente. Você não tem que escolher uma em detrimento de outras quando está explorando. Encontrar sua paixão é como encontrar o amor verdadeiro: você tem que ir a diversos encontros para encontrar o par perfeito. E uma vez que você encontra essa pessoa especial, as coisas não funcionam como mágica, porque é preciso esforço para construir um relacionamento. Encontrar sua paixão não é diferente — é necessário experimentar para ver o que mexe com você e há muito esforço nisso.

Em suma, a paixão é o que acende você a partir de dentro. Minha paixão por aprender nasceu de uma luta tão intensa que se tornou uma parte importante da identidade da minha vida.

COMECE LOGO

Quais são as suas paixões atuais? Escreva três aqui: _____

_____

_____

_____

_____

O propósito, no entanto, diz respeito a como você se relaciona com outras pessoas. Propósito é o que você tem para compartilhar com o mundo. É como você usa sua paixão. No fundo, todos temos o mesmo objetivo: ajudar outras pessoas por meio da nossa paixão. A maior tarefa que temos na vida é compartilhar o conhecimento e as habilidades que acumulamos. Não tem que ser mais complexo que isso.

Sua paixão pode ser considerada sem valor prático ou profissional, mas seu propósito tem muito valor. A minha é aprender, e meu propósito é ensinar outras pessoas a aprender. Isso é tão enraizado que não tenho que me forçar a nada — tudo vem naturalmente. Acordo pronto, motivado e animado para ajudar as pessoas a aprender.

O convidado do meu podcast Jonathan Fields, fundador do *Good Life Project*, acredita que teremos diversas paixões várias vezes ao longo da vida, naturalmente. Porque você mudará e o meio pelo qual você expressa suas paixões, também. Ele acredita que, se você se definir por uma paixão muito específica e sua vida mudar de uma maneira que não permita que você a persiga por mais tempo, poderá se sentir perdido. A chave é encontrar o significado subjacente em suas paixões, para achar uma nova maneira de canalizar sua expressão.

COMECE LOGO

Você conhece o seu propósito de vida? Mesmo se ainda não souber, escreva um pouco sobre o que poderia ser: _____

_____

_____

_____

_____

QUEM VOCÊ PENSA QUE É?

O que geralmente não é discutido na busca por motivação é a identidade — quem você é... E quem você *pensa* que é, dentro de você. Diz-se que as duas palavras mais poderosas no inglês são as mais curtas: "I am", ou "eu sou". O que você colocar após elas determina seu destino.

Digamos que você quer parar de fumar. Talvez você já tenha recebido alguns alertas do médico e finalmente se convenceu de que deve parar. Se você se identifica como fumante e costuma dizer "eu fumo", será difícil parar até que você desmonte completamente essa identidade. Quando você diz que é definido por uma ação específica, está essencialmente se predispondo para se identificar e justificar um determinado comportamento.

Não poderia destacar mais o quanto isso é essencial à mudança de comportamento. Um estudo fascinante da Universidade Stanford mostrou os efeitos da predisposição nos participantes. O pesquisador Christopher Bryan separou os participantes em dois grupos. O primeiro responderia um questionário que incluía frases como "votar" e perguntas como "qual a importância de você votar?". O questionário do segundo grupo tinha perguntas ligeiramente alteradas, como "o quão importante para você é *ser um eleitor* [ênfase adicionada]?"[2] Também foi perguntado aos participantes se eles pretendiam votar nas eleições seguintes. Depois, os pesquisadores usaram registros públicos de votação para confirmar se os participantes haviam votado ou não. Bryan e sua equipe descobriram que aqueles cuja pesquisa incluiu declarações de identificação pessoal como "eleitor" tiveram 13% mais inclinação para votar do que aqueles que foram, simplesmente, questionados sobre a possibilidade de votar.[3]

Quando você decide conscientemente se identificar com o hábito ou a meta que deseja criar ou alcançar, ou não se identificar conscientemente com um hábito que não deseja mais, experimentará um poder enorme. Se você anda dizendo a si mesmo, durante toda a sua vida, que tem um aprendizado lento ou não consegue aprender, poderia, em vez disso, começar a dizer a si mesmo "eu aprendo rápido e de forma eficiente". O impulso mais forte que temos é agir de maneira consistente com a forma como nos percebemos. É uma das forças mais poderosas do universo. Use-a em seu benefício.

> **⚛ COMECE LOGO**
>
> Reserve 60 segundos e, com um fluxo de consciência, preencha essas linhas com declarações "eu sou". _____
> _____
> _____
> _____
> _____

UMA HIERARQUIA DE VALORES

A seguir, precisaremos considerar nossos valores. Você pode definir os hábitos mais bem planejados, mas se seus valores não estiverem alinhados com o objetivo final, você não seguirá adiante. Por exemplo, alguém que queira lembrar os nomes dos outros deve valorizar relações e conexões com outras pessoas. Seu comportamento deve apoiar os seus valores de alguma forma ou não haverá impulso para isso.

Nossos valores têm uma hierarquia. Se perguntar qual é a coisa mais importante em sua vida, provavelmente você responderá que a família é um dos seus principais valores. Então, perguntarei o que a família faz por você. A mim, traz o amor. Para você, pode ser pertencimento. A distinção importante aqui é que a família é um *valor meio* — um meio para um fim. O *valor final* é, na verdade, amor ou pertencimento. Quando olhamos para os nossos valores, podemos determinar se o valor que estabelecemos é um fim ou se ele evoca algo mais.

Os valores precisam ser priorizados. Os meus são amor, crescimento, contribuição e aventura, nesta ordem. Cada um se baseia e contribui para o próximo. Os valores de uma pessoa tendem a não mudar de ano para ano, a menos que você tenha condições de vida que os alterem — como ter um filho, perder um ente querido ou terminar um relacionamento, só para citar alguns.

Quando desconhecemos os nossos valores e os das pessoas próximas, abre-se espaço para surgirem conflitos. Geralmente, a discórdia decorre de valores conflitantes. Digamos que, dentre os seus valores, há a aventura e a liberdade. Se seu parceiro valoriza a segurança, não é surpresa vocês estarem em desacordo. Não é que um conjunto de valores esteja certo e o outro errado: eles não estão alinhados. Ou digamos que ambos valorizam muito o respeito, mas o que cada um considera respeitoso ou desrespeitoso é diferen-

Propósito

te. Ainda há espaço para desacordo, a não ser que tenham discutido sobre o que constitui respeito.

ENCONTRANDO SUAS RAZÕES

Quando se trata de fazer qualquer coisa na vida, as razões colhem recompensas. A minha história mostra que se sentir bem não é requisito para se sentir motivado. Se esperasse até esse dia, teria parado de ensinar os outros a aprender melhor quando meus problemas de sono aumentaram. Além disso, quantas vezes nos sentimos bem em um determinado dia e ainda não fizemos o que dissemos que faríamos? Você pode se sentir incrível e, ainda assim, não conseguir fazer nada, se suas razões não forem fortes o suficiente.

Mesmo face a todos os obstáculos diários que a vida põe em nosso caminho, você será motivado a agir por razões atreladas a propósito, identidade e valores. Uma pessoa saudável de 70 anos de idade não vai à academia às 4h35 da manhã porque gosta, ela vai porque manter a saúde, permitindo que continue com sua família, é motivação mais que suficiente para ela, mesmo que ela preferisse continuar dormindo. A boa aluna não pega seu livro porque está de bom humor, ela o faz porque quer ir bem na prova para ter melhores chances de conseguir o estágio que a levará ao emprego dos sonhos.

É provável que haja uma boa razão por trás de todas as tarefas que você precisa cumprir, mesmo as desagradáveis. Você não ama fazer o jantar, mas quer que sua família coma bem e entende os perigos da dependência excessiva da comida para viagem e do fast food. Você se sente desconfortável falando em público, mas sabe que sua equipe depende de você para reunir toda a organização por trás do seu projeto na conferência. Você acha economia assustadora e um pouco chata, mas precisa concluir a disciplina para obter o seu diploma de marketing e mal pode esperar para colocar suas habilidades em ação no mundo real.

Se você está com dificuldade de encontrar motivação para aprender ou para fazer qualquer coisa na vida, há uma boa chance de não saber o *porquê* da tarefa. Considere a sua paixão, identidade desejada e valores: como eles podem criar a base para suas razões? Você já sabe que é muito mais provável que se lembre de algo quando está motivado a se lembrar disso. Por outro lado, se você não encontrar motivação para saber o nome de alguém, irá esquecê-lo assim que passar à próxima conversa. Digamos que sua paixão é ajudar as pessoas a criar melhores relacionamentos; você se identifica como um conector e um dos seus valores é o amor. Suas razões para aprender a lembrar nomes podem ser fáceis de encontrar: "Quero aprender a lembrar nomes para poder ter melhor conexão com as pessoas em minha comunidade e ajudar a promover uma rede mais forte de pessoas com quem me preocupo."

Neste momento, pare e pense em três razões pelas quais você deseja aprender melhor. Suas razões devem ser concretas, como: "Quero aprender espanhol para, finalmente, conseguir conversar com meu sogro", ou "quero aprender história americana para poder ajudar meu filho na escola", ou "quero aprender a pesquisar melhor para concluir meu plano de negócios e encontrar um investidor para minha empresa". Escreva-as abaixo:

_____

_____

_____

_____

_____

_____

Ter razões me ajudou a ter certeza com relação a compromissos. O amor próprio, em grande parte, é proteger seu tempo e energia. Estabelecer limites em torno do seu tempo, emoções, saúde mental e espaço é incrivelmente vital a qualquer momento, em especial quando você não dorme. Quando falta algum combustível essencial, como comer ou dormir, seus recursos não são tão abundantes quanto em outras ocasiões. Por isso é tão importante se proteger. Quando tomo decisões, tudo se trata de um sim ou não absoluto (apenas tentando ser transparente). Se não me sinto completamente alinhado com alguma coisa, não faço, porque não tenho energia para dispensar. E posso dizer, honestamente, que não sofro de FOMO [*fear of missing out*, ou medo de ficar de fora, em português]. Nas últimas semanas, fui convidado para alguns encontros sociais e de trabalho, mas declinei porque sei bem meu propósito e motivação ao gastar meu tempo escrevendo este livro. Adoraria que você se juntasse a mim na celebração de JOMO [*joy of missing out*, ou alegria em ficar de fora, em português].

Muitas pessoas se sentem cansadas e fatigadas hoje em dia. Creio ser porque sentimos que temos de dizer "sim" a cada oportunidade, convite ou pedido que chegue até nós. Embora seja ótimo ter a mente aberta e considerar opções, quando você diz "sim" a alguma coisa, precisa tomar cuidado para não dizer "não" inadvertidamente a você mesmo ou a suas necessidades.

O QUE VOCÊ TEM A PERDER?

O que é motivação? É um conjunto de emoções (dolorosas e prazerosas) que agem como combustível para as nossas ações. De onde ela vem? A motivação vem do propósito, plenamente sentido e associado às consequências de nossas ações (ou inações).

Vamos fazer um exercício. Escreva abaixo todas as desvantagens que você tem de enfrentar se não aprender a usar o material deste livro. O que isso custará a você hoje e no futuro? Por exemplo, você pode escrever "vou ter que continuar estudando muito e me contentando com as mesmas notas ou trabalho medíocres", ou "não poderei passar tempo com meus entes queridos", ou "não receberei aquele aumento". O essencial é garantir que você sinta as emoções. Não faça disso uma coisa intelectual. Tomamos decisões baseadas no que sentimos. Sinta realmente a dor que você terá se não fizer algo a respeito. Essa é a única forma de você fazer uma mudança duradoura, que o fará seguir.

A dor pode ser a sua base se você usá-la e não se deixar ser usado. Use a dor para te guiar a fazer as coisas. Se for honesto, escreverá algo como: "Terei que me contentar com um emprego que odeio, ganhar muito pouco dinheiro, não ter tempo livre para mim ou qualquer outra pessoa e terei que aturar isso pelo resto da vida, entediado e frustrado." Isso o levará a fazer alguma coisa a respeito! Faça isso agora:

_____

_____

_____

_____

Agora vai a parte mais emocionante. Escreva abaixo todos os benefícios e vantagens que você terá ao aprender as habilidades e técnicas deste livro. Faça uma lista de coisas que o deixam realmente animado e motivado. Por exemplo: "Estarei pronto para gabaritar a prova, ter mais tempo para estar com a família, começar aquele negócio e aprender novos idiomas para viajar pelo mundo", ou "terei mais tempo livre para fazer exercícios e ficar saudável, curtir o verão e ficar mais tempo com meu namorado/namorada!", ou algo mais simples, como "finalmente terei tempo livre para me envolver e relaxar!".

Mais uma vez, verifique se seus motivos são convincentes o suficiente para serem suportados por emoção real. Você deve, realmente, ver e sentir os benefícios de aprender com este material. Faça isso agora:

_____

_____

_____

_____

_____

AMARRANDO TUDO JUNTO

Agora, vamos aplicar tudo isso à aprendizagem. À medida que você avança nesta seção de "Motivação" do livro, gostaria que considerasse onde a aprendizagem se encaixa em sua paixão, identidade, valores e razões.

Foi apenas quando me tornei adulto que encontrei minha paixão e propósito. Durante minha batalha para aprender, desenvolvi um amor pela aprendizagem porque isso me ajudou a não ter limites e meu propósito é ensinar outras pessoas a aprender, para que também possam ser assim.

Quando criança, me forcei a estudar, tentando chegar ao nível médio. Tinha um monte de questões de identidade para resolver; era o garoto com o cérebro quebrado e acreditava que era estúpido. Tive que mudar a forma como me via e desistir da identidade que me prendia ao fato de não conseguir aprender. Em vez de dizer "estou quebrado", comecei a dizer "estou aprendendo".

Quanto aos valores, como mencionei anteriormente, valorizo o crescimento e a aventura. Para mim, a aprendizagem cai em ambos, porque contribui diretamente para o meu crescimento e me dá um senso de aventura, especialmente quando aprendo algo novo e desafiador. Não há ambiguidade aqui; aprender contribui diretamente para o cumprimento dos meus valores.

Cada uma das minhas razões me mantém motivado para que possa ajudar mais pessoas a aprender. Como qualquer autor sabe, escrever um livro é um desafio. Mas minha razão para escrever este livro — ensinar meus métodos a um público mais amplo em todo o mundo que não pode ter acesso aos meus cursos online — me mantém no caminho.

Se você está tentando se forçar a ser motivado, mas não abordou essas identidades invisíveis e limitadoras, não vai muito longe. Quando se sentir preso, volte a pensar como sua meta se encaixa nos seus valores e, em seguida, pergunte a si mesmo o que faria para voltar à linha.

Voltando à lista do capítulo anterior, das sete mentiras que o atrapalham, talvez a oitava mentira seja a de que você tem motivação — que você acorda e se sente motivado todos os dias. A realidade é que você faz a motivação. Por fim, ela é um conjunto de hábitos e rotinas, guiados por seus valores e sua identidade, que você realiza todos os dias.

ANTES DE SEGUIRMOS ADIANTE

Encontrar sua paixão significa dar a si mesmo inovação e se colocar em um novo ambiente para ver o que o inflama. É difícil fazer isso se você se sente limitado ou se estiver com vergonha de parecer ruim, então deixe isso para lá e aproveite a experiência. Esses momentos iniciais de desconforto podem levá-lo a uma paixão e um propósito inteiramente novos na vida. Aqui estão algumas coisas para tentar antes de irmos para o próximo capítulo:

- Escreva uma lista das suas declarações "eu sou" mais comuns. Como você se sente com relação às formas pelas quais essas declarações o definem?
- Crie uma lista das coisas que você mais valoriza. Ordene por prioridade e pense em como isso se alinha à sua definição de si mesmo;
- Adquira o hábito de fazer a pergunta "por que" antes de fazer qualquer coisa.

"Veja, quando você fornece ao seu corpo o melhor combustível possível, você tem mais energia, é mais forte e pensa mais rapidamente."

—MICHELLE OBAMA

ENERGIA

Como você garante que seu cérebro esteja tão saudável e energizado quanto possível?

O que devo ter em minha dieta se quiser que meu cérebro esteja cada vez mais forte?

Como consigo ter uma boa noite de sono sempre?

Você tem um propósito claro de fazer algo e dividiu o projeto ou a meta em etapas pequenas e simples. Será que isso garante motivação sustentável e ilimitada?

Mesmo que você tenha uma razão para ler diariamente e um plano para fazer isso apenas 5 minutos ao dia, por exemplo, a fadiga pode impedi-lo. A vitalidade mental e física é o combustível necessário para guiar as suas ações. Sabemos a importância de gerir o tempo. E a motivação tem tudo a ver com gerenciamento e otimização de energia.

Aqui estão as minhas 10 recomendações para gerar energia cerebral sem limites. Para cada dica, por favor classifique em uma escala de 1 a 10 quanta atenção você está colocando naquela área específica e se surpreenderá com as suas respostas.

1. UMA BOA DIETA PARA O CÉREBRO

Eva Selhub, especialista em resiliência, costuma comparar o cérebro a um veículo de alto desempenho. "Assim como um carro caro", ela escreve, "seu cérebro funciona melhor quando utiliza combustível premium. Comida de alta qualidade, com muitas vitaminas, minerais e antioxidantes, nutre o cérebro e o protege do estresse oxidativo — os resíduos (radicais livres) produzidos quando o corpo usa oxigênio que podem danificar as células".[1] Ela observa ainda que, quando o seu cérebro é forçado a funcionar com combustível inferior, não pode fazer tudo a que foi desenvolvido. Açúcar refinado, por exemplo, contribui para prejudicar a função cerebral, leva à inflamação e pode até causar depressão (algo que você pode querer considerar na próxima vez em que pegar um pote de sorvete para encarar um dia difícil).

Nas entrevistas em meu podcast com Lisa Mosconi, neurocientista, nutricionista integrativa e autora dos livros *Brain Food* e *The XX Brain*, ela explica por que as necessidades alimentares do cérebro são diferentes das de outros órgãos. "O cérebro humano requer 45 nutrientes diferentes para funcionar melhor. Embora a maior parte desses nutrientes sejam criados pelo próprio cérebro, o resto é importado de nossa dieta."[2]

Como sabemos com certeza que há uma conexão direta entre uma boa dieta e um cérebro saudável, é essencial que você o alimente com a melhor comida que a natureza tem para oferecer. Na página a seguir, você terá uma lista dos meus 10 alimentos favoritos para o cérebro (para um rápido vídeo sobre como memorizar esta lista, vá até *www.LimitlessBook.com/resources* [conteúdo em inglês]). Se você é do tipo de pessoa que odeia ouvir que precisa comer vegetais, essa relação pode exigir um pouco de ajuste. Mas há boas notícias, pois as evidências mostram que seu cérebro funciona muito bem com um pouco de chocolate amargo. Lembre-se de que o que você come importa, especialmente para sua massa cinzenta.

 COMECE LOGO

Quais são os seus alimentos para o cérebro favoritos? Como você pode incorporar mais um em sua dieta diária?

Conheci Mona Sharma quando ela apareceu no *Red Table Talk*, do Facebook, como a nutricionista de Will Smith e sua família, ao lado do médico Mark Hyman. Ela comentou comigo como "as comidas que consumimos podem ter um grande impacto em nossa energia, na qualidade de nossa saúde e no funcionamento do cérebro. Se concentrar em ingredientes-chave, como gorduras ricas em ômega-3 de boa qualidade, vegetais repletos de antioxidantes e fitonutrientes, e temperos para melhorar a digestão e o foco, ajuda tanto a

OS 10 MELHORES ALIMENTOS PARA O CÉREBRO

Abacate: fornece gordura monoinsaturada, o que ajuda a manter o fluxo sanguíneo saudável;

Mirtilo: protege seu cérebro do estresse oxidativo e reduz os efeitos do envelhecimento cerebral. Estudos também mostram que o mirtilo pode ajudar na memória;

Brócolis: ótima fonte de vitamina K, conhecida por melhorar a função cognitiva e a memória;

Chocolate amargo: ajuda no foco e na concentração, além de estimular endorfinas. O chocolate também possui flavonoides que melhoram a função cognitiva. Quanto mais escuro, melhor, pois o chocolate amargo tem menos açúcar e, como já falamos, açúcar é algo para comer com moderação;

Ovos: fornecem a colina, nutriente para melhorar a memória e estimular o cérebro;

Vegetais de folha verde: boa fonte de vitamina E, que reduz os efeitos do envelhecimento cerebral, e folato, que melhora a memória;

Salmão, Sardinha, Caviar: ricos em ácidos graxos ômega-3, que ajudam a reduzir os efeitos do envelhecimento cerebral;

Açafrão (Cúrcuma): ajuda a reduzir a inflamação e aumentar os níveis de antioxidantes, além de melhorar a ingestão de oxigênio no cérebro. Há também indicações de que ajuda a reduzir a deterioração cognitiva;

Nozes: fornecem altos níveis de antioxidantes e vitamina E, que protegem seus neurônios e protegem contra o envelhecimento cerebral. Também contêm altos níveis de zinco e magnésio, que são realmente bons para o seu humor;

Água: seu cérebro tem cerca de 80% de água. A desidratação pode causar anuviamento cerebral, fadiga e lentidão na reação e velocidade de pensamento. Estudos mostram que pessoas bem hidratadas têm melhor desempenho em testes cerebrais.

função cerebral de curto quanto a de longo prazo". Veja receitas que exemplificam um dia buscando otimizar a energia e a vitalidade do cérebro:

TÔNICO CEREBRAL MATINAL

Rendimento: 2 porções

Ingredientes:

- Pedaço de gengibre de 5 centímetros, descascado e cortado em fatias
- Pedaço de açafrão de 5 centímetros, descascado e cortado em fatias (nota: açafrão mancha, então tome cuidado com as roupas e bancada)
- 4 xícaras de água filtrada
- Chá verde orgânico (saquinhos de chá soltos ou sem plástico: 2 porções)
- Sumo de ½ limão orgânico
- 1 pitada de pimenta-preta
- Mel cru (opcional)

Coloque o açafrão, o gengibre e a água em uma panela pequena.

Ferva lentamente em fogo médio-alto. Adicione o chá verde e cozinhe por, pelo menos, 5 minutos.

Tire do fogo. Coloque o sumo de limão, a pitada de pimenta preta e o mel (se escolher usá-lo).

Coe e sirva quente. Evite comer por 20 minutos após beber o tônico.

Nota: Você pode fazer um grande lote deste tônico antes de consumir. Basta adicionar uma quantidade maior de açafrão, gengibre e limão a um espremedor. Coloque este suco na geladeira, coberto firmemente, por até 7 dias. Quando for servir, basta adicionar a água quente e o chá verde.

BATIDA MÁGICA DA MANHÃ

Rendimento: 1 porção

Ingredientes:

- ½ xícara de mirtilo selvagem congelado
- ½ xícara de jícama (nabo mexicano) picado (sem a casca)
- Um grande punhado de espinafre orgânico (você pode adicionar mais também!)
- 2 colheres de sopa de sementes de cânhamo
- 1 colher de chá de óleo MCT (Triacilglicerol)
- 1 colher de chá de espirulina orgânica em pó
- ½ xícara de água de coco sem açúcar
- ½ xícara de leite de amêndoa sem açúcar
- Gelo (opcional)

Adicione todos os ingredientes ao liquidificador, misture e comece o seu dia com combustível para o cérebro e para o corpo!

SALADA DE REFORÇO CEREBRAL

Rendimento: 2 porções

Para a salada:

- 2 xícaras de rúcula orgânica
- 2 xícaras de espinafre orgânico
- ¼ xícara de sementes de romã
- ¼ xícara de nozes cruas picadas
- 1 abacate fatiado
- 4 ovos orgânicos cozidos e fatiados ainda frescos (se você for vegano, substitua os ovos por 2 colheres de sopa de sementes de cânhamo e 1 colher de sopa de sementes de abóbora)

Para o molho:

- 3 colheres de sopa de vinagre de cidra de maçã crua
- ¼ xícara de azeite extravirgem
- ½ limão espremido
- 1 colher de sopa de mel cru
- ¼ colher de chá de sal do Himalaia
- 1 colher de chá de sementes de gergelim preto (para decorar)

Coloque todos os ingredientes do molho (exceto as sementes de gergelim) em uma tigela ou recipiente de mistura e misture/agite bem. Deixe descansar.

Adicione a rúcula, o espinafre, as sementes de romã e as nozes em uma saladeira grande.

Despeje o molho em cima da salada e misture.

Coloque a mistura em 2 pratos. Cubra cada um com meio abacate e 2 ovos fatiados. Decore com sementes de gergelim. Bom apetite!

SALMÃO GRELHADO E BRÓCOLIS COM ACELGA

Rendimento: 2 porções

Ingredientes:

- 2 colheres de sopa de suco de limão fresco
- 2 colheres de chá de alho picado
- 5 colheres de sopa de azeite extravirgem, separadas

- 2 filés de salmão, de preferência selvagem e não cultivados (de 115 a 170 gramas, cada)
- 2 a 4 fatias de limão
- 1 unidade grande de brócolis orgânico, picado em pequenas fatias (3 a 4 xícaras)
- 2 colheres de chá de sal do Himalaia, separadas
- 1 chalota pequena, picada
- 1 acelga orgânica de cacho pequeno ou uma acelga arco-íris, picada
- 1 colher de chá de sementes de mostarda orgânica em pó

Forre uma forma grande com papel manteiga e preaqueça o forno a 200°C.

Misture o suco de limão, o alho picado e 2 colheres de sopa de azeite em uma tigela pequena.

Coloque o salmão no meio da forma e despeje a mistura de limão, alho e azeite em cima de cada filé uniformemente. Em seguida, coloque as fatias de limão em cima de cada filé.

Misture as fatias de brócolis, 2 colheres de sopa de azeite e 1 colher de chá de sal em uma tigela grande. Coloque a mistura em torno de cada filé de salmão na assadeira.

Coloque no forno preaquecido e cozinhe por 20 minutos.

Enquanto o salmão e o brócolis estão cozinhando, aqueça a colher de sopa de azeite restante em fogo baixo em uma frigideira. Adicione a chalota picada, mexendo sempre até ficar clara e cozida. Adicione a acelga com 2 colheres de sopa de água na frigideira e cozinhe por 3 a 5 minutos, mexendo ocasionalmente até que a acelga esteja amolecida. Retire do fogo.

Coloque o salmão, o brócolis e a acelga em dois pratos. Polvilhe o brócolis com sementes de mostarda em pó, para aumentar os benefícios anti-inflamatórios. Sirva-se e aproveite!

"CHOCOLATE QUENTE" COM CACAU, CANELA E GENGIBRE

Rendimento: 2 porções

Ingredientes:

- 4 xícaras de leite de amêndoa ou coco sem açúcar
- 1 pedaço de gengibre de 5 centímetros, descascado e cortado longitudinalmente
- 3 colheres de sopa de cacau orgânico em pó sem açúcar
- 1 colher de chá de canela orgânica em pó
- 1 a 2 colheres de sopa de açúcar de coco (adoçar a gosto)
- ½ colher de chá de essência de baunilha
- 1 pitada de sal
- 2 paus de canela, para decorar

Aqueça o leite de amêndoa e as fatias de gengibre em uma panela média em fogo médio-alto, mexendo ocasionalmente. Deixe ferver.

Adicione o cacau em pó, a canela, o açúcar de coco, a baunilha e o sal e bata até dissolver.

Deixe ferver mais um pouco antes de tirar do fogo. Despeje em duas canecas, usando um coador para impedir que o gengibre entre nas canecas. Adicione um pau de canela em cada caneca e aproveite!

Nota: essa bebida pode ser servida fria durante o verão. Além disso, se servir como sobremesa, adicione um pouco de creme de coco e misture, para obter um sabor mais doce e espumante.

2. NUTRIENTES CEREBRAIS

Como dito antes, a dieta afeta a função cerebral. Mas e se você não conseguir seguir regularmente uma dieta rica em alimentos para o cérebro por conta da agenda ou estilo de vida? Pesquisas mostram que certos nutrientes têm um efeito direto em nossa habilidade cognitiva. Sempre preferi consumir meus nutrientes a partir de alimentos reais, integrais e orgânicos. Converse com seu profissional de saúde qualificado para saber em que você pode estar deficiente.

No episódio de meu podcast com Max Lugavere, autor de *Genius Foods*, discutimos os benefícios da suplementação com DHA fosfolipídico — que o seu cérebro usa para criar membranas celulares saudáveis.[3] Isso é importante porque nossas membranas celulares formam todos os receptores envolvidos no humor, no funcionamento executivo do corpo, atenção e memória. A vitamina B mostrou ser eficaz na melhoria da memória das mulheres. A curcumina, nutriente encontrado no açafrão, pode prevenir a deterioração cognitiva. Você pode obter uma lista dos nutrientes e seus efeitos no cérebro no site do *National Institutes of Health* [Institutos Nacionais de Saúde, em português, uma agência governamental americana].[4]

Existem fontes naturais para todos esses nutrientes, mas colocá-los em sua dieta pode não ser adequado ao seu estilo de vida ou paladar. A boa notícia é que há suplementos prontamente disponíveis para todos eles (embora nem todos os suplementos sejam criados de forma igual; faça sua pesquisa). Você também pode combiná-los com os alimentos para o cérebro discutidos neste capítulo para dar ao seu cérebro o combustível de que ele precisa. Para uma lista dos meus suplementos favoritos para o cérebro, visite *www.LimitlessBook.com/resources* [conteúdo em inglês].

3. EXERCÍCIOS

"Exercícios transformam o cérebro de forma a proteger a memória e as habilidades de pensamento", escreveu Heidi Godman, editora executiva da *Harvard Health Letter*. "Em um estudo feito na Universidade da Colúmbia Britânica, no Canadá, pesquisadores descobriram que exercícios aeróbicos regulares, do tipo que estimulam o coração e as glândulas sudoríparas, parecem aumentar o tamanho do hipocampo, a área do cérebro envolvida na memória verbal e no aprendizado."[5]

Quase posso ouvir alguns de vocês reclamando ou dando desculpas ao ler o último parágrafo: fazer exercícios é chato. Você não tem tempo para isso. Ou não pode pagar uma academia. Mas o simples fato é que o exercício é extremamente valioso se você deseja libertar o seu cérebro. Pense nisso: Quando você está ativo e se mexendo, se sente mais ligado, certo? Alguns de nós até mesmo precisam se movimentar para que nossos cérebros operem com a máxima eficiência. Isso ocorre porque há uma relação direta entre os exercícios e a função cerebral. E você não precisa ser um atleta olímpico para manter seu cérebro ligado. Há várias evidências que mostram que apenas 10 minutos de exercício aeróbico ao dia têm benefícios enormes.

Conforme seu corpo se move, seu cérebro funciona. Veja alguns vídeos dos meus exercícios favoritos em *www.LimitlessBook.com/resources* [conteúdo em inglês].

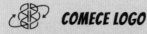

Coloque um alarme em seu celular para se lembrar de se mover por alguns minutos a cada hora.

4. MATANDO AS FORMIGAS

O neurocientista clínico Daniel Amen, autor do best-seller *Transforme seu Cérebro, Transforme sua Vida* e convidado assíduo de nosso podcast, voltava para casa após um dia particularmente difícil no escritório, lidando com riscos de suicídio, adolescentes cheios de angústia e casais disfuncionais, quando encontrou milhares de formigas em sua cozinha. "Foi nojento. Conforme comecei a limpar, um acrônimo surgiu em minha mente. Pensei em meus pacientes daquele dia — assim como a minha cozinha, o cérebro deles também estava infestado de pensamentos negativos que os tiraram de sua alegria e lhes roubaram a felicidade. No dia seguinte, trouxe uma lata de spray para trabalhar como auxílio visual e, desde então, tenho trabalhado diligentemente para ajudar meus pacientes a erradicar suas formigas."[6]

Formiga, em inglês, é ANT, que forma o acrônimo *"automatic negative thoughts"* [pensamentos negativos automáticos, em português]. Se você é como a maioria das pessoas, impõe limitações a si mesmo na forma desses pensamentos pelo menos uma parte do tempo. Talvez até diga a si mesmo que não é esperto o suficiente para aprender uma habilidade que você realmente queria ter. Ou, talvez, repita em um ciclo sem fim que se esforçar para fazer algo só vai levá-lo à decepção.

As formigas do pensamento negativo estão em todo lugar e não há inseticida suficiente no mundo para acabar com todas elas. Mas eliminá-las de sua vida é parte essencial de tornar seu cérebro sem limites. A razão para isso é simples: se você lutar pelas suas limitações, as manterá. Se diz a si regularmente que não pode fazer algo, que está muito velho para fazer alguma coisa ou que não tem inteligência suficiente, não vai fazer aquela coisa. Só quando você deixar esse tipo de conversa interna destrutiva de lado poderá realmente alcançar aquilo que quer.

COMECE LOGO
Qual é a sua pior formiga? Pelo que você poderia substituí-la?

5. UM AMBIENTE LIMPO

Um artigo de 2018 da revista médica *The Lancet* identificou que "a poluição do ar pode causar 30% de todos os acidentes vasculares cerebrais e, portanto, é um dos principais contribuintes da carga global desse problema". Ele continua: "Dada a forte associação entre acidente vascular cerebral, fatores de risco vasculares e demência, a conexão sugerida entre a poluição do ar e a demência pode ser válida."⁷ O ar que você respira é fundamental para o funcionamento do cérebro. Se você já ficou preso em uma sala com um fumante, sabe como é difícil pensar enquanto respira o ar tóxico. Por outro lado, se você estiver caminhando nas montanhas e respirar fundo pela atmosfera limpa e nítida, perceberá seus sentidos prosperando.

Se você mora em uma cidade industrial ou grande, com poluentes em todos os lugares, não há muito o que fazer a respeito do ar ao seu redor. Felizmente existem dispositivos disponíveis para limpá-lo em sua casa e no escritório, e você pode fazer um esforço maior para obter espaços mais limpos.

Um ambiente limpo vai além da qualidade do ar. Remover a desordem e as distrações do ambiente ao seu redor fará com que você se sinta mais leve e melhorará a capacidade de concentração. Portanto, dê uma de Marie Kondo em sua mente e tire qualquer coisa desnecessária.

COMECE LOGO
O que você pode fazer hoje para limpar o seu ambiente?

6. UM GRUPO DE COLEGAS POSITIVO

O potencial do seu cérebro não está relacionado apenas com as suas redes biológicas ou neurológicas, mas também com as suas redes sociais. Aqueles com quem você passa o tempo definem quem você se torna. O palestrante motivacional Jim Rohn diz que você é a média das cinco pessoas com quem mais passa tempo. Acredite nisso ou não, não acho que qualquer um de nós discorda da noção de que as pessoas à nossa volta têm uma influência significativa em nossas vidas. Um estudo recente da Universidade Temple mostrou que as pessoas (principalmente os adolescentes desse estudo) agem, quando estão sozinhos, de forma diferente do que quando estão com os outros. Ao reportar o estudo para o *New York Times*, Tara Parker-Pope disse que "o doutor Steinberg (um dos autores do estudo) observa que o sistema cerebral envolvido no processamento de recompensas também está no processamento de informações sociais, explicando por que os pares podem ter um efeito tão pronunciado na tomada de decisões."⁸

Por causa desta influência, aqueles com quem você passa o tempo têm um efeito genuíno na sua função cerebral. Certamente, eles afetam sua conversa interna, pois a maioria de nós vincula pelo menos uma parte de nossas crenças àquelas que os outros têm de nós. Mas eles podem afetar tudo, desde o que você come, o quanto se exercita e até o quanto dorme. Há milhares de livros dedicados a ajudá-lo a distinguir as pessoas que são boas ou ruins para você, mas, para os fins deste capítulo, tire alguns minutos para pensar sobre quem são os seus pares, quanta influência eles têm em sua vida e como isso afeta o seu desejo de se ilimitar.

COMECE LOGO
Quem é a pessoa com quem você precisa passar mais tempo? Entre em contato e marque um encontro com essa pessoa agora.

7. PROTEÇÃO DO CÉREBRO

Provavelmente isso é óbvio, mas proteger o seu cérebro é fundamental se você quiser aproveitar o máximo dele. Você só tem um cérebro. Se só tivesse um carro para passar o resto da sua vida, quanto cuidado teria com ele? Cuidaria como se sua vida dependesse disso. Acidentes são inevitáveis, mas se colocar em situações em que a lesão cerebral é menos provável aumenta as suas chances de evitar o pior. Esportes extremos e de contato não são os ideais se você deseja aproveitar ao máximo esse ativo precioso. Dirigir o tempo inteiro 30 quilômetros acima do limite de velocidade em sua moto tampouco é aconselhável. Se você ama demais essas coisas para desistir delas, pelo menos tente o máximo de precauções e use quantas ferramentas de segurança puder.

8. NOVA APRENDIZAGEM

Uma das coisas mais importantes que você pode fazer pela saúde do seu cérebro é seguir aprendendo. Todos somos capazes de expandir a capacidade dele mesmo quando envelhecemos, o que já discutimos quando falamos sobre neuroplasticidade no Capítulo 3.

Isso significa que, enquanto continuarmos aprendendo, seguiremos criando novos caminhos em nosso cérebro. Manteremos nossos cérebros plásticos e maleáveis, capazes de processar novas informações de maneira relevante. Isso é especialmente verdadeiro se dermos a nós mesmos desafios genuínos em nossa aprendizagem. Tentar dominar uma nova habilidade, descobrir um novo idioma, abraçar partes da sua cultura ou da cultura de outros que são novas para você são todas coisas que manterão todos os neurônios ativos e criando novos caminhos. Ao melhorar as formas de usar o seu cérebro, você melhora as capacidades dele.

> **COMECE LOGO**
> Crie uma lista contínua "para aprender". Quais são as coisas desta lista? Escreva duas aqui: _____
> _____
> _____

9. ADMINISTRAÇÃO DO ESTRESSE

Todos experimentamos algum nível de estresse em nosso dia a dia, algumas vezes até demais. Sempre que isso acontece, um hormônio conhecido como cortisol é liberado para aliviar os rigores físicos do estresse em nosso corpo. Se ocorre ocasionalmente, não há problema. Porém, se ocorre com regularidade, o acúmulo de cortisol em nossos cérebros pode fazer com que ele pare de funcionar adequadamente.

E não é só isso. "Há evidência de que o estresse crônico (persistente) pode, realmente, mudar as conexões do seu cérebro", diz um artigo no *Harvard Health Blog*. "Cientistas aprenderam que os animais que vivenciaram estresse prolongado têm menos atividade nas partes do cérebro que lidam com tarefas de ordem superior, como o córtex pré-frontal, e maior atividade nas partes primitivas do cérebro, que focam a sobrevivência, como a amígdala. É muito parecido com o que aconteceria se você exercitasse somente uma parte do corpo. A que foi ativada com frequência se tornaria forte e a que recebeu menos atenção enfraqueceria. É o que parece acontecer com o cérebro quando está sob estresse contínuo: ele, essencialmente, desenvolve a parte projetada para lidar com ameaças e a encarregada de pensamentos mais complexos fica em segundo plano."[9]

Com evidências tão claras de que o estresse pode debilitar o seu cérebro, é fundamental encontrar maneiras de reduzir ou evitar o estresse. Oferecerei várias sugestões nessa área ao longo deste livro.

> **COMECE LOGO**
> Qual sua atividade favorita para lidar com o estresse? Qual foi a última vez que você a fez?

10. SONO

Se você quer melhorar o foco, precisa dormir bem. Se quer ter um pensamento mais claro, precisa dormir bem. Se quer tomar decisões melhores ou ter uma memória melhor, precisa dormir bem. De acordo com o *National Institutes of Health*:

> Um sono de qualidade — e em quantidade suficiente, na hora certa — é tão essencial à sobrevivência quanto comida e água. Sem dormir, você não consegue formar ou manter os caminhos no seu cérebro que lhe permitem aprender e criar novas memórias, e fica difícil se concentrar e responder rapidamente. Dormir é importante para várias funções cerebrais, incluindo como as células nervosas (neurônios) se comunicam entre si. De fato, seu cérebro e corpo permanecem notavelmente ativos enquanto você dorme. Descobertas recentes sugerem que o sono desempenha um papel de "serviço de limpeza", que remove as toxinas do cérebro que se acumulam quando você está acordado.[10]

Moral da história: dormir o suficiente — e com qualidade — é essencial para aproveitar ao máximo o seu cérebro.

Dormir Não É uma Escolha

Sei que há várias pessoas por aí que dizem que não precisam dormir muito, ou que não têm tempo para dormir, ou até consideram um orgulho que suas vidas sejam tão cheias de atividade que elas "não têm escolha" a não ser sacrificar o sono. Isso é um erro; se você é uma dessas pessoas, é algo que deve reconsiderar agora.

"Dormir é essencial para a saúde em geral e para as funções diárias", afirma Jean Kim, psiquiatra e assistente clínico de psiquiatria na Universidade George Washington. "Evidências crescentes vinculam a falta de sono a uma série de distúrbios mentais e físicos, incluindo aumento da depressão, irritabilidade, impulsividade, doenças cardiovasculares e muito mais. Um estudo concluiu que dormir, na verdade, funciona como uma espécie de ciclo de lavagem para o cérebro onde, durante o sono, os vasos sanguíneos (e canais linfáticos) hiperperfundem, liberam o acúmulo metabólico do dia, removem neurotoxinas e distribuem componentes que melhoram a reparação celular."[11]

Em sua palestra no TED sobre o sono, Jeff Iliff, médico da Oregon Health and Science University, levou além a metáfora do "ciclo de lavagem". Ele notou que, quando estamos acordados, o cérebro está tão ocupado fazendo outras coisas que não tem a capacidade de se limpar. O acúmulo deste lixo, beta-amiloide, está agora sendo vinculado à doença de Alzheimer.

Ele completa: "Quando o cérebro está acordado e mais ocupado, ele adia a limpeza dos resíduos nos espaços entre as células para mais tarde e, então, quando dorme e não precisa ser ocupado, muda para uma espécie de modo de limpeza para retirar os resíduos nos espaços entre as células, que são acumulados ao longo do dia."[12]

Mais à frente na palestra, Iliff adverte contra algo que muitos de nós fazemos: sacrificar o sono até termos a chance de recuperar o atraso. "Tal qual nossas tarefas domésticas, é um trabalho sujo e ingrato, mas ainda assim importante. Se você parar de limpar a cozinha por um mês, sua casa se tornará completamente inviável muito rápido. Mas, no cérebro, as consequências de deixar o descanso pra trás podem ser muito maiores do que o constrangimento de bancadas sujas, porque, quando se trata de limpar o cérebro, é a sua própria saúde e função da mente e do corpo que estão em jogo. É por isso que a compreensão dessas funções básicas de limpeza do cérebro hoje em dia pode ser crítica para prevenir e tratar doenças da mente amanhã."[13]

Então, se você é um dos muitos que se convenceram de que há um nível de nobreza em conviver com um sono mínimo, é hora de rever esse pensamento. É simples: há muito mais a ganhar com uma boa noite de sono (incluindo o que você aprende com seus sonhos).

Atravessando a Noite

Uma coisa é dizer que você terá uma boa noite de sono. Outra é tê-la de fato. Cerca de um quarto de todos os americanos experimentam algum nível de insônia todos os anos.[14]

No entanto, há fortes evidências ligando os exercícios ao sono, mesmo entre aqueles que sofrem de insônia crônica. Um estudo conduzido por Kathryn J. Reid e outros médicos descobriu que o exercício aeróbico teve resultados altamente positivos em um grupo de participantes que, anteriormente, tiveram problemas regulares para dormir. "Os resultados deste estudo indicam que um programa de 16 semanas de atividade física aeróbica de intensidade moderada e educação sobre higiene do sono é eficaz na melhoria da qualidade do sono, humor e qualidade de vida em idosos com insônia crônica", escreveram os autores. "Esses resultados destacam o potencial de programas estruturados de atividade física para melhorar a eficácia de abordagens comportamentais padrão para o tratamento da insônia, particularmente em uma população de idosos sedentários."[15]

Um grupo da Escola de Medicina Feinberg, da Northwestern University, construiu esse estudo analisando os dados coletados e estudando a interconexão entre exercício e sono. O que eles descobriram é algo a se considerar: exercício não é a pílula mágica. Se você está tendo problemas para dormir, não poderá resolvê-los com uma ida à academia. Eles descobriram que, mesmo após dois meses, os efeitos do exercício no sono são mínimos. Mas, ao final do estudo de 16 semanas, os resultados foram consideráveis, com os participantes ganhando até uma hora e 15 minutos de sono por noite.[16]

Há uma clara conexão entre exercícios e o sono, mas você precisará esperar um tempo. Considerando os benefícios gerais do exercício para a saúde, porém, é sempre uma boa ideia se comprometer com uma rotina de exercícios mesmo que não sinta os benefícios do sono imediatamente.

Existem várias ideias sobre quanto exercício é necessário para afetar o sono, mas uma quantidade geralmente indicada é de 2 horas e meia de exercício aeróbico por semana, juntamente com algum trabalho de resistência. "Caminhada rápida, pedalada leve, aparelho elíptico, qualquer coisa que aumente a frequência cardíaca de forma que você possa continuar falando enquanto se exercita, mas que tenha que recuperar o fôlego a cada poucas frases, é considerado um exercício moderado", recomenda Christopher E. Kline, médico da Universidade de Pittsburgh.[17]

Dê um Tempo à Sua Mente

Uma das muitas razões pelas quais as pessoas têm problemas para dormir é não conseguir que suas mentes se desliguem. Todos já vivemos isso: você tem uma reunião importante chegando, algo disruptivo (positivo ou negativo) aconteceu durante o dia ou você recebeu uma ligação antes de se deitar que te irritou. Sua cabeça encosta no travesseiro, mas é melhor você dar voltas ao redor da sua casa porque sua mente está ocupada com esse evento incitante. Você fica deitado lá por horas e o sono parece tão inacessível quanto o topo do Everest.

Felizmente, temos uma ferramenta disponível para ajudá-lo a lidar com isso: meditação. Os benefícios são muitos (e há muitos livros que os detalham) e incluem de tudo, desde aumentar a função imunológica e diminuir a ansiedade até aumentar realmente a sua massa cinzenta. Um desses muitos benefícios é ajudar com a insônia.

Em um estudo conduzido por David S. Black e outros médicos, um grupo de idosos com problemas para dormir foi apresentado à meditação *mindfulness*, por meio de 6 sessões de 2 horas. Ao final delas, o grupo mostrou melhorias significativas contra a insônia.[18]

Se a meditação é algo estranho para você (e, se assim for, você faz parte da vasta maioria, já que menos de 15% dos norte-americanos meditam),[19] é provável que tenha ouvido falar que é difícil e exige que você esvazie completamente a sua mente. Ariel Garten, criadora do Muse, uma faixa de cabeça que auxilia na meditação, explica que não é esvaziar sua mente, mas "treiná-la para estar consciente no momento presente".[20]

Ela me disse que você pode escolher qualquer hora e lugar para meditar e que você sentirá os benefícios disso gastando menos de 3 minutos com os olhos fechados, inspirando profundamente e expirando, contando conforme fizer isso. Outra ferramenta que ela defende é a atenção focada, um processo supersimples de colocar toda a sua atenção na respiração. Quando sua mente se desviar da respiração (como sempre acontece), observe e traga-a de volta. Essa técnica promete desmistificar a meditação para quem pensa que é preciso ser um mestre zen para conseguir algum resultado. Poucos de nós somos capazes de prender o foco em uma coisa por um período prolongado, então é bom saber que a reorientação é igualmente valiosa.

Quando você recupera a sua atenção na respiração, diz Garten, "você está exercendo uma habilidade importante: está aprendendo a observar o seu pensamento. Você não está envolvido em seus pensamentos, mas no processo de observar o que está pensando. Você começa a reconhecer que pode ter controle sobre eles e escolher o que pensa."[21]

A meditação pode melhorar seu sono, mesmo com esses métodos simples. Minha professora de meditação, Emily Fletcher, autora de *Menos Estresse, Mais Conquistas*, tem um processo único chamado "Meditação Ziva". Veja um vídeo completo de nós dois e o processo em *LimitlessBook.com/resources* [conteúdo em inglês].

> ### ⚛ COMECE LOGO
>
> Qual a sua melhor dica para dormir? Escreva-a aqui: _____
> _____
> _____

ANTES DE SEGUIRMOS ADIANTE

Alimentar seu cérebro é fundamental para não ter limites e temos muito mais a fazer para que isso aconteça. Porém, antes vamos dar uma parada e focar algumas coisas deste capítulo:

- Faça uma lista de compras de todos os alimentos para o cérebro que você não tem atualmente em casa. Sei que nem todos eles serão compatíveis com o seu paladar, mas tente incluir o máximo possível. Leve essa lista com você ao mercado;
- Gaste algum tempo identificando as suas ANTs ("formigas"). Quais limitações você está impondo a si mesmo? Reserve uns minutos para este assunto. O que você está dizendo que não consegue fazer? Escreva;
- Pense em como você deseja expandir sua aprendizagem. O que você sempre quis dominar e não encontrou tempo para fazer? Um novo idioma? Programação de computador? Novas técnicas de venda ou marketing? O que você pode fazer para encaixar isso em sua vida agora?
- Use uma das ferramentas que falamos aqui para melhorar a qualidade do sono. Faça pelo menos por uma semana;
- Fiz dois vídeos para você sobre como memorizar facilmente os 10 principais alimentos para o cérebro e minhas 10 recomendações energéticas para ele. Veja-os em *www.LimitlessBook.com/resources* [conteúdo em inglês].

"Primeiro fazemos nossos hábitos, depois nossos hábitos nos fazem."

—JOHN DRYDEN

9

PEQUENOS PASSOS SIMPLES

Qual o menor passo simples que posso dar agora?

Como damos início a bons hábitos ou acabamos com os ruins?

Que rotina diária me ajudará a me tornar sem limites?

Você tem uma razão ou propósito para fazer algo. Você tem a energia necessária para tal. O que está faltando?

A resposta: um pequeno passo simples (*small simple steps*, ou S^3, em inglês). A menor ação que você pode tomar para ficar mais próximo de seu objetivo. Uma que requeira o mínimo esforço ou energia. Com o tempo, isso se torna um hábito. Essa é a razão pela qual enchi este livro de exercícios com pequenos passos simples, chamados Comece Logo.

Nos anos 1920, a psicóloga russa Bluma Zeigarnik estava sentada em um restaurante em Viena, na Áustria, quando reparou que os garçons que giravam ao redor dela no movimentado estabelecimento eram altamente eficientes em lembrar os pedidos dos clientes enquanto estavam sendo preparados, mas tendiam a esquecer quem pediu o que assim que eles eram atendidos. Intrigada com isso, ela conduziu um estudo no qual ela pedia às pessoas que fizessem tarefas simples, e elas eram interrompidas de vez em quando. Depois, ela perguntou aos participantes quais tarefas eles se lembravam e quais tinham esquecido, descobrindo que aqueles que tinham sido interrompidos tinham duas vezes mais chances de se lembrar do que estavam fazendo quando foram interrompidos do que das coisas que haviam sido capazes de concluir sem interrupção. Ela chegou a uma conclusão — posteriormente conhecida como efeito Zeigarnik — de que as tarefas incompletas criam um nível de tensão que as mantêm na frente de nossas mentes até que sejam concluídas.

Muito provavelmente você possui familiaridade com essa tensão a partir das suas experiências com a procrastinação. Quando você tem algo que sabe que precisa fazer e fica adiando, isso pesa em você, dificultando ainda mais a realização de qualquer outra coisa enquanto essa tarefa estiver incompleta. O que você precisa fazer parece difícil ou menos divertido do que outras coisas que você poderia estar fazendo, ou desconfortável, ou você simplesmente se convence de que há tempo suficiente para fazer depois. Ainda lutamos para concluir tarefas quando temos uma visão clara das nossas vidas e sabemos quem queremos nos tornar. Por que ainda é tão difícil agir, mesmo quando mantemos a motivação?

Uma das principais razões pela qual deixamos de agir é nos sentirmos sobrecarregados com o que precisamos fazer. Um projeto ou tarefa pode parecer tão grande e demorado que você não consegue imaginar como vai fazê-lo. Olhamos para ele como um todo e, imediatamente, sentimos que a tarefa em mãos é muito grande e aí desistimos ou adiamos. "Tarefas incompletas e procrastinação muitas vezes nos levam a certos padrões de pensamento frequentes e inúteis", disse a psicóloga Hadassah Lipszyc. "Esses pensamentos podem impactar no nosso sono, desencadear sintomas de ansiedade e ter mais impacto nos recursos mentais e emocionais de uma pessoa."[1]

SEJA GENTIL COM VOCÊ MESMO

Se você tem dificuldades em fazer algo com certa regularidade, há uma grande chance de você se sentir culpado e se punir por isso. É provável que você se dedique muito mais a isso do que realmente seja útil. Já sabemos que tarefas não finalizadas criam uma tensão em seu cérebro. Se você adicionar culpa e vergonha, torna ainda mais difícil a realização dela, o que o leva a se sentir infeliz.

"Sentir-se culpado longe do trabalho, quando não está em posição de fazer alguma coisa a respeito, não é útil e pode ser doloroso", afirma Art Markman, professor de psicologia e marketing da Universidade do Texas, em Austin. "Isso fará com que você se sinta pior sobre o seu trabalho em geral e arruína o tempo que você poderia gastar com amigos, família ou se engajar em uma atividade mais agradável. A vergonha, porém, é uma história diferente. Há evidências de que pessoas procrastinarão explicitamente para evitar a vergonha. Sentir vergonha por causa de um trabalho que você não concluiu, provavelmente, agravará o problema, ou seja, é uma emoção que quase nunca é útil."[2]

Sentir-se mal por causa da falta de progresso provavelmente tornará mais difícil parar a procrastinação. Por isso, dê um tempo para você. Ficar se punindo não melhora nada; ao ler este livro agora, você já está dando os passos para evitar a procrastinação no futuro.

Em minha experiência, a melhor forma de lidar com isso é encontrar uma forma de quebrar a tarefa em pequenos pedaços, as tornando em hábitos que levarão à realização. Voltando ao efeito Zeigarnik, cada vez que você completar uma dessas pequenas tarefas, estará tirando esse peso da sua cabeça. E, conforme cada uma delas for finalizada, você estará muito mais perto de completar a tarefa como um todo.

DANDO PASSOS DE BEBÊ

Convidado de nosso podcast, o fundador e diretor do Laboratório de Design de Comportamento da Universidade Stanford e autor de *Micro-hábitos*, B.J. Fogg, estudou o comportamento humano por mais de duas décadas. Ele aprendeu que somente três coisas podem mudar o comportamento em longo prazo de uma pessoa. Um é ter uma epifania, o que poucas pessoas podem invocar quando desejam. Outra é a mudança de ambiente, o que é possível para quase todo mundo, mas não necessariamente viável a qualquer momento. A terceira, como diz o próprio Fogg, é "dar passos de bebê".[3]

Gosto da forma como esta história ilustra o princípio dos pequenos passos simples:

O rei estava assistindo ao grande mágico se apresentando. A plateia estava encantada, assim como o rei. Ao final, a multidão aplaudiu efusivamente, em aprovação. E o rei disse: "Que dom tem este homem! Um talento divino!"

Mas um sábio conselheiro disse ao rei: "Milorde, o gênio é feito, não nascido. As habilidades deste mágico são resultado de disciplina e prática. Este talento foi ensinado e aperfeiçoado com o tempo, por meio de determinação e disciplina."

O rei ficou preocupado com a mensagem. O desafio do conselheiro estragou seu prazer pela arte do mágico. "Homem limitado e rancoroso! Como você pode criticar um verdadeiro gênio? Como disse, você tem ou não. E você certamente não tem."

O rei virou para o seu guarda-costas e disse: "Jogue este homem na masmorra mais profunda." E acrescentou, para benefício do conselheiro: "Para não ficar sozinho, você pode ter dois do seu tipo como companhia. Você terá dois leitões como companheiros de cela."

Desde o primeiro dia de prisão, o sábio conselheiro treinou, subindo os degraus de sua cela até a porta da prisão carregando um leitão em cada mão. Os dias viraram semanas, as semanas meses, e os leitões cresceram até se tornarem javalis. E, com sua prática diária, o sábio conselheiro melhorou seu poder e força.

Um dia, o rei lembrou-se do sábio conselheiro e ficou curioso para ver como a prisão o havia humilhado, então o chamou.

Quando o prisioneiro apareceu, era um homem poderoso, carregando um javali em cada braço. O rei exclamou: "Que dom tem este homem! Um talento divino!"

O sábio conselheiro respondeu, "Milorde, o gênio é feito, não nascido. Minhas habilidades são resultado de disciplina e prática. Estes talentos foram aprendidos e aperfeiçoados com o tempo, por meio de determinação e disciplina."[4]

Uma das únicas coisas que provavelmente consegue mudar seu comportamento é fazer progresso gradual. Você realmente não quer fazer o jantar? Cozinhe algo simples para sua família beliscar enquanto você prepara o jantar mais tarde. Está tendo problemas para escrever um discurso para a conferência do próximo mês? Escreva alguns trechos agora. Está impressionado com a quantidade de leitura para sua aula de economia? Defina a meta de ler o primeiro capítulo. Assim como o sábio conselheiro, você deve dar um passo de cada vez, um dia por vez.

Você irá reparar duas coisas em todos esses cenários: uma é que eles lhe apresentam algo atingível: uma vitória no caminho de obter o título de conclusão do trabalho. A outra é que eles irão colocá-lo em uma situação em que você provavelmente será mais bem-sucedido. Você já está na cozinha agora, então pode terminar de fazer o jantar. Você já passou pelo essencial e está indo muito bem, então faz sentido redigir mais algumas páginas. O primeiro capítulo do texto de economia não foi tão estafante quanto parecia e o livro está aberto; dá para lidar com mais alguns capítulos.

Ao dividir em pequenos pedaços a tarefa que você estava procrastinando para fazer, o caminho para encerrá-la fica mais claro.

A melhor forma de lidar com a tensão entre o que você quer e o que fez até agora é lembrar o que o efeito Zeigarnik nos ensinou. Você não conseguirá tirar essa tarefa da mente até concluí-la. Portanto, avance na direção da conclusão. Comece por algum lugar, qualquer lugar. Mesmo que você não tenha energia ou motivação para fazer a coisa toda, comece. Você será grato pelo alívio.

> **COMECE LOGO**
> Pense numa tarefa importante que você está adiando. Qual é? Como você pode dividi-la em etapas mais simples para fazer todos os dias?

NO PILOTO AUTOMÁTICO

Pequenos passos simples repetidos levam ao hábito. Nossos hábitos são parte essencial do que somos. Vários estudos mostraram que entre 40 e 50% do que fazemos todos os dias são produtos do hábito. Isso significa que metade de nossas vidas é governada pelo que os cientistas chamam de automaticidade. Esta porcentagem pode parecer alta para você — certamente foi para mim, quando ouvi pela primeira vez —, mas considere quantas coisas você faz diariamente sem realmente pensar nelas. Você escova os dentes sem pensar nisso; verifica o seu telefone em intervalos previsíveis; vai até o escritório e não se lembra, particularmente, de como chegou lá. Ou abotoa o seu casaco, tira um copo do armário e clica no controle remoto da TV automaticamente.

Isso, claro, é essencial para a forma como conduzimos nossas vidas. Você poderia imaginar o quão avassalador seria se você tivesse que pensar *em cada coisa* que fez? Se mesmo escovar os dentes requirisse algum nível consciente de cálculo, você estaria exausto às 10h.

"Sem os ciclos do hábito, nossos cérebros desligariam, sobrecarregados pelas minúcias da vida cotidiana", diz Charles Duhigg em seu best-seller *A Força do Hábito*. "Pessoas cujos gânglios da base são danificados por lesões ou doenças geralmente ficam mentalmente paralisadas. Elas têm problemas em fazer atividades básicas, como abrir uma porta ou decidir o que comer. Perdem a habilidade de ignorar detalhes insignificantes — um estudo, por exemplo, descobriu que pacientes com lesões nos gânglios da base não conseguiam reconhecer expressões faciais, incluindo medo e desgosto, porque estavam eternamente incertos sobre qual parte do rosto deveriam focar."[5]

James Clear, autor do best-seller *Hábitos Atômicos*, afirma: "Os hábitos que você repete (ou não) todos os dias determinam amplamente sua saúde, prosperidade e felicidade. Saber mudar seus hábitos significa saber como ser proprietário e administrador de seus dias com confiança, concentrar-se nos comportamentos que causam maior impacto e fazer uma engenharia reversa da vida que você deseja."[6]

"Ao entrar no seu eu sem limites, você pode ser confrontado com velhos hábitos e padrões que não são necessariamente baseados na verdade. Estas velhas maneiras de ser aparecem porque você repetiu muitas delas milhares de vezes."

—DEBBIE FORD

"Todos os hábitos lhe servem, de alguma forma", Clear me disse. "Ao passar pela vida, você enfrenta uma variedade de problemas. Você precisa amarrar o sapato, seu cérebro está automatizando uma solução. Isso é o que é um hábito. É a solução para um problema recorrente que você encontra durante a vida, que você empregou tantas vezes que pode fazê-lo sem pensar. Se a solução não funciona mais, então seu cérebro irá atualizá-la."[7]

Clear identifica o ciclo do hábito com quatro componentes: sugestão, desejo, resposta e recompensa. Usando o exemplo de ligar a luz ao entrar em uma sala, a sugestão é entrar na sala e ver que ela está escura. O desejo é sentir que haveria algum valor na sala não estar escura. A resposta é ligar o interruptor de luz e a recompensa é que a sala não está mais escura.[8] Você pode aplicar esse ciclo em qualquer um dos seus hábitos, como checar a correspondência quando chega em casa. A sugestão é chegar à sua entrada ou à porta da frente ao final do dia. O desejo é o de que tenha algo na caixa de correio. A resposta é ir até a caixa para verificar. E a recompensa é pegar a correspondência. Provavelmente, você não pensou em nada disso até ter a correspondência em suas mãos.

O Ciclo do Hábito

Criar hábitos para automatizar partes essenciais de nossas vidas é uma técnica de racionalização fundamental que fazemos em grande parte inconscientemente, em geral para nosso benefício. É claro, também automatizamos todo tipo de coisa que provavelmente seria melhor não transformarmos em hábito. Estou certo de que você conhece alguma versão disso. Talvez uma sugestão seja passar pela despensa da cozinha. O desejo é saber que seu salgadinho favorito está lá e seu desejo inato é comer. A resposta é que você entra na despensa, abre a embalagem de salgadinhos e pega uma mão cheia. E a recompensa é crocante, salgada, gordurosa, deliciosa... Que não beneficia sua saúde de jeito nenhum. Nossos hábitos negativos operam com o mesmo nível de automaticidade que os saudáveis. Esses salgadinhos estão no seu estômago antes de você ter uma boa oportunidade de registrar que os estava colocando na boca.

Agora que você está em processo para se tornar sem limites, já sabe que perpetuar comportamentos negativos é drenar seus superpoderes. Então, como você pode dar um tempo nos hábitos ruins e, mais importante, criar novos hábitos que irão ajudá-lo?

COMEÇANDO NO HÁBITO

Antes de chegarmos a isso, vamos falar por um momento sobre quanto tempo se leva para formar um hábito. Em um estudo da University College London, Phillippa Lally, Cornelia H.M. van Jaarsveld, Henry W.W. Potts e Jane Wardle levaram os participantes ao processo de desenvolver um novo hábito saudável de comer, beber ou se exercitar, como beber água no almoço ou dar uma leve corrida antes do jantar. Eles foram convidados a realizar esse novo comportamento com base em dicas situacionais específicas diariamente durante 84 dias. "Para a maioria dos participantes", eles escreveram, "a automaticidade aumentou de forma constante ao longo dos dias do estudo, apoiando a suposição de que repetir um comportamento em um ambiente consistente aumenta a automaticidade". No final, eles descobriram que levou uma média de 66 dias para o novo comportamento virar um hábito, embora os participantes individuais levassem algum tempo entre 18 e 254 dias.[9]

Também é amplamente assumido que quebrar um hábito ruim não significa encerrá-lo, mas substituí-lo por um outro hábito diferente e mais construtivo. Elliot Berkman, diretor do Laboratório de Neurociências Sociais e Afetivas da Universidade do Oregon, observa que "é muito mais fácil começar a fazer algo novo do que parar de fazer algo habitual sem uma mudança de comportamento. Essa é uma razão pelas quais apoios para parar de fumar, como chiclete de nicotina ou inaladores, tendem a ser mais eficazes do que o adesivo de nicotina."[10]

Então, se o processo de começar um novo hábito, como reservar um tempo para ler todos os dias, é basicamente o mesmo que o processo de acabar com um hábito negativo, como pegar aqueles salgadinhos toda vez que você passa na despensa, como isso funciona?

Como em muitas das coisas que discutimos neste livro, a motivação desempenha um papel fundamental. Falando especificamente acerca dos esforços para quebrar hábitos, Thomas G. Plante, professor clínico adjunto do Departamento de Psiquiatria e Ciências do Comportamento da Faculdade de

Medicina da Universidade Stanford, disse: "Depende do quanto você deseja mesmo quebrar aquele hábito. Muitas pessoas são ambivalentes. Elas querem perder peso, mas gostam da comida que comem. Elas querem reduzir o consumo de álcool, mas amam o happy hour. Querem parar de roer as unhas, mas isso reduz o estresse. Então, um ponto importante é a força com que você realmente quer quebrar o hábito em questão. Segundo, o quanto o hábito problema está estabelecido? É mais fácil interromper um novo hábito do que um antigo. Terceiro, quais as consequências de não quebrar aquele hábito? Seu (sua) parceiro(a) irá deixá-lo? Você perderá o emprego? Ficará doente? Algo realmente ruim vai acontecer se você não mudar?"[11]

B.J. Fogg criou o Modelo de Comportamento Fogg para identificar as circunstâncias que precisam estar presentes para que a mudança de comportamento ocorra. "Para que um comportamento-alvo ocorra", ele aponta, "a pessoa precisa ter motivação e habilidade suficientes, e lembretes efetivos. Todos esses três fatores precisam estar presentes ao mesmo tempo para que o comportamento ocorra."[12] Em outras palavras, você precisa de três coisas no lugar para desenvolver um hábito: você precisa do desejo de fazer, pois é extremamente difícil tornar algo habitual sem que você realmente deseje; precisa das habilidades para fazê-lo, uma vez que é quase impossível tornar um hábito algo que você não tem capacidade de realizar; e precisa de algo para iniciar o ciclo do hábito (o que James Clear e outros chamam de "a sugestão"). Vamos ver cada um deles separadamente:

Motivação

Já falamos sobre a motivação, mas vale a pena revisar o assunto aqui, para vê-la a partir da perspectiva de Fogg. Ele identifica três motivadores essenciais:

1. **Prazer/dor**: esse é o motivador mais imediato. Neste caso, o comportamento tem um retorno quase instantâneo, positivo ou negativo. "Eu acredito que o prazer e a dor são respostas primitivas", disse Fogg, "e funcionam de forma adaptativa na fome, no sexo e outras atividades relacionadas à autopreservação e propagação dos nossos genes.";[13]

2. **Esperança/medo**: ao contrário do imediatismo do motivador anterior, esse se trata de expectativa. Quando você está esperançoso, espera que algo bom aconteça; quando está temerário, espera o oposto. "Essa dimensão é, às vezes, mais poderosa que o prazer/dor, como evidenciamos no comportamento cotidiano", observa Fogg. "Por exemplo, em algumas situações, as pessoas aceitarão a dor (uma vacina da gripe) para superar o medo (a expectativa da gripe);[14]

"O hábito é o melhor dos servos, ou o pior dos senhores."

—NATHANIEL EMMONS

3. **Aceitação/rejeição social**: os seres humanos sempre desejaram ser aceitos por seus pares, remontando ao tempo em que o ostracismo poderia significar uma sentença de morte, e isso permanece como um motivador extremamente forte. "O poder da motivação social provavelmente está ligado a nós e, talvez, a todas as outras criaturas que historicamente dependiam de viver em grupos para sobreviver."[15]

Habilidade

Fogg equivale habilidade com simplicidade, observando que, quando é algo simples para nós, somos consideravelmente mais propensos a fazê-lo. Ele define seis categorias de simplicidade:

1. **Tempo**: só notamos que algo é simples se tivermos tempo disponível para executar a função;

2. **Dinheiro**: similarmente, se algo esvazia nossos bolsos, não consideramos simples;

3. **Esforço físico**: consideramos simples as coisas que são fisicamente fáceis para nós;

4. **Ciclos cerebrais**: coisas simples não sobrecarregam nosso pensamento e evitamos as que exigem que pensemos demais;

5. **Desvio social**: isso remonta à motivação da aceitação. Um ato simples se encaixa nas normas da sociedade;

6. **Não rotina**: até que ponto algo está fora da rotina normal definirá o seu nível de simplicidade.

Lembretes

Por fim, Fogg observa os três tipos de lembretes:

1. **Centelha**: a centelha é o tipo de lembrete que o leva, imediatamente, a uma forma de motivação. Por exemplo, se abrir seu e-mail leva a um certo medo sobre o que pode estar lá, é provável que você adote um hábito que mudará esse medo;

2. **Facilitador**: esse tipo de lembrete funciona quando a motivação é alta, mas a habilidade é baixa. Por exemplo, se você quer usar um certo tipo de software no seu computador, mas é averso à tecnologia, uma ferramenta que facilita a utilização do software provavelmente fará com que você adote esse comportamento;

3. **Sinal:** em alguns casos, você terá tanto a motivação quanto a habilidade em alta. A única coisa que precisará para tornar um comportamento habitual é algum tipo de lembrete ou sinal. Se você ama fazer batidas para o cérebro, tudo o que precisa é entrar na cozinha de manhã e olhar o liquidificador para se lembrar rapidamente de fazer uma.

> ### COMECE LOGO
>
> Você consegue identificar os hábitos que quer quebrar? Qual é o único hábito que o impede de fazer outras coisas importantes no seu dia? Escreva-o aqui e, em seguida, identifique os lembretes que o desencadeiam a seguir esse hábito: _____
> _____
> _____
> _____

CRIANDO UM NOVO HÁBITO

O Modelo de Comportamento de Fogg nos mostra tudo o que é necessário para que um determinado comportamento se torne um hábito. Sabemos que criar hábitos de comportamentos que consideramos bons é importante para o nosso crescimento e também sabemos que a chave para romper com os hábitos ruins é substituí-los por outros mais construtivos. Mas como você faz de algo um hábito? Lembre-se da palavra em inglês *win* [vencer, em português]:

- **W de Want (Querer):** tenha certeza de que você realmente quer isso. É quase impossível transformar algo em hábito se você não quer fazer aquilo. Um dos motivadores do Modelo Fogg se aplica ao hábito que você está tentando adotar? Caso contrário, existe algo próximo a este hábito que possa realizar algo semelhante para você?

- **I de Innate (Inato):** o novo hábito que você está tentando adotar se alinha bem com as suas habilidades inatas? Lembre-se: é improvável que você crie um hábito se for consistentemente difícil executá-lo. Se o hábito que você está tentando adotar é algo em que você é bom ou sabe que pode ser bom, você está no caminho certo;

- **N de Now (Agora):** crie um lembrete para si mesmo que o incentive a executar o novo hábito agora. Pode ser qualquer coisa, desde um lembrete no telefone até a colocação de algo em seu escritório que faz com que você se lembre de reservar um tempo para fazer o que está planejando fazer.

MELHORANDO A SUA VIDA UM HÁBITO DE CADA VEZ

Caso você ainda esteja se perguntando o efeito que o estabelecimento de bons hábitos pode ter na sua vida, deixe-me compartilhar a história de um dos nossos clientes. Xiang sofria de esquizofrenia e depressão. Com frequência, ele ouvia vozes dizendo para que machucasse a si mesmo ou aos outros e ele teve que parar em clínicas psiquiátricas várias vezes por causa disso. Após encontrar o medicamento certo e encerrar seu último tratamento, ele conheceu o meu podcast e aprendeu algumas das táticas que ensinava na minha escola. Ele começou a ouvir regularmente e participar do *Kwik Challenge*, uma série de exercícios que conduzo para as pessoas introduzirem novidades em seus pensamentos e, assim, manter seus cérebros preparados para aprender.

Foi difícil para Xiang no início, mas ele focou dois desafios em particular: escovar os dentes segurando a escova com a mão oposta e tomar uma ducha fria toda manhã. Ele aumentou seu tempo debaixo da água fria um minuto por semana e, fazendo isso, descobriu ser capaz de fazer algo difícil, como ficar sob a água gelada por vários minutos todas as manhãs. Isso o fez perceber que havia áreas em sua vida nas quais ele lutava a favor de suas limitações. Com as experiências dos *Kwik Challenge*, ele começou a aplicar o que aprendeu sobre seus hábitos e mudanças de comportamento em outras áreas.

A vida de Xiang melhorou consideravelmente. Ele fez a prova para tirar carteira de motorista e passou. Ele mudou a dieta, cortou o açúcar das bebidas e começou a correr 5 minutos no parque todas as manhãs. Ele começou a ler livros — o primeiro foi *Mindset*, de Carol Dweck — e, enquanto lia, ouvia música barroca para dar ritmo à leitura e distraí-lo de suas alucinações. Levou um mês para finalizar o livro e, ao fazê-lo, ele sentiu uma confiança que nunca tinha experimentado antes. As idas à biblioteca se tornaram regulares. Xiang chegou a levar o seu aprendizado para um novo nível e se matriculou em aulas de ciência da computação em uma faculdade local. E a melhor parte é que, agora, ele acredita ser um aprendiz para toda a vida.

Você deve estar pensando que, como suas tentativas de mudar seus hábitos e rotinas fracassaram até hoje, está condenado a fracassar para sempre. A história de Xiang mostra que, ao mudar apenas um ou dois hábitos por dia, progressos incríveis podem surgir. Algo simples, como escovar os dentes com a mão oposta, pode ser o começo de uma maneira de viver totalmente nova.

ESTABELECENDO UMA ROTINA MATINAL

Por que sua rotina matinal é tão importante? Acredito firmemente que se você começa o dia com uma série de atividades simples para o cérebro, terá enorme vantagem. Além disso, se estabelecer rotinas vencedoras no início do dia, poderá se beneficiar do que Tony Robbins chama de "a ciência do momento": a noção de que, uma vez que você põe em prática a realização, pode mantê-la em movimento com muito menos esforço do que se estivesse tentando sair do zero.

Tenho uma rotina matinal cuidadosamente desenvolvida para me ajudar a vencer no dia que envolve predispor a minha mente. Não faço cada item dessa rotina todos os dias, principalmente quando estou viajando, mas sempre realizo a maioria deles e sei que isso me deixa mentalmente preparado e pronto para o desempenho, produtividade e positividade desde o minuto em que me levanto.

Deixe-me descrever como é, tipicamente, a minha manhã.

Antes mesmo de levantar da cama, gasto um tempo refletindo sobre meus sonhos. Os sonhos são a expressão do que o nosso subconsciente está fazendo enquanto estamos dormindo e, aqui, há ouro para ser garimpado. Ao longo da história, muitos gênios buscaram seus sonhos e obtiveram suas melhores ideias e grandes descobertas a partir deles. Mary Shelley teve a ideia de Frankenstein em seus sonhos. Um sonho foi a fonte para Paul McCartney compor "Yesterday" e para Einstein desenvolver a Teoria da Relatividade.

A primeira coisa que faço todas as manhãs antes de levantar minha cabeça do travesseiro é pensar nos meus sonhos para ver se alguma ideia, percepção ou nova forma de ver algo pode ser útil para aquilo que estou tentando fazer. Sei que muitos de vocês têm problemas em se lembrar dos sonhos, então vou trazer uma técnica mnemônica rápida, projetada para te ajudar. Vamos utilizar a palavra em inglês *dreams* [sonhos, em português] para tal:

- **D de Decide (Decidir):** na noite anterior, tome uma decisão consciente de se lembrar dos seus sonhos. Se você definir sua intenção, as chances melhoram consideravelmente;

- **R de Record (Registrar):** mantenha papel e caneta ao lado da cama, ou mesmo um aplicativo de gravação disponível com facilidade em seu celular. Assim que acordar, registre qualquer lembrança persistente dos seus sonhos;

- **E de Eyes (Olhos):** mantenha seus olhos fechados logo após acordar. Os sonhos podem desaparecer em minutos e, se você mantiver os olhos fechados, isso o ajudará a refletir;

- **A de Affirm (Afirmação):** antes de ir dormir, confirme que você se lembrará dos seus sonhos, porque a afirmação é uma ferramenta fundamental para a concretização;
- **M de Manage (Gerenciar):** Estabelecer boas rotinas e administrar seu sono é bom por muitas razões. Aqui, especificamente, é para se lembrar de seus sonhos;
- **S de Share (Compartilhar):** fale com os outros sobre os seus sonhos. Quando você o faz, consegue trazê-los cada vez mais à tona e desenvolve a rotina de explorar os seus sonhos para poder discuti-los mais tarde.

A primeira coisa que faço após levantar é arrumar a cama. É um hábito de sucesso, o meu primeiro no dia. É uma vitória fácil e tem a vantagem adicional de tornar a minha hora de dormir mais agradável, porque é sempre melhor voltar à noite para uma cama feita. É por isso que, nas Forças Armadas, eles o treinam para fazer a cama logo que acorda, porque o prepara para ser excelente em tudo o que faz.

Após isso, tomo um grande copo de água. A hidratação é muito importante pela manhã porque nossos corpos perdem muita água enquanto dormimos somente pelo ato de respirarmos. Lembre-se: nossos cérebros têm, aproximadamente, 75% de água, então, se queremos melhorar o nosso cérebro, precisamos dele bem hidratado. Também tomo um copo de suco de aipo, que estimula o sistema imunológico, ajuda a liberar as toxinas do fígado e restaurar as glândulas suprarrenais (tiro o chapéu para Anthony William, o médium médico, por essa ideia). Em seguida, tomo meus probióticos para garantir que meu segundo cérebro receba o que precisa.

Depois, escovo os dentes com a mão oposta. Faço isso para treinar meu cérebro para fazer coisas difíceis, porque estimula uma parte diferente do cérebro e me força a estar presente. Não consigo fazer qualquer outra coisa se quero fazer isso bem.

Após isso, treino por três minutos. Esse não é o meu programa total, mas quero aumentar os meus batimentos cardíacos logo de manhã, pois ajuda no sono, no controle de peso e na oxigenação do cérebro.

Finalizado isso, tomo um banho frio. Tenho certeza de que alguns de vocês se encolherão com a ideia de começar o dia se agredindo com água gelada, mas terapias frias desse tipo fazem um ótimo trabalho de redefinição do sistema nervoso e têm o benefício adicional de ajudar a controlar qualquer inflamação.

Quando saio do banho, faço uma série de exercícios de respiração para oxigenar meu corpo completamente. Então, realizo em torno de 20 minutos de meditação para clarear a minha mente durante o dia. O processo que uso se chama Meditação Ziva e foi desenvolvido pela minha professora, Emily Fletcher. São três etapas que envolvem *mindfulness*, meditação e manifestação. Para ver um vídeo desse processo, vá em *www.LimitlessBook.com/resources* [conteúdo em inglês].

A seguir, faço meu "chá cerebral", uma combinação de centella asiática, gingko biloba, cogumelo juba de leão, óleo de MCT e outras coisas. Depois, me sento e passo algum tempo escrevendo no diário, colocando meus primeiros pensamentos do dia nas páginas. Meu objetivo em qualquer dia é realizar três coisas para o trabalho e três de ordem pessoal; e é neste momento que defino a agenda. Continuo com aproximadamente meia hora de leitura. Defino uma meta de ler pelo menos um livro por semana e fazer disso parte da minha rotina matinal me mantém no curso.

Por fim, bebo minha "batida cerebral", uma combinação de muitos dos alimentos para o cérebro que discutimos antes neste capítulo (eu deixo o salmão de fora, caso você esteja imaginando).

Convenhamos, essa rotina demanda muito tempo. Como mencionei, não consigo fazer tudo isso todos os dias e entendo se parece ser mais do que você pode lidar, principalmente se precisa fazer com que outras pessoas comecem o dia. Mas, se a sua meta ao ler esse livro é aprimorar o cérebro, algumas variações em uma rotina matinal desse tipo fazem parte do processo. Aqui estão alguns pontos essenciais:

- Verifique os seus sonhos antes de levantar da cama. Há muito ouro aqui para ser garimpado, então recomendo firmemente que você não pule este passo;
- Mantenha-se hidratado e oxigenado;
- Alimente-se com algumas das comidas para o cérebro mencionadas neste capítulo;
- Defina um plano para seu dia.

Se você fizer ao menos essas quatro coisas, estará pronto para acelerar o cérebro para operar em um nível de alta octanagem. Faça o máximo dessas coisas que puder no começo do seu dia. A coisa mais importante é ter uma rotina matinal produtiva. Não posso enfatizar o suficiente o impacto de começar seu dia na maneira como o dia transcorre para você, de forma geral.

COMECE LOGO

Crie sua nova rotina matinal. Lembre-se, não precisa ser muito. Mesmo uma rotina simples de 3 etapas pode ajudar a dar um impulso à sua manhã. Quais são as 3 coisas que você sempre fará quando acordar para definir que o seu dia será vitorioso? Escreva-as aqui:

1. _____
2. _____
3. _____

ANTES DE CONTINUARMOS

Nenhum de nós seria capaz de viver sem hábitos, é claro, mas trabalhar conscientemente para trazer novos hábitos construtivos para a sua vida e substituir os hábitos ruins por outros melhores levará seus superpoderes a um novo nível. Antes de seguir para o próximo capítulo, aqui estão algumas coisas a fazer:

- Reforce a sua compreensão do ciclo do hábito, pensando nos quatro componentes de alguns de seus hábitos mais comuns, como fazer seu café da manhã ou levar o cachorro para passear. Qual é a sugestão, desejo, resposta e recompensa para cada um?
- Gaste alguns minutos pensando sobre um hábito que você adoraria trocar por outro mais construtivo. Usando o Modelo Comportamental de Fogg, que novo comportamento você pode adotar que se encaixa perfeitamente no modelo?
- Percorra o processo de criar um novo hábito valioso usando o *win*.

"Em outras palavras: o fluxo é a cabine telefônica em que Clark Kent troca de roupa; o local de onde o Super-Homem surge."

—STEVEN KOTLER

FLUXO

Por que o fluxo é tão importante para se tornar sem limites?

Como alcançar um estado de fluxo?

Quais são os principais inimigos do fluxo?

Tenho certeza de que houve momentos em que você ficou tão envolvido com o que estava fazendo que todo o resto desapareceu e a atividade pareceu a coisa mais natural que você já fez. Provavelmente, o tempo voou para você durante esses momentos. As pessoas costumam me falar sobre se concentrar tão profundamente no que estavam fazendo que não tinham ideia de que a tarde se tornara noite ou que tinham perdido várias refeições no processo.

Esta experiência é o fluxo.

Em seu livro inovador *Flow: The Psychology of Optimal Experience*, o psicólogo Mihaly Csikszentmihalyi descreve o fluxo como o "estado no qual as pessoas estão tão envolvidas na atividade que nada mais parece importar; a experiência em si é tão agradável que as pessoas fazem a atividade, mesmo a um grande custo, pelo simples fato de fazê-la". Para Csikszentmihalyi, o fluxo é uma expressão da "experiência ideal".[1]

Csikszentmihalyi descreve o fluxo como tendo oito características:[2]

1. Concentração absoluta;
2. Foco total nas metas;
3. Sensação de que o tempo está correndo mais rápido ou mais devagar;

4. Sentimento de recompensa a partir da experiência;
5. Sensação de que o resultado é obtido sem esforço;
6. A experiência é desafiadora, mas não excessivamente;
7. Suas ações quase parecem estar acontecendo por conta própria;
8. Você se sente confortável com o que está fazendo.

Como você provavelmente já vivenciou, estar em um estado de fluxo aumenta consideravelmente sua produtividade. As pesquisas sugerem que o fluxo pode fazê-lo ser 5 vezes mais produtivo. As pessoas na McKinsey imaginaram uma força de trabalho onde o fluxo é comum.

> Quando perguntamos aos executivos durante o exercício de pico de desempenho o quanto mais produtivos eles estavam do que a média, por exemplo, obtivemos várias respostas, mas o mais comum nos níveis mais seniores da carreira é um aumento de 5 vezes. A maioria relatou que eles e seus funcionários estão nessa zona no trabalho menos de 10% do tempo, embora alguns afirmem experimentar esses sentimentos em até 50% do tempo. Se os funcionários que trabalham em um ambiente de alto QI, alta inteligência emocional (QE) e alta inteligência moral (QM) são 5 vezes mais produtivos no pico do que a média, considere o que um relativamente modesto aumento de 20% no tempo de pico traria na produtividade geral do local de trabalho. Seria quase o dobro.[3]

VENCENDO COM O FLUXO

Patrick é um membro de nossa comunidade e luta constantemente contra o transtorno do déficit de atenção, a hiperatividade e sua dificuldade em se concentrar. Foi um problema para ele durante toda a vida. Ele se distrai com facilidade ou, ao contrário, fica superfocado em detrimento de tudo e de todos ao seu redor. Ele vivenciou tudo isso, inclusive durante seus torneios de jiu-jítsu. Ele tinha dificuldades em decidir que técnica usar contra os adversários e sentiu como se estivesse tentando usar todos os movimentos ao mesmo tempo, apesar de muitos deles não serem apropriados para a situação. Sua inabilidade em se concentrar afetou seu trabalho, vida familiar e esporte favorito, e ele sentia um nível alto de estresse quase o tempo todo.

Então, um dia ele começou a ouvir os episódios do meu podcast e foi conhecendo as etapas do fluxo (das quais trataremos em breve), bem como vários hábitos de alto desempenho. Patrick aplicou o que aprendeu em sua vida cotidiana e obteve resultados imediatos. Finalmente foi capaz de identificar e entender contra o que estava lutando, e pôde mergulhar em suas atividades mais plenamente do que nunca. Encontrar o fluxo foi essencial.

Em seu torneio seguinte, Patrick conseguiu liberar sua concentração intensa e deixar sua mente livre de problemas que o distraíram no passado. Ele encontrou seu fluxo rapidamente... E se sentiu como se estivesse no filme *Matrix*; podia ver os movimentos do oponente antes deles acontecerem. Para melhorar, ele conseguiu encontrar o fluxo em outras áreas da vida também. Quanto melhor ia nos torneios de artes marciais, melhor se dava na vida. Patrick finalmente sentiu um alívio do estresse que o perseguia sem parar, enfim acreditando que podia se deixar levar e aproveitar mais a vida.

AS QUATRO ETAPAS DO FLUXO

O estado de fluxo possui um arco previsível. O convidado do nosso podcast, Steven Kotler, fundador do *Flow Research Collective* e autor de *The Rise of Superman — Decoding Science of Ultimate Human Performance*, identificou quatro etapas do fluxo:[4]

Etapa 1: Luta

Quando você busca profundamente encontrar o que quer que seja necessário para atingir o estado de fluxo. Pode ser uma organização do treino na academia, uma pesquisa abrangente, uma sessão intensa de *brainstorming* ou qualquer outra coisa em que você esteja concentrado. Aviso: aqui você se sente lutando, o que é, de fato, o oposto do fluxo;

Etapa 2: Relaxamento

É a pausa que você dá antes de mergulhar fundo no fluxo. É um passo essencial, pois evita que você se esgote da batalha que acabou de enfrentar. Essa pausa — uma caminhada, respiração, qualquer coisa que te ajude a relaxar — é, decididamente, diferente de uma distração, como passar para outra tarefa ou olhar o resultado de esportes;

Etapa 3: Fluxo

Esse é o estágio que Kotler descreve como "a experiência do Super-Homem". Esse é o estado de fluxo que, esperamos, você já experimentou em vários momentos da sua vida, onde está realizando absolutamente seu melhor trabalho e tudo quase parece estar acontecendo automaticamente;

Etapa 4: Consolidação

Nessa etapa final, você reúne tudo o que conseguiu durante o estágio de fluxo. Com frequência, é acompanhado por um pouco de decepção. Todos os tipos de substâncias químicas positivas correm pelo seu cérebro enquanto você está em fluxo, e agora esse auge está terminando. Mas outro ciclo pode estar esperando na próxima esquina.

Kotler acredita que encontrar o fluxo é o "código fonte" da motivação. Quando isso acontece, você recebe "talvez a dose mais potente de recompensa química" que o seu cérebro pode lhe dar — razão pela qual ele acredita que o fluxo é o estado mais viciante do planeta Terra. Quando começamos a sentir o fluxo em uma experiência, somos motivados a fazer o que for necessário para obter mais. Mas isso é uma relação circular — se você tem motivação para cumprir uma tarefa, mas não tem o fluxo, eventualmente irá se esgotar. A motivação e o fluxo precisam trabalhar juntos e devem ser acoplados a um sólido protocolo de recuperação, com bom sono e nutrição.

 COMECE LOGO

Você já experimentou o estado de fluxo? Onde foi? O que você estava fazendo? Como se sentiu? O que você alcançou ao final? Visualize esse estado. Mesmo que não consiga visualizar, imagine que pode.

ENCONTRANDO O FLUXO

Se você vai se tornar sem limites, vai querer entrar em um estado de fluxo o mais rápido possível. Então, como você pode fazer isso? Posso oferecer cinco maneiras:

1. Elimine as Distrações

Anteriormente, falamos sobre a importância de manter as distrações no mínimo possível. Se você quer estar no estado de fluxo, eliminar distrações é absolutamente essencial. Pode levar até 20 minutos para você se reconectar com o que estava fazendo anteriormente após se distrair. Como você vai conseguir entrar no fluxo se estiver constantemente reiniciando porque uma mensagem chamou sua atenção ou só porque queria dar uma olhada nas redes sociais antes de voltar ao trabalho? Então, coloque tudo de lado e se concentre completamente no que está fazendo;

2. Dê Tempo Suficiente a Si Mesmo

Verifique se você tem um bloco de tempo reservado para entrar no fluxo. Acredita-se que, em condições normais, leva-se em torno de 15 minutos para alcançar o estado de fluxo, mas você não atinge o pico antes de 45. Alocar apenas meia hora não o deixará realizar muito. Reserve pelo menos 90 minutos ou, de forma ideal, 2 horas;

3. Faça Algo que Você Ama

Quando pensamos em fluxo, tendemos a pensar em pessoas atingindo níveis extremamente elevados: a atleta com seu jogo perfeito, o músico compondo o solo de guitarra ideal, o escritor colocando rapidamente as palavras na página como se estivesse escrevendo um ditado em vez de criar. O que essas pessoas todas têm em comum? Elas estão fazendo algo com que se importam muito. Elas não ficarão satisfeitas sendo apenas moderadamente competentes porque não estão realizando uma tarefa com a qual têm um relacionamento casual; estão fazendo o que amam.

Conversei com pessoas sobre o fluxo por décadas e acho que nunca ouvi alguém mencionar estar em um estado de fluxo sobre algo que estava fazendo apenas para passar o tempo. É como a diferença entre dirigir um carro velho e um *Aston Martin* zero. Ambos vão te levar até o escritório, mas muito provavelmente você só vai curtir a experiência de dirigir em um deles. Se você encontrar certos aborrecimentos em algo que está fazendo ou se achar monótono a maior parte do tempo, essas coisas negativas certamente vão impedir que você entre no fluxo;

4. Tenha Metas Claras

Um dos obstáculos mais eficientes na prevenção do fluxo é a falta de clareza. Se você não sabe o que está tentando fazer, é provável que procurar uma missão mantenha o fluxo afastado. Um amigo romancista separa a preparação da trama de seus livros do momento em que os escreve exatamente por esse motivo. Para ele, fazer a trama é uma tarefa árdua, com muitas paradas e partidas, mas ele tem um enorme prazer em escolher as palavras certas para suas histórias e em dar vida aos seus personagens. Ao planejar com antecedência, ele sabe exatamente sobre o que escreverá em um determinado dia e regularmente se vê desaparecendo no fluxo de seu trabalho por horas seguidas.

Por isso, depois de definir o tempo, crie para si mesmo uma meta clara de como vai usá-lo. Se você se propõe a uma missão desde o início e é algo que está entusiasmado em realizar, é provável que você se encontre profundamente imerso nessa missão;

5. Desafiando-se... Um Pouco

Quando converso com pessoas a respeito do fluxo, sempre ouço que é mais provável que elas o atinjam quando estão fazendo algo que é um pouco desafiador. Em outras palavras, estão fora de suas zonas de conforto, mas não muito longe. A lógica aqui é clara. Se você está fazendo algo que consegue com as mãos amarradas nas costas, provavelmente ficará entediado rapidamente — e tédio e fluxo são incompatíveis.

Por outro lado, se realizar algo que acha extremamente difícil, provavelmente ficará frustrado, e essa frustração impedirá que o fluxo aconteça. Mas, se você faz algo de que gosta e que tem um nível moderado de desafio — tentar rebater uma bola de beisebol para uma parte específica do campo, uma nova forma de afinar seu violão ou escrever pela perspectiva de um novo personagem, por exemplo — esse nível de desafio provavelmente manterá a tarefa emocionante para você e, portanto, vai envolvê-lo profundamente.

DERROTANDO OS INIMIGOS DO FLUXO

Treinar a si mesmo para atingir o fluxo regularmente ou até em várias sessões no mesmo dia fará com que você se comporte como um super-herói. Mas todos sabemos que os super-heróis são desafiados constantemente pelos supervilões e vários deles estão à espreita em cada esquina, perseguindo seu fluxo e tentando extingui-lo. Aqui estão os quatro supervilões que você tem de manter afastados para o seu fluxo prosperar:

1. Ser Multitarefa

Já falamos sobre isso antes nesse mesmo capítulo, mas vale a pena repetir. Ser um "mestre em multitarefas" não é sinônimo de não ter limites. De fato, pesquisas mostram repetidamente que as pessoas que operam em multitarefa são consideravelmente menos produtivas do que aquelas que se concentram em uma coisa por vez. Diante do que você sabe sobre o fluxo, é óbvio que a multitarefa é inimiga mortal daquele sentimento. Você jamais vai entrar no estado de fluxo para criar aquele solo épico ou uma apresentação de cair o queixo se também estiver consultando colegas, enviando uma nota rápida para um amigo e lendo o e-mail da empresa. A única forma de derrotar o supervilão Multitarefa é ignorá-lo completamente. Tire tudo de sua agenda e entre no fluxo;

2. Estresse

Esse, em particular, é um dos supervilões mais mortíferos e, muitas vezes, é derrotado somente após uma batalha monumental. Se você tem vários fatores externos de estresse em sua vida — prazos, problemas de relacionamento ou família, preocupações com garantia de emprego etc. — esses provavelmente vão aparecer para você a qualquer momento. Tenho certeza de que você teve a experiência de pensar em algo totalmente diferente quando, de repente, foi surpreendido por um lembrete ansioso de que está enfrentando alguns problemas em casa. Uma vez que esse pensamento invade a sua mente, qualquer oportunidade de fluxo é destruída. Derrotar esse supervilão requer duas jogadas especiais. A primeira é olhar o vilão nos olhos antes de começar e perguntar a si mesmo se há algo com o qual você realmente deve lidar antes de entrar no fluxo. Se a resposta for sim, trate disso primeiro. Muito provavelmente, no entanto, ela será não. Não é que o fator estressante não seja real, mas geralmente não precisa de sua atenção imediata e não ficará pior em duas horas. Se for esse o caso, lute com esse supervilão usando o seu campo de força. Torne seu espaço impenetrável para fontes externas de estresse, para que você possa se concentrar completamente na tarefa em mãos;

3. Medo de Falhar

"O perfeccionismo reduz a criatividade e a inovação", afirma a editora geral e ex-diretora-chefe da *Psychology Today*, Hara Estroff Marano. "Ele é uma fonte constante de emoções negativas; em vez de ver o positivo, quem está preso em suas garras concentra-se exatamente naquilo que mais deseja evitar: a avaliação negativa. O perfeccionismo, então, é um boletim interminável; mantém as pessoas completamente egoístas, envolvidas em uma autoavaliação perpétua, colhendo uma frustração implacável e condenadas à ansiedade e à depressão."[5] Se você começar uma tarefa acreditando que tem de executá-la de forma absolutamente perfeita e que o fracasso o deixará devastado, você ficará tão focado em não errar que jamais vai entrar em um estado em que possa realmente se destacar.

Lembra quando conversamos sobre como uma das condições ideais para o fluxo é se afastar um pouco da sua zona de conforto? Ao fazer isso, você aumenta as chances de não acertar tudo na primeira vez. Se você permitir que o vilão do perfeccionismo o domine aqui, está desistindo do seu fluxo. Para superá-lo, é preciso se convencer de que a falta de perfeição não é apenas boa, mas um claro sinal de que você está se esforçando da maneira necessária;

4. Falta de Convicção

Um supervilão quase tão diabólico quanto o perfeccionismo é a falta de convicção no que você está fazendo. "O cérebro percebe a incerteza como ameaça, o que desencadeia a liberação do cortisol, um hormônio do estresse que perturba a memória, deprime o sistema imunológico e aumenta o risco de pressão alta e depressão," escreve Travis Bradberry, presidente da TalentSmart.[6]

Se você não acredita que vai conseguir alcançar um resultado importante, o desfecho acabará sendo esse. Ao começar uma tarefa duvidando de sua capacidade para completá-la, pergunte a si mesmo: Tenho as habilidades necessárias para fazer isto? E todas as informações necessárias para fazer isto? Possuo paixão suficiente por este projeto para fazer isto? Se alguma das respostas for "não", deixe a tarefa de lado até que você possa dizer "sim" a cada uma delas. Mas, se a resposta para as três for "sim", derrube este supervilão e entre no fluxo.

ANTES DE SEGUIRMOS ADIANTE

A experiência de fluxo é uma das mais elevadas que qualquer um de nós jamais experimentará; ela também é fundamental para sermos sem limites. A essa altura, você deve ter uma noção melhor do que é o fluxo e como chegar lá. Antes de seguirmos adiante, reserve um tempo para experimentar o seguinte:

- Reflita sobre algumas vezes em que você esteve no fluxo. O que você estava fazendo? Qual foi a consistência dessas experiências? Como você pode voltar a elas com maior frequência?

- Pegue sua agenda e encontre espaço nos próximos dias onde você possa trabalhar de 90 minutos a 2 horas. Precisa ser um momento em que você estará livre de todas as distrações. Agora, o que você fará com este tempo para aumentar consideravelmente a sua produtividade?

- Com que frequência você começa um trabalho com um dos supervilões que falamos neste capítulo à espreita? O que você pode fazer agora para derrotá-lo antes de avançar para o próximo trabalho?

"Os analfabetos do século XXI não serão aqueles que não conseguem ler e escrever, mas aqueles que não conseguem aprender, desaprender e reaprender."

—ALVIN TOFFLER

PARTE IV
MÉTODOS SEM LIMITES
O COMO

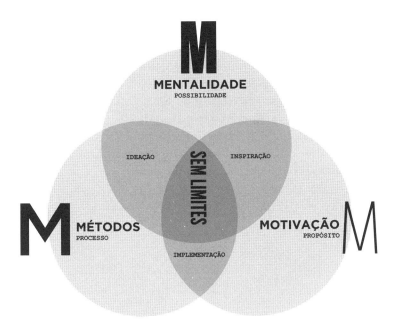

Método

mé·to·do *(substantivo masculino)*

Um processo específico para realizar algo, especialmente uma maneira ordenada, lógica ou sistemática de instrução.

Até aqui, você descobriu como liberar dois elementos necessários para ser sem limites: aprendeu como encarar os dias com mentalidade produtiva e como fazer isso com um nível ideal de motivação. Mas há outro "M" que diferencia as pessoas ilimitadas daquelas sobrecarregadas por suas limitações: o método.

Métodos são processos ou procedimentos para cumprir alguma coisa. Neste contexto, o método é o processo de aprendizado sobre como aprender, também conhecido como meta-aprendizado. Quando passamos pelo sistema educacional, aprendemos maneiras de aprender muito antiquadas e ineficientes, como subvocalização e memorização mecânica. Como mencionado no início deste livro, enquanto sofria como "o menino com o cérebro quebrado", não é que eu fosse incapaz de aprender; a história mostrou isso. Mas não estava conseguindo aprender da forma como me era ensinado. Só quando dominei uma nova maneira de aprender — um método que você verá por meio dos próximos capítulos — que finalmente pude usar meu cérebro para me destacar.

Nessa seção, você aprenderá sobre a ciência da aprendizagem acelerada e do meta-aprendizado em cinco áreas: foco, estudo, memória, leitura dinâmica e pensamento. Esses são os cinco programas principais que ensinamos a pessoas e organizações no *Kwik Learning*. Dê uma atenção especial às perguntas no início destes capítulos e faça todos os exercícios que incluí. Quando você começar a usar essas ferramentas, acho que as utilizará o tempo todo e ficará maravilhado com o que elas farão por você.

"Sempre que você quiser conseguir alguma coisa, mantenha os olhos abertos, concentre-se, e saiba exatamente o que deseja. Ninguém atinge seu alvo com os olhos fechados."

—PAULO COELHO

FOCO

O que posso aprender comigo quando estou mais concentrado?

Como posso aumentar minha capacidade de concentração?

Como posso limitar as distrações e acalmar minha mente ocupada?

Qual a diferença entre alguém atuando como um super-herói e alguém que nunca conseguiu descobrir seus superpoderes? Na maioria dos casos, é uma questão de foco. Tenho certeza de que já houve vários momentos em sua vida quando você se viu realmente preso em uma tarefa. Talvez estivesse escrevendo um relatório muito importante. Talvez fosse uma sessão com um mentor que você ama. Talvez devorando uma tigela do seu sorvete favorito. Como você se saiu? É bem possível que tenha arrasado, escrevendo um dos melhores relatórios da sua vida, aprendido muito com seu mentor e devorado aquele sorvete como se fosse a última sobremesa do mundo. Isso aconteceu porque você conseguiu colocar seu foco na tarefa, começar e não permitir que nada o distraísse. Então por que a maioria das pessoas tem uma capacidade limitada de manter o foco? Para colocar em termos simples, acho que é porque nunca fomos ensinados a fazer isso. Não me lembro de ter uma aula de foco quando estava no ensino fundamental.

Você se lembra de quando era criança e saiu em um dia de sol com uma lupa? De como era legal colocar a lupa sobre uma folha e observar como a mesma começava a soltar fumaça e queimar? O que você fez ali foi focar um nível maior da intensidade do sol naquela folha. E, no lugar em que o ponto brilhante apareceu, estava mais quente. Curiosamente, quando falamos sobre alguém ser inteligente, costumamos chamá-lo de "brilhante". Voltando à nossa analogia da lupa, talvez o que estejamos realmente falando não é que essa pessoa seja muito mais inteligente do que a maioria das pessoas; talvez ela seja apenas mais focada.

O foco nos permite treinar o poder de nosso cérebro em uma tarefa em particular para brilhar nela. É impressionante o que podemos fazer quando estamos focados. Por outro lado, quando isso não acontece, temos menos chances de realizar o que realmente queremos fazer porque não estamos tão comprometidos — tanto emocional quanto fisicamente — a fazê-lo. O inimigo principal do foco é a distração.

 COMECE LOGO

De 0 a 10, classifique seu nível atual de concentração. Agora, avalie o seu desejo de aumentá-lo. A concentração é como um músculo, que você pode treinar para ficar mais forte.

PRATICANDO A CONCENTRAÇÃO

"A concentração está no cerne de todo o sucesso e empreendimento humano", me contou o guru hinduísta, empresário e ex-monge, Dandapani, durante um dos meus podcasts. "Se você não consegue se concentrar, não consegue se manifestar."[1] O que ele quis dizer é que a concentração é um componente crítico para qualquer coisa que você quiser atingir. Mas, assim como outras coisas que já discutimos, nunca nos ensinaram realmente como nos concentrar. Certamente, nossos pais e professores imploraram para nos concentrarmos mais, talvez até criticando nossa falta de foco com uma pergunta do tipo: "Por que você simplesmente não se concentra?" Mas a resposta simples é que nunca nos ensinaram como.

Dandapani explicou que a concentração é como um músculo, que fica mais forte à medida que você o exercita. "A concentração é algo que você pode aprender e que pode praticar para melhorar", diz ele.[2] No entanto, o que a maioria de nós pratica é a distração. Permitimos que nossas mentes pulem de pensamento a pensamento, geralmente usando a tecnologia para nos ajudar na distração, até que sejamos especialistas nisso — e assim deveria ser, porque geralmente temos 12 ou mais de horas de prática de distração por dia. Imagine como seria se praticássemos a concentração por uma fração deste tempo.

Dandapani tem uma forma notável de ver isso. "Defino concentração como minha habilidade para manter a atenção em uma coisa por um longo período de tempo. Toda vez que minha concentração se desvia, eu uso a força de vontade para trazer a atenção de volta."[3]

Muitos de nós pensam que a falta de concentração é como uma função da nossa mente pulando de um lugar para outro. Dandapani tem uma metáfora diferente — e mais útil. Para ele, não é sua mente que está se movendo; é a sua consciência. Ele vê a consciência como uma bola de luz brilhante que se move para diferentes partes de sua mente. Para se destacar na concentração, você precisa manter essa bola de luz treinada em um ponto de sua mente por um período prolongado. Não será fácil a princípio, mas um esforço consciente para exercitar a sua força de vontade dessa maneira provavelmente levará a resultados impressionantes.

Você pode trabalhar nisso em quase qualquer atividade. Se estiver conversando com alguém, faça um esforço grande para não prestar atenção em nada além da conversa. Se perceber que sua consciência está se desviando da conversa, torne a focar a sua bola de luz. Se você está lendo um relatório para o trabalho, fixe seus olhos nas palavras como se nada mais existisse. Novamente, se perceber que a luz de sua consciência começa a brilhar para outra coisa, traga a bola de volta para o relatório. Se você se comprometer a praticar a concentração por mais ou menos uma hora por dia, logo se tornará um comportamento automático.

Sempre que possível, tente fazer apenas uma coisa por vez. Já falamos sobre ser multitarefa, mas por enquanto lembre-se de que é uma forma extremamente ineficiente de realizar qualquer coisa. Se possível, permita-se fazer o que estiver fazendo, excluindo todo o resto. Se estiver ao telefone, não busque as redes sociais ao mesmo tempo. Se está fazendo o café da manhã, não trabalhe na lista de afazeres diários ao mesmo tempo. Ao fazer uma coisa de cada vez, o "músculo" da concentração se tornará incrivelmente forte e seu foco alcançará níveis ilimitados.

Outra forma de aumentar a sua concentração é organizar o ambiente. Um estudo da Universidade de Princeton descobriu que "estímulos múltiplos presentes no campo visual ao mesmo tempo competem pela representação neural suprimindo mutuamente sua atividade evocada em todo o córtex visual, fornecendo um correspondente neural para a capacidade limitada de processamento do sistema visual".[4] Em termos leigos, isso significa que a desordem física em seu entorno compete pela atenção, o que resulta em desempenho reduzido e aumento dos níveis de ansiedade e estresse.

Então, se você quer se tornar um mestre da concentração, se abstraia do potencial de distração sempre que a concentração for crítica. Se você está trabalhando no computador, feche qualquer aplicativo ou aba que não sejam absolutamente necessários para fazer a tarefa em mãos. Limite o número de itens no seu espaço de trabalho físico também. Embora muitos de nós consideram uma mesa cheia de livros, revistas, papéis, fotos de nossos filhos e lembranças de nossas férias como aconchegantes ou até mesmo como sinal de uma mente ativa, cada um desses itens cria uma distração e o afasta da sua concentração. Lembranças de família são maravilhosas e você já sabe como me sinto com relação a livros. Limite o número dessas coisas que dividem espaço com o local onde você precisa ser mais produtivo

ACALMANDO A SUA MENTE OCUPADA

Ilimitar o seu foco requer mais do que apenas realizar a tarefa corrente. Como já discutimos, foco requer uma habilidade de colocar as distrações de lado e dar toda a atenção ao que você está fazendo. Mas será que isso ainda é possível? A maioria de nós trabalha em vários dispositivos ao mesmo tempo, geralmente com inúmeros aplicativos em execução. Temos reuniões para participar, e-mails e mensagens para responder, status em mídias sociais para atualizar e múltiplos projetos em execução. E, justamente por causa disso, é mais importante do que nunca encontrar formas de acalmar a sua mente.

Talvez você ainda não tenha percebido, mas todas as informações que recebe em um dia causam uma quantidade considerável de estresse. Se você é como a maioria, já deve ter pensado nisso como uma coisa positiva porque significa que está ocupado e, portanto, fazendo uma contribuição significativa para o mundo. Embora possa ser verdade, isso ocorre *apesar dessa* ansiedade e não por causa dela

"Pensamentos ansiosos podem sobrecarregá-lo, dificultando a tomada de decisões e a ação para lidar com qualquer problema que o incomode", escreve a psicóloga Melanie Greenberg, autora do livro *The Stress-Proof Brain*. "A ansiedade também pode levá-lo a pensar demais, o que o deixa mais ansioso e assim por diante. Como você consegue sair deste círculo vicioso? Reprimir pensamentos ansiosos não funcionará; eles simplesmente voltarão, às vezes com mais intensidade."[5]

Juliet Funt é CEO da empresa de consultoria WhiteSpace at Work. Ela descreve o *whitespace* [espaço em branco, em português] como "o momento de pensar, a pausa estratégica que está entre a ocupação".[6] Quando esteve em meu podcast, ela chamou o espaço em branco de "o oxigênio que permite tudo o mais pegar fogo".

O que Greenberg e Funt identificam é a necessidade de todos nós termos mais tempo no qual nossas mentes não estão confusas. É óbvio como isso afetará a nossa saúde mental. Mas o que é menos óbvio é como isso melhorará consideravelmente o nosso foco e produtividade. Alguns estudos interessantes em neurociência enfatizam isso, mostrando-nos como a distração está realmente mudando os nossos cérebros. Um deles, da University College London, comparou os cérebros de usuários multitarefa pesados de mídia com os daqueles que consumiam de forma mais leve, descobrindo que o Córtex Cingulado Anterior (CCA), ligado ao foco, era menor no grupo anterior. Por outro lado, um estudo no Instituto Max Planck descobriu que os CCAs das pessoas que realizam exercícios de treinamento para aumentar a atenção se tornam mais espessos.[7]

As distrações podem ser um desperdício de tempo sério. Um estudo da Universidade da Califórnia em Irvine mostrou como as distrações podem realmente perturbar seu dia. "Você tem que mudar completamente o seu pensamento, leva um tempo para entrar nele e outro tempo para lembrar onde estava", disse a autora Gloria Mark. "Descobrimos que cerca de 82% de todos os trabalhos interrompidos são retomados no mesmo dia. Mas veja a má notícia: leva cerca de 23 minutos e 15 segundos para voltar à tarefa."[8] São mais de 20 minutos cada vez que você se distrai. E com que frequência isso acontece todos os dias?

Ferramentas como meditação, yoga e algumas artes marciais podem ser extremamente valiosas para ajudá-lo a acalmar sua mente ocupada. Mas, se você estiver no meio do dia e não puder sair por mais de alguns minutos, ainda há algumas coisas que podem ser feitas. As três técnicas mais importantes são:

1. Respirar

Já falamos sobre a importância de respirar profundamente como parte da sua rotina matinal. Mas fazer a mesma coisa é valioso sempre que você precisar se concentrar novamente. O médico especialista em saúde holística Andrew Weil desenvolveu uma ferramenta respiratória que ele chama de Método 4-7-8. Funciona assim:

- Expire completamente pela boca, fazendo um som de "*whoosh*";
- Feche a boca e inspire pelo nariz, contando mentalmente até 4;
- Segure a sua respiração, contando até 7;
- Expire completamente pela boca, fazendo um som de "*whoosh*", contando até 8.

Esta é a primeira respiração. Agora, inspire novamente e repita o ciclo mais 3 vezes, totalizando 4 respirações;[9]

2. Faça Algo que Esteja Causando Estresse

Estamos de volta ao que falamos sobre procrastinação. Todos já sabemos (graças a Bluma Zeigarnik) que as coisas que estão pesando na nossa mente continuarão assim até que lidemos com elas. Se você está com problemas para se concentrar ou sua mente está operando em uma dúzia de planos ao mesmo tempo, é muito provável que a razão para isso estar acontecendo seja algo que você precisa fazer e está evitando. Se esse for o caso, faça o Método 4-7-8 de respiração, lide com a tarefa estressante e, então, volte para o que você precisa fazer com maior foco;

 COMECE LOGO
O que de importante você está evitando e está afetando o seu foco?

3. Reserve Tempo para Distrações

Pode ser difícil para você desligar o telefone e o e-mail quando você precisa se concentrar, mas, se você puder se convencer a fazer isso, ótimo. São coisas relativamente fáceis de se fazer. O que provavelmente será considerado mais difícil é evitar que essas preocupações e obrigações atrapalhem o que você está tentando realizar naquele momento. Há uma razão pela qual você está vendo essas coisas como preocupações ou obrigações, o que as tornam muito mais difíceis de tirar de sua mente. Encarar uma de suas preocupações de frente, como acabamos de discutir, é uma maneira de lidar com isso, mas haverá situações em que isso simplesmente não é possível. E se, em vez disso, você definir um momento para trazer essas preocupações e obrigações para o primeiro plano? Simplesmente dizer "me preocuparei com isso mais tarde" provavelmente não evitará que isso volte em 20 minutos. Mas dizer "me preocuparei com isso às 16h15" será muito melhor.

 **COMECE LOGO**
Agende seu próximo momento de distração.

ANTES DE SEGUIRMOS ADIANTE

Ilimitar o seu foco é a chave para libertar seus superpoderes. Quando a sua mente está totalmente focada, quando você se joga de cabeça na tarefa, alcança níveis que eram impossíveis quando está distraído ou perdido em seus pensamentos. Antes de seguirmos para o próximo capítulo, vamos tentar algumas coisas:

- Dê uma boa olhada em sua lista de tarefas e identifique a coisa (ou coisas) que poderá invadir seus pensamentos até que você a faça. Formule um plano para lidar com ela usando algumas das ferramentas antiprocrastinação que você tem agora;
- Faça alguma coisa agora para mudar o seu ambiente de produtividade, para que você possa fazer um trabalho melhor de seguir na tarefa;
- Pratique a técnica de acalmar sua mente ocupada. Funcionou? Se sim, comprometa-se a usá-la regularmente.

"Nada tem tanto poder para expandir a mente quanto a capacidade de investigar sistematicamente."

—MARCO AURÉLIO

ESTUDO

Se vou ser um estudante por toda a vida, como posso otimizar meu tempo?

Decorar é a melhor forma de aprender alguma coisa?

Como posso me tornar melhor na hora de fazer anotações?

Em uma noite de sexta-feira, após uma semana exaustiva de trabalho, recebi um telefonema. A pessoa do outro lado da linha disse que tínhamos um amigo em comum que sugeriu que ele entrasse em contato.

"Claro, como posso ajudar?", respondi.

Nos primeiros 30 segundos da ligação, aquele homem parecia inteiramente calmo. Depois dessa pergunta, no entanto, sua voz ficou mais animada.

"Por favor, você tem que me ajudar. Meu palestrante teve uma emergência e não poderá vir amanhã. Ele faria nosso discurso principal."

Disse que lamentava sua situação, mas que não aceitava convites em cima da hora. Normalmente, agendava apresentações com 6 meses de antecedência e sempre me dava tempo de preparação.

Isso não o impediu. Ele disse que o nosso amigo em comum adorou os discursos que me viu fazer e que, se existia alguém que podia fazer uma apresentação marcante em pouco tempo, essa pessoa era eu.

"Por favor, me salve", ele suplicou, com ainda mais emoção na voz. A situação dele começava a me tocar. Por coincidência, estava livre no sábado e o evento seria em Manhattan, onde eu morava. Decidi perguntar o tópico do discurso. Quando ele me contou, olhei para o telefone como se a pessoa estivesse falando alguma língua alienígena.

"Por que você está me ligando?", disse. "Não sei nada a respeito desse tópico."

"Sim, mas o palestrante que cancelou tem um livro."

"Não sei se isso vem ao caso."

A pessoa respondeu tão rápido que ficou claro que ele já havia preparado este argumento. "Ouvi que você é ótimo em leitura dinâmica. Estava pensando se você poderia chegar mais cedo, estudar o livro e, então, fazer o discurso."

A situação era tão estranha que fiz a única coisa que poderia nessas circunstâncias: aceitei o compromisso. Como declinaria de um desafio como esse? Acertamos os detalhes, ele me contou um pouco mais sobre o público com quem falaria e, em seguida, desliguei e fiquei me perguntando que diabos havia acontecido.

Cheguei ao centro de conferências às 10h da manhã seguinte. A pessoa que me ligou na noite anterior me entregou uma cópia do livro e me levou a uma sala silenciosa. Eu deveria fazer a palestra às 13h. Durante as 3 horas seguintes, li o livro, fiz uma série de anotações e expus os parâmetros básicos da apresentação que estava prestes a fazer. Então, fui ao palco e dei uma palestra que acabou sendo a mais bem avaliada de toda a conferência. Estava exausto, mas tenho que admitir que a experiência toda foi bastante agitada.

É improvável que você se encontre em uma situação como essa. Por mais ultrajante que tenha sido o pedido, sabia que poderia fazer isso porque, com a competência, vem a confiança. Não digo isso para impressionar, mas sim para expressar o que é possível. É para mostrar como qualquer sensação de restrição some quando você aprende a absorver um assunto em uma sessão, se lembra do que aprendeu, tem a capacidade de destacar os pontos mais essenciais e entende como as pessoas aprendem — em outras palavras, muitas das coisas que estamos discutindo neste livro.

Jamais estaria apto a fazer essa palestra em particular se não tivesse uma capacidade tão rápida de estudo. E, assim como as outras habilidades sobre as quais falamos aqui, não é uma questão de possuí-la ou não. Pelo contrário: é uma habilidade que você cultivou ou não. Você pode aprender como tornar seus estudos sem limites. E, quando conseguir, será um superpoder a ser utilizado pelo resto da vida.

COMECE LOGO

Pense em um tópico ou assunto que você gostaria de aprender esse mês. Como você estudaria? Qual a sua abordagem ou processo atual?

OS QUATRO NÍVEIS DA COMPETÊNCIA

Desde os anos 1960, psicólogos observaram que há quatro níveis de competência ou aprendizagem. O primeiro, conhecido como "incompetência inconsciente", é quando você não sabe que não sabe. Por exemplo, você pode nem estar ciente do fato de que existe algo como a leitura dinâmica. Portanto, também não está ciente de que atualmente não é capaz de fazê-lo.

No próximo nível, conhecido como "incompetência consciente", você tem ciência de que não sabe. Por exemplo, está ciente de que as pessoas aprenderam a ler e compreender muito mais rapidamente por meio de técnicas de leitura dinâmica, mas você mesmo não teve nenhum treinamento nessa área e nem entende quais ferramentas são necessárias para se tornar assim.

O terceiro nível é conhecido como "competência consciente". Isso significa que você está ciente de uma habilidade e tem a capacidade de realizá-la, mas somente quando se dedica ativamente a isso. Você pode fazer, mas dá trabalho. Continuando com a leitura dinâmica, isso seria semelhante a conseguir ler rápido, mas apenas quando você se concentrar em usar uma técnica de leitura dinâmica. Da mesma forma, outras atividades, como digitar ou dirigir, são possíveis nessa etapa, mas isso requer a sua atenção consciente.

O quarto nível — aquele que qualquer estudante da vida inteira procura — é a "competência inconsciente". Nesse caso, você sabe como usar uma habilidade, ela é automática para você. Com a leitura dinâmica, você conseguiria alcançar o ponto da competência inconsciente quando isso se tornar a forma como você lê. Você não está lendo mais rápido; está simplesmente fazendo. Está digitando ou dirigindo sem sua atenção deliberada.

Agora, a chave para passar da competência consciente para a competência inconsciente é óbvia: prática. A prática faz o progresso.

Embora o modelo usado pelos psicólogos termine aí, eu acrescentaria um quinto nível: o verdadeiro domínio. É um passo além da competência inconsciente, onde você executa uma habilidade em nível de elite. Este é o nível em que você se torna sem limites. E, se você quer ser um mestre, precisará estudar como um super-herói.

COMO ESTUDAR MELHOR

Por que a maioria de nós se limita na capacidade de estudar? Muitas pessoas não sabem como estudar efetivamente porque nunca foram ensinadas. As pessoas assumem naturalmente que já sabem como aprender. O desafio é que muitas das técnicas que você usa agora são velhas e ineficientes. Muitas delas datam de centenas de anos atrás.

Vivemos hoje em uma era de informação altamente competitiva, em que ela está em toda a parte. Ainda estamos usando os mesmos métodos para absorver e processar tudo. Hoje, nossos requisitos para aprender são muito diferentes, mas muitos de nós fomos ensinados que estudar era revisar o material diversas vezes para que pudéssemos repetir o conteúdo durante uma prova. Vamos, em breve, falar sobre o motivo pelo qual estudar de última hora é uma péssima ideia, mas basta dizer que o processo está longe de ser o ideal.

As pessoas de mais sucesso no mundo estudam durante a vida inteira. Continuam a aprender novas habilidades, mantendo-se atualizadas com as últimas novidades nos campos de interesse e se informando sobre o que outros podem oferecer. Como vimos anteriormente neste livro, há enormes benefícios em passar a vida aprendendo, então, se você pretende atingir o seu objetivo de ser um aluno sem limites, convém tornar o estudo parte de toda a sua vida.

Isso foi algo que James, um de nossos alunos, descobriu, ainda que tenha levado algum tempo. James teve dificuldades com sua educação e, depois de terminar a escola, passou 3 anos trabalhando em uma loja de bebidas, apesar de sempre ter sonhado em se tornar um empresário de sucesso. Ele percebeu que, para realizar seu sonho, teria que ir para a faculdade, mas como ele mesmo me disse: "Era como arrancar um dente. Acabei obtendo meu diploma em contabilidade, depois entrei para uma empresa de contabilidade e, em seguida, para o setor bancário. Mas por muito tempo não consegui me tornar um gerente de patrimônio. Entrei para um cargo de analista e isso exigiu muito aprendizado, muito estudo e mal conseguia me manter. Tinha habilidade com as pessoas e a disciplina, mas a parte de estudar foi muito difícil para mim. Fui reprovado algumas vezes antes de conseguir as distinções que tenho agora. Quando chegou a hora de tirar meu certificado CFP enquanto trabalhava tudo se tornou excessivamente oneroso."

Faltavam 6 semanas para a grande prova de James — um teste que, normalmente, demanda 12 semanas de estudo — quando ele conheceu o meu programa de leitura dinâmica, que permitiu que ele mudasse o jogo, melhorando os seus estudos, ajudando-o a "manter o cérebro saudável por meio de todo o processo de estudos intensivos" e lhe dando um grande impulso no dia da prova.

James conseguiu o certificado CFP, que o permitiu ter uma nova posição onde trabalha, lidando diretamente com os clientes como gerente de patrimônio. Ele continua a usar suas novas e refinadas técnicas de aprendizado enquanto percorre um vasto número de prospectos que precisa ler e entender.

Ele poderia facilmente ter permitido que as restrições o impedissem. Em vez disso, ele aprendeu a ilimitar suas formas de estudar para superar os obstáculos em sua carreira.

MAS E OS ESTUDOS DE ÚLTIMA HORA?

"Virar a noite" é uma antiga tradição de estudo que muitas pessoas mantêm tempos depois de saírem da escola. Muito disso se deve à procrastinação e ao adiamento do trabalho que precisa ser feito para a grande prova ou apresentação. Mas muitas pessoas também acreditam que estudar de última hora é a forma mais efetiva de preparação. No entanto, são grandes as chances de não ser.

"Na verdade, o ato de estudar de última hora é associado a deficiências emocionais, mentais e físicas que reduzem a capacidade do corpo de lidar com o ambiente", escreveu o jornalista Ralph Heibutzki, do *Seattle Post-Intelligencer*. Ele citou um estudo da Harvard Medical School que apontou que fazer isso leva a muitos efeitos colaterais indesejados, incluindo prejuízo à função mental.[1]

Além disso, estudar de última hora normalmente exige renunciar a toda ou pelo menos grande parte da quantidade normal de sono de uma pessoa e isso pode acabar prejudicando o próprio objetivo dos estudos de última hora. O professor de psiquiatria da UCLA Andrew J. Fuligni é coautor de um estudo sobre o ato de estudar de última hora, tendo obtido uma clara conexão entre esse subproduto do estudo e os resultados esperados. "Ninguém está sugerindo que os estudantes não devem estudar", disse ele, "mas uma quantidade adequada de sono também é essencial para o sucesso acadêmico. Esses resultados são consistentes com pesquisas emergentes que sugerem que a privação do sono impede a aprendizagem".[2]

Em um trabalho com alunos de todas as idades, aprendi que estudar de última hora é raramente útil como gostaríamos que fosse. Concentrar-se em um assunto por muitas horas torna menos provável que você retenha a informação. Anteriormente, falamos sobre o efeito da precedência e da recenticidade na memória. Se você tende a se lembrar melhor da primeira coisa e da mais recente, amontoar muitas informações entre elas só irá levá-lo a ter mais o que esquecer. Falaremos em breve sobre uma alternativa melhor.

Seja você um colegial frequentando cinco turmas avançadas com o objetivo de ser aceito em uma faculdade de ponta ou um diretor corporativo diante da necessidade de permanecer no topo da sua indústria em rápida mudança, provavelmente estará enfrentando dois desafios simultaneamente: uma montanha de informações para escalar e pouco tempo para isso. Se é o seu caso, garanta que está estudando da forma mais eficiente possível. Ao longo dos anos que venho ajudando pessoas a aprender rápido e estudar melhor, veja sete dos meus hábitos simples favoritos para tornar seus estudos sem limites.

Hábito 1: Use a Recuperação Ativa

Recuperação ativa é o processo no qual você revisa o material e, em seguida, checa imediatamente para determinar o quanto lembrou. Isso permite que você faça a distinção entre reconhecimento simples (familiaridade com as palavras da página) e lembrança (tornar o material uma parte ativa da sua memória).

"Muitos estudantes não percebem o quão importante é se forçar a recuperar", afirmou o neurologista William Klemm, da Universidade Texas A&M. "Isso ocorre, em parte, porque eles são condicionados por testes de múltipla escolha a recuperarem passivamente, ou seja, reconhecem quando uma resposta correta é apresentada em vez de a gerarem em primeiro lugar. Os estudos das práticas de aprendizagem dos alunos revelam a importância da formação da memória para recuperar as informações que você está tentando memorizar."[3]

Para utilizar a recuperação ativa, faça o seguinte:

- Revise o material estudado;
- Em seguida, feche o livro, desligue o vídeo ou a leitura e escreva ou recite tudo o que você se lembra do que acabou de revisar;
- Agora, olhe o material novamente. De quanto você lembrou?

Garanta que você tem tempo suficiente para estudar e se permitir repetir esse processo várias vezes. Como explicou Klemm, os estudos mostraram que "a aprendizagem ideal ocorreu quando uma sessão inicial incluiu estudos repetidos e testes de recuperação forçada de todos os itens pelo menos 4 vezes seguidas."[4] Isso me leva ao próximo importante hábito a ser adotado.

Hábito 2: Use a Repetição Espaçada

Como discutimos anteriormente neste capítulo, os estudos de última hora têm muitas desvantagens. Embora seja natural procrastinar, ficar em uma situação na qual você precisa estudar uma grande quantidade de material de uma só vez faz com que você não aprenda. Isso porque tentar trabalhar dessa maneira nos coloca em oposição direta à forma como nossos cérebros funcionam.

Por outro lado, se você espaçar suas revisões de material, concentrando-se mais nas informações que não guardou no passado, estará usando seu cérebro da melhor forma possível. "A repetição espaçada é simples, mas altamente eficiente porque altera deliberadamente o funcionamento do seu cérebro", ressaltou James Gupta, CEO da plataforma de aprendizado online *Synap*. "Ela força a aprendizagem a ser trabalhosa e, como os músculos, o cérebro responde a esse estímulo, fornecendo as conexões entre as células nervosas. Ao espaçar os intervalos, você continua exercitando essas conexões a cada vez. Isso produz uma retenção de conhecimento duradoura, em longo prazo, e, na minha experiência, quando as pessoas começam a usá-la, têm excelentes resultados."[5]

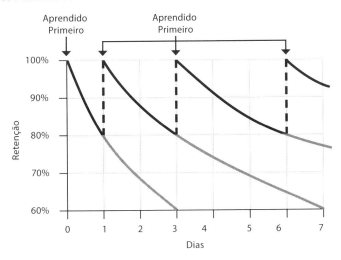

A repetição espaçada parece funcionar mais efetivamente quando você consegue rever o material em intervalos similares. Por isso é importante dar tempo suficiente para você. Talvez você faça a revisão uma vez pela manhã e novamente antes do jantar por 4 dias consecutivos e, então, passa para outro material que necessita ser estudado em intervalos similares. Use essa técnica em sincronia com a recuperação ativa. Reveja o material, verifique o que você, de fato, lembra e então dê uma pausa antes de voltar a esse material em particular.

Hábito 3: Administre a Sua Condição

Como falamos anteriormente neste livro, seu estado no momento em que executa qualquer atividade terá grande impacto em seu sucesso. Por exemplo, se seu dia está sendo particularmente ruim e pediram para você fazer uma prova ou apresentação no trabalho, provavelmente nenhum dos dois será realizado no melhor da sua capacidade porque sua condição mental não promoveu o desempenho ideal. Por outro lado, se você está se sentindo ótimo quando a mesma oportunidade surgir, com certeza produzirá resultados melhores. Quanto mais positiva e qualificada for a sua condição, melhores serão os resultados que produzirá. E não é diferente com os estudos.

Sua postura também controla a condição mental. Sente-se como se você estivesse para aprender uma informação crítica, que mudará sua vida. Você teve que se mexer? Se sim, observe como se sente mais focado depois de mudar sua postura. Quando você se senta de forma ereta, também facilita a respiração e a circulação do oxigênio necessária ao cérebro e ao resto do corpo. Se você estiver jogado na cadeira, pode sufocar o processo respiratório e se cansar.

COMECE LOGO

Sentado em uma cadeira, curve-se, olhe para baixo, respire fundo e faça uma careta. Realize isso agora. O quanto você está motivado para obter sucesso? O quão produtivo você pensa que está nessa condição? Essa é a postura que muitos estudantes adotam enquanto estudam. Surpreende o fato de eles não gostarem de estudar e terem de trabalhar duro para alcançar resultados mínimos? Agora, sente-se reto e sorria. O quanto você se sente melhor?

Hábito 4: Use o Seu Sentido do Olfato

Tenho certeza de que você já viveu algo assim: ao entrar em uma sala, sente um cheiro em particular invadir o ambiente. Talvez seja um tempero específico assando no forno. Esse odor imediatamente o leva de volta a um dia com sua amiga de infância, que contou uma piada tão engraçada que você espirrou leite pelo nariz. Por que o cheiro daquele tempero acionou essa memória? Porque ele estava no ar quando ocorreu o evento que você lembrou e os cheiros são especialmente eficazes para trazer à evidência em nossos cérebros. Pesquisas indicam que o cheiro de alecrim pode melhorar a memória. Já os de hortelã e limão promovem a concentração.

"A resposta ocorre, provavelmente, devido à anatomia do cérebro", disse Jordan Gaines Lewis, pesquisador com pós-doutorado na Faculdade de Medicina Penn State. "Os cheiros recebidos são processados primeiro pelo bulbo olfativo, que começa dentro do nariz e corre ao longo da parte do fundo do cérebro. O bulbo olfativo tem conexões diretas com duas áreas do cérebro, a amígdala e o hipocampo. Curiosamente, as informações de visão, audição e tato não passam por essas áreas do cérebro. Deve ser por isso que o olfato, mais do que qualquer outro sentido, é tão bem-sucedido em provocar emoções e memórias."[6]

Isso nos mostra que o cheiro é uma ferramenta de memória extremamente importante, porém subutilizada. Se um cheiro em particular pode nos levar de volta à infância, outro pode ser usado para acelerar a nossa recuperação. Se você está estudando para uma prova importante, coloque um pouco de um determinado óleo de essência em seu pulso enquanto está estudando e repita isso quando estiver fazendo o teste. Se você fizer a mesma preparação para uma grande reunião, os resultados deverão ser semelhantes. Obviamente, você vai pensar nos outros e não se encharcar de perfume, por isso apenas um toque é suficiente para aumentar sua lembrança.

Hábito 5: Música para a Mente

Pense em como você obteve alguns dos primeiros ensinamentos. Você memorizou o alfabeto por meio de uma música, como a maioria das pessoas? Ou talvez você saiba como um projeto de lei é aprovado no Congresso porque a *Schoolhouse Rock* cantou para você. Os pais provavelmente ensinam os conceitos básicos para as crianças pela música há tanto tempo quanto ela existe. Eles fazem porque funciona; e funciona porque há uma ciência forte por trás disso.

Vários estudos ligam a música à aprendizagem. A hipótese de excitação e humor, introduzida pelo compositor e psicólogo canadense E. Glenn Schellenberg, identifica a conexão entre ambos e, consequentemente, a conexão entre o humor e a aprendizagem, sugerindo que a música pode nos colocar em condições que melhorem a capacidade de aprender.[7]

A música barroca parece ter algumas qualidades particularmente valiosas. "A música estabiliza ritmos mentais, físicos e emocionais nos ajudando a atingir um estado de profunda concentração e foco nos quais grandes quantidades de informação podem ser processadas e aprendidas", afirmou o especialista em música e aprendizado Chris Boyd Brewer. "Música barroca, como as compostas por Bach, Handel ou Telemann, de 50 a 80 batimentos por minuto, cria uma atmosfera de foco que leva os alunos a uma concentração profunda, no estado alfa de ondas cerebrais. Aprender vocabulário, memorizar fatos ou ler ouvindo esse tipo de música é altamente eficaz."[8]

Não há evidências semelhantes de que os resultados seriam os mesmos com, digamos, rap ou K-pop, mas, como a reação de alguém à música é algo pessoal, é possível que ela funcione para você também. Como o streaming de música é tão onipresente, recomendo adicionar uma lista de reprodução barroca como pano de fundo às suas sessões de estudo. Amazon Music, Apple Music e Spotify têm listas barrocas e, se você quiser explorar mais, cada um desses aplicativos possui listas de reprodução de música clássica (compostas em grande parte por música barroca) que foram compiladas especificamente com o objetivo de estudar.

Hábito 6: Ouça com Todo o Seu Cérebro

Se você quer tornar sua aprendizagem sem limites, convém garantir que suas habilidades de audição estejam totalmente ajustadas. Há uma forte conexão entre ouvir e aprender, e mais de um quarto das pessoas têm na escuta a principal forma pela qual aprendem.[9]

Ouvir é imprescindível para aprender e nós gastamos uma alta porcentagem do nosso tempo acordado ouvindo. Mas a maioria de nós não é particularmente boa nisso. "Vários estudos examinaram esse fenômeno", escreveram Bob Sullivan e Hugh Thompson em seu livro *O Efeito Patamar — da Estagnação ao Sucesso*. "Enquanto ouvir é o núcleo da maioria das nossas comunicações — o adulto médio ouve quase o dobro do que fala —, a maioria das pessoas é péssima nisso. Aqui está um resultado típico. Foi pedido a voluntários que assistissem a uma apresentação oral de 10 minutos e, depois, escrevessem o conteúdo. Metade dos adultos não conseguiu fazer mesmo depois da conversa e, 48 horas depois, 75% dos participantes não conseguiram se lembrar do assunto."[10]

Uma das razões pelas quais não ouvimos bem é que tendemos a não aplicar toda a nossa inteligência no exercício. Sullivan e Thompson, que conduziram um estudo sobre a natureza das distrações digitais na Carnegie Mellon University, apontam que "o cérebro humano tem capacidade para digerir até 400 palavras por minuto de informação, mas mesmo um orador da cidade de Nova York fala cerca de 125 palavras por minuto. Isso significa que três quartos do seu cérebro poderiam muito bem estar fazendo outra coisa enquanto alguém fala com você."[11]

Para ajudar a aliviar esse problema, desenvolvi uma ferramenta que o ajudará a ouvir com todo o seu cérebro. Lembre-se do acrônimo *hear* [ouvir, em inglês]:

- **H de Halt (Pare):** é bem provável que, enquanto você ouve alguém falar, haja outras coisas acontecendo no mesmo lugar. Talvez haja pessoas circulando, talvez o telefone esteja apitando, avisando que você acabou de receber uma mensagem de texto. Talvez haja música tocando na sala ou uma televisão ligada ao fundo. Enquanto isso, você está pensando em sua lista de tarefas, na sua próxima reunião ou no que vai jantar à noite. Faça o possível para desligar tudo e estar completamente presente com quem você está ouvindo. Lembre-se de que ouvir envolve mais do que somente as palavras que a pessoa está dizendo; inflexão vocal, linguagem corporal, expressões faciais e outras criam contexto adicional e fornecem informações adicionais. Você só conseguirá absorver isso tudo se interromper todo o resto;
- **E de Empathy (Empatia):** se você se imaginar no lugar do interlocutor, provavelmente aprenderá mais com essa experiência de ouvir do que se fizer de forma desinteressada. Tentar entender os motivos do interlocutor traz materialidade adicional ao que ele possa estar dizendo e permite que você sinta isso por meio da perspectiva dele;
- **A de Anticipate (Expectativa):** envolva-se na experiência com um senso de expectativa. Lembre-se de que o aprendizado depende da condição e que o que você pode aprender com aquele interlocutor se tornará uma memória de longo prazo se você adicionar emoção. Seu entusiasmo pelo que está ouvindo aumentará muito seu potencial de realmente ouvi-lo;
- **R de Review (Revisar):** se você tiver a chance de se envolver diretamente com o interlocutor, faça isso. Faça perguntas esclarecedoras ou talvez até de forma que um ponto seja repetido. Se você conseguir tomar notas, faça isso. Depois, reflita sobre o que foi dito pelo interlocutor. Parafraseie-o na sua cabeça e imagine-se ensinando a outra pessoa. Fazendo isso, vai solidificar o conteúdo em sua mente.

Hábito 7: Anote Como Tomar Notas

Estudar nas melhores condições provavelmente melhorará sua retenção de forma considerável. E, tanto na preparação de seus estudos quanto em conjunto com eles, o aprimoramento da sua habilidade de tomar notas é inestimável.

A principal vantagem de tomar notas é que elas personalizam a informação que você precisa reter ao seu vocabulário e modo de pensar. Na melhor das hipóteses, as anotações permitem que você organize e processe informações de uma maneira que torne mais provável que você possa usá-las posteriormente.

Mas muitas pessoas tomam notas de forma ineficiente. Armadilhas comuns incluem se concentrar tanto em escrever que você realmente não está ouvindo as informações e tentar reproduzir todas as coisas que ouve e escrever notas de forma que elas não lhe ajudam nem no dia seguinte. É fácil evitar todas essas armadilhas estando ciente delas, então vamos montar um plano para aprimorar sua habilidade de anotar.

Primeiro, garanta que você entende o propósito de tomar essas notas. Por exemplo, o objetivo de fazer anotações em uma aula intermediária pode ser muito diferente das anotações feitas na aula de revisão antes da prova final. Da mesma forma, o que você está tentando atingir com as anotações feitas em uma reunião semanal com sua equipe provavelmente será diferente das notas feitas na semana que antecedeu a apresentação para um grande cliente.

Ao tornar clara a sua intenção com suas anotações, você estará apto a distinguir entre informação relevante e a que não é. Tenho um amigo escritor que insiste em transcrever toda entrevista que faz, mesmo que fosse mais eficiente, em termos de tempo, ter um serviço de transcrição fazendo isso para ele. A razão, segundo ele, é que fazendo com as próprias mãos ele transcreverá as partes da entrevista que sabe que serão úteis para usar, eliminando, portanto, a possibilidade de que essas citações se percam entre todas as outras conversas que podem não ser relevantes para o livro que ele está escrevendo. O que permanece é praticamente conteúdo puro. Da mesma forma, se você anotar com um objetivo em mente, tudo o que registrar será relevante.

Depois de esclarecer as suas metas, adote uma abordagem ativa para tomar notas. Ouça com atenção para pegar exatamente o que você precisa e escreva suas notas de forma que o ajudem a relembrar mais tarde. Se você for usar abreviações e atalhos, use os que lhe são familiares. A última coisa que você quer é que suas próprias anotações sejam indecifráveis depois.

Igualmente importante é garantir que você use suas próprias palavras sempre que possível. Como observado anteriormente, uma das principais armadilhas para uma anotação eficaz é tentar registrar tudo. Existem duas desvantagens óbvias nisso. Uma é que é impossível escrever tão rápido quanto falar. Em média, uma pessoa escreve de 10 a 12 palavras por minuto e um orador médio fala em torno de 100 palavras no mesmo período. Mesmo se você estivesse digitando suas anotações (o que não recomendo; falarei mais em breve), você provavelmente registraria apenas metade do que o orador estava dizendo.

Mas há outra desvantagem ainda mais fundamental: se você está copiando o que alguém está dizendo literalmente, provavelmente não está processando nada. Isso significa que, no momento mais essencial da aprendizagem, você está utilizando a maior parte do seu cérebro para a tarefa de tomar ditados. Quando você usa suas próprias palavras nas anotações, começa a processar a informação e isso melhora muito o aprendizado.

Aproveitando que estamos falando sobre escrever, recomendo fazer suas notas à mão. Mesmo que esteja usando um tablet para guardar as anotações, utilize uma caneta eletrônica para tal. Por um lado, existem programas prontamente disponíveis para converter sua caligrafia em texto, para organização posterior. Porém, e mais importante, escrever à mão requer que você comece a processar o material imediatamente e está provado que isso é mais eficaz.

"A presente pesquisa sugere que mesmo quando laptops são usados unicamente para anotação, eles ainda podem estar prejudicando a aprendizagem porque seu uso resulta em um processamento mais superficial", escreveram Pam A. Mueller e Daniel M. Oppenheimer em seu estudo sobre o assunto. "Descobrimos que estudantes que tomam notas em laptops se saem pior em questões conceituais do que os estudantes que tomam notas manualmente. Mostramos que, embora fazer mais anotações possa ser benéfico, a tendência daqueles que usaram o laptop para fazer transcrições literais, em vez de processar as informações e reformulá-las com suas próprias palavras, é um fator determinante para a aprendizagem."[12]

Mais importante, tenha certeza de que você está realmente ouvindo. Você não está aqui como secretário, mas como alguém que está recebendo informação para usá-la posteriormente. Portanto, é importante ouvir o que os outros estão dizendo. Anote o que está sendo enfatizado. Certifique-se de estar entendendo os pontos que o orador está fazendo e, se a oportunidade surgir, faça perguntas. Isso só pode acontecer se você dedicar pelo menos a mesma atenção às informações que estão sendo entregues quanto ao registro delas.

Enquanto estiver tomando notas, use o que chamo de método "capture e crie". No lado esquerdo do papel, você está capturando, tomando notas; no lado direito, você está criando, fazendo anotações. Você está escrevendo suas impressões sobre o que está capturando. Como uso isso? Por que devo usar isso? Quando vou usar isso?

Após o término da sua sessão de anotações, revise-as imediatamente. Isso o ajudará a reter a informação com muito mais eficiência do que se você não ler isso todos os dias. Como um benefício adicional, você poderá complementar suas anotações com qualquer coisa que tenha esquecido enquanto as toma, pois as informações ainda estarão frescas em sua mente.

UMA DICA PARA ATUALIZAR SUAS ANOTAÇÕES

Se você quiser sempre tirar o máximo das suas anotações, lembre-se do acrônimo *tip* [dica, em inglês]:

- **T de Think (Pensar):** antes de começar qualquer sessão de anotações, pense no que você mais espera reter nela. Isso irá ajudá-lo a filtrar as informações de maior valor e separá-las daquelas menos relevantes para o seu objetivo;
- **I de Identify (Identificar):** Ouça atentamente as informações apresentadas e identifique o que é mais importante no contexto do seu objetivo. Lembre-se de que tentar escrever tudo tornará impossível processar a informação a tempo e, provavelmente, tornará o estudo mais difícil. Identifique o que você mais precisa e escreva isso;
- **P de Prioritize (Priorizar):** Ao revisar as suas anotações após a apresentação, priorize as informações mais valiosas para você, talvez colocando notas adicionais conforme necessário para tornar as informações prioritárias mais claras ou fazendo um resumo para destacar os principais pontos.

ANTES DE SEGUIRMOS ADIANTE

Se você sabe que ilimitar-se significa tornar-se um estudante para o resto da vida, a forma como você realiza seus estudos torna-se de vital importância. Antes de continuarmos, vamos tentar algumas coisas:

- Leve sua recuperação ativa para dar uma volta. Apresente-se a algum material novo e avalie imediatamente quanto você reteve;
- Encontre uma lista de reprodução que funcione para você. Há várias e a música, certamente, aumentará a sua capacidade de absorver informações; portanto, reserve um tempo para achar uma que você goste. Talvez você queira tê-la em segundo plano enquanto lê o resto deste livro;
- Experimente suas novas ferramentas de tomar notas. Talvez seja bom reler este capítulo e fazer anotações. Ou veja uma palestra do TED e anote. Use as habilidades aprendidas aqui para melhorar essa experiência.

"Se fizéssemos todas as coisas de que somos capazes, nós surpreenderíamos a nós mesmos."

—THOMAS EDISON

(13)

MEMÓRIA

O que posso fazer para melhorar minha memória imediatamente?

Como manter grandes quantidades de informação na minha memória?

Como acessar essa informação facilmente quando precisar?

Há alguns anos, cheguei no escritório cedo, antes que qualquer um aparecesse. O telefone começou a tocar e fui atendê-lo. Imediatamente, uma mulher começou a falar, animadamente, do outro lado da linha.

"Eu te amo, eu te amo, eu te amo!"

Acredite, essa não era a resposta normal que recebia ao atender uma chamada.

"Calma", eu disse. "Quem é?"

"É a Anne. Fiz o seu curso", disse ela, emendando rapidamente: "Encontrei!"

Ok, ela tinha a minha atenção. "O que você encontrou?"

"Não sei o que é, mas venho fazendo todos os exercícios que você ensinou e comecei a me lembrar das coisas. Mesmo quando não estou usando a estratégia, lembro-me dos nomes e conversas."

Então, ela também não tinha respondido a essa pergunta. Percebi que teria que deixá-la contar a história da forma que ela queria. Pelos próximos minutos, descobri que, alguns anos atrás, ela recebeu uma herança de família, da sua avó. Era um colar passado de geração para geração e sua avó pulou sua própria filha e as três irmãs mais velhas para lhe deixar o colar. Anne ficou extremamente honrada por receber aquele presente e prometeu cuidar dele. Só havia um problema: com tanta preocupação em manter o colar seguro, ela o escondeu em um lugar que não conseguia lembrar. Quando percebeu, ela começou a procurar, sem sucesso. Isso a levou a níveis monumentais de angústia e uma enorme quantidade de culpa por parte de sua família.

Após 3 anos, ela concluiu que havia perdido sua herança para sempre ou que alguém havia roubado. Então, às 2h da madrugada, no dia daquela ligação, ela acordou de um sono pesado, desceu dois lances de escada até o porão, foi atrás do boiler e encontrou uma fenda lá. Ela retirou o colar e quase morreu de alívio.

"Que história fantástica, parabéns", eu disse. "No entanto, estou curioso. Não ensinei como encontrar itens perdidos. Essa não é uma das coisas que abordamos em nossas aulas."

"Sim, mas você fez algo mais valioso ainda. Não sei o que é, mas nas últimas semanas estou lembrando de coisas de todos os tipos. Não apenas no presente, mas coisas sobre as quais não pensava há anos. Jim, muito obrigada por me devolver o meu cérebro."

Anne ilustrou com sua animação algo que venho compartilhando com as pessoas há muito tempo. Sim, seu cérebro é um órgão. Mas ele age como um músculo. E assemelha-se significativamente a um músculo, pois ou você usa ou você perde. Nossos cérebros se mantêm em forma somente quando fazemos um esforço conjunto para mantê-los funcionando. Se não conseguirmos manter nossos cérebros em forma — seja por preguiça, por dependência excessiva da tecnologia para pensar por nós ou por não nos desafiarmos com novas aprendizagens — ele se torna "flácido". Pense desta forma: se você engessar um braço por 6 meses, não vai tirar o gesso e ter um braço mais forte. Na verdade, após tirá-lo, é provável que você tenha muito pouco uso para o seu braço. A mesma coisa acontece com o cérebro: se você não o exercitar regularmente, ele pode não estar na sua melhor função quando for necessário. Mas, se você fizer um esforço para mantê-lo na melhor forma, descobrirá que ele estará sempre pronto para atuar em nível de super-herói para você, como foi com Anne.

VOCÊ PODE SEMPRE CONFIAR NA MÃE

A memória é, sem dúvida, a parte mais importante do processo de aprendizado. Se você não consegue se lembrar, não consegue aprender nada. Não existe conhecimento sem memória. Mas por que a maioria das pessoas tem capacidade de memória menor do que a ideal? Acho que é pela forma como fomos ensinados a memorizar, geralmente por meio da memória mecânica. Até os dias atuais, a maioria das escolas ensina a memorizar repetindo o fato ou a frase até que fique temporariamente gravado na mente, mesmo que as pessoas tenham a tendência de esquecer a informação tão logo não seja mais necessária e esse tipo de memória raramente leve ao domínio do material que está sendo memorizado.

Sua memória também é um dos seus ativos mais valiosos. Ela o ajuda em todas as áreas da sua vida. Desafio você a fazer qualquer coisa sem utilizá-la. Se você não tivesse memória, a vida seria, no mínimo, extremamente desafiadora. Imagine acordar todas as manhãs e esquecer tudo o que você sabe. Você teria que aprender como sair da cama, se vestir, escovar os dentes, tomar café da manhã ou dirigir um carro. Seria muito inconveniente. Por sorte, você nasceu com uma ótima memória; só precisam lhe mostrar como usá-la.

COMECE LOGO

Como você classificaria a sua memória agora? Quais aspectos você gostaria de melhorar? Para saber mais, faça a nossa avaliação de memória em *www.LimitlessBook.com/resources* [conteúdo em inglês].

Para fazer um grande upgrade do seu cérebro, você precisa tornar a sua memória sem limites, pois ela é parte fundamental da maioria das funções cerebrais. Sendo assim, deixe-me encorajá-lo novamente com um fato muito importante: não existe boa ou má memória; apenas memória treinada ou não. Se você tem problema em lembrar os nomes das pessoas, fazer apresentações sem ler ou mesmo achar as chaves do carro pela manhã, é pouco provável que seja porque você é incapaz de fazer essas coisas. Pelo contrário: apenas não foi treinado.

Joshua Foer é uma prova viva de que a memória pode ser treinada. Em 2005, ele era um jornalista que assumiu a tarefa de escrever sobre o mundo pouco conhecido dos atletas mentais. Fascinado com o que viu nas competições de elite de memorização, quis aprender mais sobre os participantes. Para sua surpresa, ele descobriu que a maioria dos entrevistados considerava possuir memória média ou baixa antes de aprender a treinar os princípios da memorização. Agora, eles disputam o mais alto nível de suas competições.

Foer percebeu que não havia restrições à memória e que ela pode ser treinada como a capacidade atlética. Ele começou a praticar o que aprendeu. Um ano depois, ele voltou ao Campeonato Americano de Memória, mas como competidor. No dia do evento, almoçamos juntos entre as competições e nos maravilhamos com o fato de que, muitas vezes, o que parece ser fruto da genialidade pode, na verdade, ser aprendido. Mais tarde naquele dia, Foer ganhou e levou o troféu para casa. Ele escreveu um livro inovador, chamado *Moonwalking with Einstein: The Art and Science of Remebering Everything [Um Passeio na Lua com Einstein: A Arte e a Ciência de Lembrar Tudo,* em tradução livre].

Por que a memória é tão importante para você se tornar sem limites? Porque ela serve como alicerce para qualquer ação, agora e no futuro. Imagine como seria se o seu computador tivesse uma capacidade de armazenamento muito baixa ou acesso inconsistente ao que armazenou. Seria quase impossível executar a maioria das funções — você começaria a escrever uma mensagem de e-mail e seu computador poderia ou não ter o destinatário entre os contatos e lembraria ou não como enviar a mensagem — e a execução levaria muito tempo, enquanto o computador descobria como fazê-lo.

Embora tenha comparado os nossos cérebros a supercomputadores, sabemos que eles são muito mais do que isso. Talvez a diferença mais significativa seja a nossa habilidade racional de considerar os fatos ou situações na nossa frente e agir, inovar ou navegar pelas circunstâncias baseado nesses fatos e situações. O processo de raciocínio requer que passemos pelo nosso rico estoque de memórias, usando ferramentas que se mostraram úteis no passado para tomar decisões informadas e produtivas.

"É impossível pensar criativamente no futuro sem um senso do que é conhecido", afirmou Eve Marder, professora de neurociência da Brandeis University, no estado americano de Massachusetts. "Costumamos dizer que estamos procurando pensadores interdisciplinares e sintéticos que possam fazer conexões entre campos díspares e ver novos caminhos para a descoberta. Não imagino que possa encontrar esses líderes criativos para o futuro entre as legiões de estudantes que esquecem tudo o que aprenderam porque podem 'apenas procurar'. Como alguém sabe o que procurar, se esqueceu tanto?"[1]

O neurologista William Klemm, que conhecemos no Capítulo 12, fornece cinco razões pelas quais é essencial melhorar a memória:

1. **Memorização é disciplina para a mente**. Muito necessária em uma época em que tantas mentes são preguiçosas, distraídas, têm pouco no que pensar ou o fazem de forma desleixada, a memorização ajuda a treinar a mente para focar e ser diligente;

2. **Não, nem sempre você pode "pesquisar no Google"**. Às vezes, não há acesso à internet. E nem tudo de importante está lá (e grande parte de lixo irrelevante virá junto de qualquer pesquisa). A busca por material também não ajuda quando você quer aprender a usar um idioma estrangeiro, precisa escrever ou falar de improviso, quer ser um especialista, dentre outras;

Memória

3. **A memorização cria o repertório do que pensamos.** Ninguém consegue pensar em um vácuo de informações. Tornar-se especialista em qualquer área requer que você já possua conhecimento;

4. **Pensamos com as ideias contidas na memória de trabalho, que só podem ser acessadas em alta velocidade a partir da memória armazenada no cérebro.** A compreensão é nutrida pelas informações que você mantém na memória de trabalho conforme pensa. Sem esse conhecimento, temos uma mente incapaz de pensar claramente;

5. **O exercício da memória desenvolve um esquema de aprendizagem e memória que promove uma capacidade maior de aprender.** Quanto mais você lembra, mais *pode* aprender.[2]

Gostaria de enfatizar o último ponto. Não é preciso que a sua memória funcione como um contêiner, copo ou disco rígido, que não aceita mais nenhuma informação depois de cheio. Ela é mais como um músculo, pois, quanto mais você treina, mais a torna forte e com maior capacidade de armazenamento.

Neste capítulo, vamos discutir algumas ferramentas e técnicas para treinar a sua memória. Você aplicará os princípios básicos da memória e vai desenvolvê-la de tal forma que irá aprender (e lembrar) de forma natural, fácil e divertida. A mais fundamental delas, porém, é esta: lembre-se da palavra em inglês *mom*, ou "mãe" em português, uma sigla que criei para ativar sua memória instantaneamente:

- **M de Motivation (Motivação):** É simplesmente fato que somos consideravelmente mais propensos a nos lembrar de coisas que estamos motivados a lembrar. Se alguém lhe diz "lembre-se do nosso telefonema amanhã", você pode ou não lembrar que agendou isso para essa pessoa. Se, em vez disso, ela disser "lembre-se de que se você me chamar amanhã, lhe darei US$5 mil", você definitivamente se lembrará de ter agendado aquela chamada. É muito mais provável que você se lembre de algo quando tiver uma forte motivação para tal. Então, se você quer treinar para ter uma memória mais forte, dê a si mesmo uma motivação mais forte para fazê-lo. Razões colhem resultados, portanto, faça do ato de lembrar algo pessoal. Se você conseguir se convencer de que há valor em reter aquela memória, há uma grande chance de conseguir;

- **O de Observation (Observação):** com que frequência você esquece o nome de alguém assim que o ouve? Provavelmente o motivo é o de que você não prestou atenção quando ouviu o nome. Talvez estivesse procurando conhecidos na sala. Talvez ainda estivesse pensando em uma conversa anterior. Seja qual for a razão, você não estava inteiramente presente. Na maioria das vezes em que deixamos de nos lembrar de algo, o problema não é *retenção*, mas *atenção*. Se você quer melhorar sua memória, condicione-se a estar realmente presente em qualquer situação em que queira se lembrar de algo;

- **M de Methods (Métodos):** ao longo deste capítulo, trarei uma série de ferramentas que você poderá usar quando precisar se lembrar de algo. Deixe-as sempre em sua caixa de ferramentas mentais e use-as até que se tornem algo automático.

É MAIS FÁCIL SE LEMBRAR DO PADEIRO

As chances de se lembrar de algo aumentam consideravelmente se as pessoas puderem colocar um ponto de referência na coisa que estão tentando lembrar. Alguns anos atrás, após um estudo testar a habilidade das pessoas em ligar nomes a rostos, a pesquisadora Gillian Cohen criou o nome para o que viria a ser conhecido como paradoxo de Baker-Baker. No estudo, uma série de fotografias de rostos foram mostradas aos participantes, fornecendo nomes e vários detalhes sobre as pessoas e, depois, pedindo que as pessoas se lembrassem dos nomes. O estudo mostrou que as pessoas tinham muito mais dificuldades em lembrar os sobrenomes do que as ocupações, mesmo quando eram a mesma palavra. Então, por exemplo, era muito mais fácil lembrar que alguém era padeiro do que lembrar que seu sobrenome era Baker [padeiro, em inglês].

Voltemos a Joshua Foer rapidamente para uma explicação:

> Quando você ouve que o homem na foto é padeiro, esse fato é incorporado a toda uma rede de ideias sobre o que significa ser um padeiro: ele fabrica pães, usa um chapéu branco grande e cheira bem quando vem do trabalho.
>
> Por outro lado, o nome Baker é conectado somente à memória do rosto da pessoa. Essa ligação é frágil e, caso se dissolva, o nome flutuará irremediavelmente para o mundo inferior das memórias perdidas. Mas, quando se torna a profissão de alguém, há várias cordas para puxar a memória de volta.
>
> Mesmo que você não se lembre de cara que ele é padeiro, talvez tenha uma vaga noção sobre ele ou associe seu rosto a um grande chapéu branco, ou talvez porque traga uma lembrança da padaria do seu bairro. Há muitos nós nesse emaranhado de associações que podem ser traçados até a sua profissão.[3]

O que o paradoxo de Baker-Baker nos mostra é que criar associações para nós mesmos aumenta consideravelmente nossas memórias. Os exercícios nas páginas seguintes são ferramentas nesse sentido que considero particularmente eficazes.

RECORDANDO UMA GRANDE QUANTIDADE DE INFORMAÇÕES

Uma das coisas que faço regularmente quando falo para grandes grupos é pedir à audiência que fale um grupo de palavras aleatórias — algo entre 30 e 100 —, que repito em seguida de frente para trás e de trás para frente. Sempre deixo a plateia de queixo caído, mas não é isso o que estou procurando. Pelo contrário, faço isso para mostrar um ponto essencial: que todo mundo tem capacidade de fazer a mesma coisa.

Já falamos sobre a importância da memória na execução de quase todas as funções cerebrais. Se você quer tornar seu cérebro e, por consequência, você, sem limites, precisa fazer o mesmo com sua memória. Para isso, deve treinar a memória ao ponto onde ela possa reter uma grande quantidade de informações e permitir que você as acesse facilmente. O que faço no palco com uma lista de 100 palavras pode ter o impacto imediato de um truque de mágica simples, mas a forma pela qual me condicionei para isso pode ser usada por qualquer pessoa para lembrar e acessar muitas informações. Talvez, no seu caso, sejam as especificações para toda a sua linha de produtos. Ou uma longa série de fórmulas matemáticas. Talvez as instruções para todas as paradas que você tem de dar quando leva os amigos do seu filho para a natação. Independentemente do que seja, essa ferramenta pode ajudar.

Para esse exercício, vamos falar sobre como memorizar uma lista de palavras. A técnica será sempre a mesma, mas é muito mais fácil de ser explicada se pudermos nos concentrar em algo específico. A seguir, trouxemos uma lista de palavras simples. Sua tarefa é memorizá-las na ordem em que elas aparecem.

Não gaste mais de 30 segundos olhando e vire a página. Boa sorte!

Hidrante	Diamante
Balão	Cavaleiro
Pilha	Boi
Barril	Pasta de dente
Tábua	Placa

Qual método você usou para lembrar a lista? Repetiu as palavras em sua cabeça várias vezes? Por exemplo: "Hidrante, balão, pilha, hidrante, balão, pilha, hidrante, balão, pilha, barril etc." Acha que precisa dizer repetidamente essas palavras até elas fixarem na sua cabeça? Tentou ver as palavras como figuras em sua mente? Muitas pessoas usam uma combinação desses dois métodos. O processo de dizer repetidamente ou escrever a informação para lembrá-la é chamado de aprendizado por repetição, também conhecido como aprendizado mecânico.

Talvez você tenha usado na segunda ou terceira séries para decorar a tabuada. Você deve ter falado para si "7 vezes 7 é 49, 7 vezes 7 é 49" ou deve ter escrito "7×7=49, 7×7=49, 7×7=49" e continuou preenchendo a sua folha de papel. Esse método também é muito utilizado no primário para aprender a soletrar. Sua professora deve ter pedido para você soletrar uma palavra como "cadeira" 50 vezes em um pedaço de papel. O que estava acontecendo neste momento? Sua capacidade de aprendizado estava sendo sufocada. Você entediava a sua mente continuamente com esse método até que ela finalmente desistiu e disse "você venceu! Pela centésima vez, Colombo chegou em 1492, chega de cantoria!".

Muitas pessoas pensam que o aprendizado mecânico é um processo muito tedioso e chato. Sobrecarrega a sua mente e é extremamente ineficaz para lembrar a maioria das coisas. Sabemos que 85% da informação que você gasta tanto tempo assim para lembrar é perdida em até 48 horas. É por isso que muitos estudantes precisam decorar, pois sabem que aquela matéria será perdida em um curto período de tempo.

APRENDIZAGEM ELEMENTAR

Uma das razões pela qual o aprendizado mecânico é ineficiente é porque só envolve uma pequena parte do cérebro. Você está usando uma parte mais analítica para processar a informação e armazená-la quando precisa aprender. Ao implementar o método mecânico, você envolve parte da sua mente e uma porção ainda menor do seu potencial.

No sistema tradicional de educação, você provavelmente aprendeu alguns tópicos desta forma:

- **História:** "Calvin Coolidge foi o 30º presidente dos Estados Unidos, Coolidge 30, 30 Coolidge…"
- **Química:** "Glicose $C_6H_{12}O_6$, Glicose $C_6H_{12}O_6$, Glicose $C_6H_{12}O_6$…"
- **Francês:** "*Comment allez-vous* significa 'como vai?' *Comment allez-vous* significa 'como vai?' *Comment allez- vous* é 'como vai?'…"

E a lista continua. A pergunta que você deve se fazer agora é: "A forma como aprendi no primário é o melhor método para eu aprender hoje?" A resposta, muito provavelmente, será não. Na escola, nos ensinam a ler, escrever e fazer cálculos — em inglês, os três Rs: *reading*, 'riting (*writing*) e 'rithmatic (*aritmathic*). Sempre pensei que o quarto R deveria ser "revisar". Seus requisitos de aprendizagem mudaram muito ao longo dos anos. Aprender por repetição teve resultados decentes quando você era mais novo. Porém, no mundo de hoje você se afogará em informações e fadiga mental. (Nota: a palavra "mecânico" literalmente significa "repetição não pensada ou memorização mecânica".)

Nesta seção, mostrarei as habilidades para se lembrar mais efetivamente de uma forma que você jamais imaginou ser possível. Essas habilidades o ajudarão a substituir o sentimento de ter esperança de lembrar pelo de ter confiança em saber que as informações que possui estarão disponíveis sempre que você precisar.

Pare um minuto e, sem olhar para trás, tente relembrar a lista na ordem de apresentação. Escreva o máximo que puder. Faça isso agora.

_____

_____

_____

Como foi? Se você é como a maioria das pessoas, provavelmente conseguiu relembrar poucas palavras da lista.

 COMECE LOGO

Agora, vamos tentar outra coisa. Tire um minuto para se esticar. Faça algumas respirações profundas. Clareie sua mente e relaxe mais com cada respiração que sai do seu corpo. Pare um momento e relaxe. Quando terminar, continue.

Depois, fique em uma posição confortável e imagine que você está diante de um hidrante enorme, o maior que você já viu. Agora, coloque alguns balões no topo deste hidrante. Há tantos deles que o hidrante é arrancado do chão e voa em direção ao céu. De repente, eles são atingidos por pilhas e explodem. As pilhas foram lançadas ao céu em grandes barris por meio de uma tábua de madeira, como uma gangorra. A tábua foi acionada por um diamante grande, uma pedra grande e brilhante. Então, um cavaleiro em uma armadura brilhante pega o diamante e foge. Ele é rapidamente parado por um boi. A única forma de passar é escovando os dentes do boi com pasta de dentes. O boi libera a passagem e revela uma grande placa de neon com a palavra "parabéns" nela e, então, há uma grande explosão.

Agora, pare um tempo, feche os olhos e revise essa pequena história. Você pode lê-la novamente se precisar. Faça isso antes de seguir.

COMECE LOGO
Sem reler, escreva a história novamente.

Como você deve ter percebido, transformamos sua lista em uma história. Agora, viaje por ela em sua mente e liste a maioria das palavras de que consegue lembrar. Veja as respostas e escreva o número de palavras corretas.

Como você se saiu da segunda vez? Se você é como a maioria dos alunos, conseguiu relembrar mais palavras agora do que anteriormente. O mais legal disso é que, quando você começar a treinar a sua memória desta forma, poderá usar essa ferramenta para memorizar grandes quantidades de informação. Uso esta técnica para ajudar os atores a aprender todas as suas falas em um roteiro, alunos a memorizar a tabela periódica e vendedores a descrever um produto com um nível de detalhamento que leva a crer que o item foi projetado por eles. Lembre-se: não existe memória boa ou ruim, apenas memória treinada ou não. Usar essa ferramenta regularmente lhe dará treinamento suficiente para você poder acessá-la em qualquer situação.

SEU FOCO ATIVO NA MEMÓRIA

Esse é um conceito muito importante: Muitas pessoas veem a aprendizagem como uma atividade passiva. Eles encontram a informação em livros, anotações ou leituras. Se o material for absorvido, ótimo! Mas, se não, eles sentem como se não pudessem fazer nada. Essa perspectiva é uma abordagem de tudo ou nada. Se a informação persistir, é mais resultado de sorte e repetição do que foco e habilidade. Ao adotar uma abordagem ativa à aprendizagem, você terá melhores resultados, além da satisfação que surge do envolvimento e da consciência pessoal. Aprender passivamente é algo fraco; aprendizado ativo é forte.

Visualização

Sua memória visual é muito poderosa. Ao ver as figuras em uma história e não apenas as palavras que as representam, você cria um meio mais forte de lembrar. Faça isso agora: pense em sua cama. O que você visualizou? Talvez um colchão tamanho queen, com cabeceira de madeira, lençóis azul-marinho e travesseiros gigantes. Provavelmente, você não viu as palavras "lençóis azul-marinho" e "travesseiros gigantes" em sua mente; apenas as figuras. É assim que a sua mente pensa. Se você duvida disso, se pergunte se você sonha frequentemente com palavras. Provavelmente não. Lembre-se de que uma imagem vale mais do que mil palavras!

Associação

Isso é vital para a memória e todo o aprendizado: para aprender qualquer informação nova, ela deve estar associada a algo já conhecido.

Vale a pena repetir. Para aprender qualquer nova informação, é preciso associá-la com algo que já sabe. Você fez isso a vida inteira, só não deve ter percebido. Veja um teste simples. O que vem à sua mente quando você pensa em cereja? Talvez vermelha, doce, fruta, torta, redonda, sementes etc. São palavras e imagens que você aprendeu a vincular à cereja; associou algo novo ao que já conhece. Você usa a associação para pedalar, comer, conversar e aprender a fazer qualquer coisa. Da mesma forma, ao montar uma história com as palavras na sua lista, você as associou conscientemente para lembrar facilmente. Sua mente está constantemente fazendo inúmeras associações a cada minuto, a maioria sem o seu consentimento. É assim que você aprende. Há alguma música que faz com que você se lembre de uma pessoa especial? Essa memória é uma associação. Tem um cheiro que o remete à infância? É uma associação. Por que não usar essa informação e fazer associações conscientemente, aprendendo de forma mais eficaz?

Emoção

A emoção torna as coisas memoráveis. A informação em si é passível de esquecimento, mas a informação aliada à emoção se torna uma memória de longo prazo. Quando acrescentamos emoção a alguma coisa, ela se torna mais repleta de ação e divertida, tornando-se muito mais provável que lembremos.

Locação

Somos muito bons em nos lembrar de lugares porque, como caçadores-coletores, não precisávamos lembrar números e palavras, mas onde as coisas estavam. Precisávamos saber onde tinha água limpa, onde estava o solo fértil ou a comida. Se é possível associar algo a um lugar, será mais provável que se lembre.

Essas são algumas das várias chaves para ter uma ótima memória; o resto deste capítulo será dedicado a mostrar técnicas específicas e aplicações que podem ser usadas em diferentes situações. Se você não teve muita sorte com a memória, não se preocupe. É compreensível. É necessário apenas um pouco de prática. Muitas pessoas não usam a imaginação desde a infância. Você pode revisar a história algumas vezes, pois será um bom exercício para a sua mente criativa. Faça isso agora.

Repare que você também pode rever a história de trás para a frente; as associações podem lhe dar a lista em qualquer ordem. Pratique isso e veja por si mesmo.

Você deve estar realmente surpreso. Para a maioria das pessoas, usar métodos mecânicos levará entre 10 e 30 minutos para memorizar aquela lista e somente com resultados temporários. No entanto, você verá que essa história, que não levou mais de um minuto para aprender, ficará disponível para você retomá-la por dias ou até semanas sem precisar revê-la sequer uma vez. É o poder de trabalhar de forma inteligente, não necessariamente de forma dura. Esse é o poder da sua imaginação. Esse é o poder da sua mente. Vamos tentar de novo.

UM EXERCÍCIO RÁPIDO DE MEMÓRIA

Peça a um amigo para lhe dar uma lista de 10 palavras aleatórias. Ou você mesmo pode fazê-lo: para tornar isso o mais aleatório possível, pegue a peça de mídia impressa mais próxima disponível, seja um livro, um jornal, revista ou um panfleto. Use os primeiros substantivos nos 10 primeiros parágrafos que você vir (em outras palavras, não use palavras como "eu", "o", "quando" etc.) e certifique-se de não usar o mesmo termo mais de uma vez. Escreva-os.

Agora, vire esse papel e tente reescrever a lista novamente, na ordem. Compare-a com a original. Como foi seu desempenho? Provavelmente não se lembrou de todas elas, mas também não esqueceu todas. Isso é instrutivo, porque a genialidade deixa pistas. Com isso, quero dizer que sua inteligência inata lhe ensina sobre a sua inteligência. Havia um método que lhe permitia memorizar o que você fez e você pode usá-lo para passar para a próxima etapa.

Diga a si mesmo, em voz alta, quais palavras você lembrou e por que você acha que se lembrou delas. Fazer isso o ajudará a entender como memorizar as coisas. Por exemplo, há uma grande chance de você ter lembrado a primeira e a última palavras. Este é o fenômeno comum que discutimos no Capítulo 4, conhecido como precedência e recenticidade, em que as pessoas tendem a lembrar a primeira coisa e a mais recente que ouviram em qualquer situação.

"O segredo de uma boa memória é a atenção, e a atenção a um assunto depende do nosso interesse. Raramente esquecemos o que causou uma profunda impressão em nossas mentes."

—TYRON EDWARDS

De que outras palavras você lembrou? Elas têm alguma coisa em comum, como começarem com a mesma letra ou serem todas palavras de ação? O que isso quer dizer para você? As palavras que você memorizou foram organizadas de alguma forma? Elas relembraram algum tipo de emoção em você? Havia algo particular em alguma sobre o qual você se lembrou?

O que você provavelmente aprendeu até agora é que as palavras lembradas na primeira passagem tinham certas qualidades e as esquecidas não tinham nada que despertasse algo em você. Vamos criar um processo no qual cada palavra tem uma qualidade memorável.

- Conte para você mesmo uma história usando essas 10 palavras, passando por todas. Você não está tentando vencer uma competição literária, então ela não precisa fazer muito sentido. O que importa é que haja algum tipo de detalhe imaginativo para as palavras na sua lista (por exemplo, se uma delas for "fora", imagine-se em um campo amplo) e que você consiga vinculá-las na história, de forma que elas apareçam na sua lista com uma imagem criada para cada uma. Lembre-se de que, quanto mais emocional e exagerada, melhor será a sua lembrança;

- Agora, em outro pedaço de papel, escreva a lista novamente, usando a história que você criou para se lembrar das palavras e da ordem em que elas apareceram. Como foi dessa vez? Com certeza melhor, embora haja uma chance de ainda não ter conseguido se lembrar de todas;

- Agora, escreva a lista novamente (sem olhar nenhuma das versões que você criou), mas desta vez, anote-as na ordem contrária. Você precisará se lembrar da história que inventou de uma forma diferente para fazer isso, mas isso realmente ajudará a guardar essas palavras.

A essa altura, você provavelmente terá memorizado a maioria das palavras de sua lista, quem sabe todas. Ao mesmo tempo, provavelmente estará pensando como isso o ajudará a se lembrar de todos os detalhes de uma apresentação que esteja fazendo.

"Todo pensamento é fruto de associação: ter algo à sua frente traz à mente algo que você nem sabia que sabia."

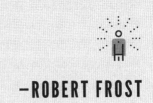

—ROBERT FROST

PASSANDO MUITAS INFORMAÇÕES SEM ANOTAÇÕES

Como já discutimos, a memória é fundamental para quase tudo o que você faz. Realmente não há como se tornar sem limites sem ter uma memória bem treinada, porque ela rege a sua habilidade de raciocinar, calcular possíveis resultados e servir como recurso para os outros. Muitas vezes, você realmente precisa estar apto a passar uma quantidade significativa de informações a uma pessoa ou grupo de uma só vez. Pode ser na forma de um relatório à sua diretoria, um discurso em uma assembleia, compartilhar sua experiência sobre um assunto com seus colegas de sala ou em várias situações. E, em muitos outros casos, é crucial que você esteja apto a fazer isso sem ter anotações para ajudá-lo, porque elas podem sugerir que você sabe menos do material do que deveria.

Tenho ensinado a executivos, estudantes, atores e outros grupos uma técnica consagrada pelo tempo para fazer suas apresentações sem anotações. E, quando digo "consagrada pelo tempo", quero dizer isso literalmente. O método que ensino e que compartilharei com você agora é uma versão do Método de Loci, que existe há mais de 2.500 anos.

A lenda por trás desse método é que o poeta grego Simônides de Ceos sobreviveu ao desabamento de um edifício que matou os demais presentes. Quando os oficiais tentaram identificar as vítimas, Simônides foi o único que pôde ajudá-los, porque lembrava quem eram as vítimas baseado em onde elas estavam no momento do desabamento. No processo, Simônides criou uma ferramenta de memória que é tão eficaz hoje quanto era em 500 a.C.

Loci é o plural da palavra *locus*, que significa "um ponto ou lugar em particular". Portanto, o Método de Loci é uma ferramenta de memória que liga o que você quer lembrar a pontos ou lugares específicos que você conhece bem. É assim que ensino o método:

- Identifique os 10 principais pontos de sua apresentação. Podem ser palavras-chave, frases ou citações que você gostaria de incorporar. No entanto, elas não podem ter vários parágrafos, pois isso tornará o processo complicado e sua apresentação parecerá rígida e excessivamente ensaiada. A premissa aqui é que você conhece bem o tópico e possui alguma facilidade com o material. Esse método é feito para ajudá-lo a trazer cada ponto essencial à sua mente quando você precisar;

- Agora, imagine um lugar que você conheça bem. Pode ser parte da sua casa, uma rua em que anda com frequência, um parque próximo ou qualquer outro lugar com que tenha grande familiaridade e que possa lembrar com facilidade;

- Agora, considere um caminho por meio dessa locação. Se for uma sala de sua casa, por exemplo, imagine-se andando até ela e a atravessando. Identifique 10 pontos nesta sala que você pode ver rapidamente em sua mente. Um pode ser o abajur no canto que você vê quando entra. Outro, uma cadeira à esquerda do abajur. O próximo pode ser a mesa lateral, próxima à cadeira, e assim por diante. Torne esse caminho o mais processual possível. Ziguezaguear pelo espaço provavelmente será menos produtivo. Apenas veja-se andando por esse espaço no sentido horário, observando o que nota quando passa por cada item;

- Escolhidas as 10 locações, associe cada ponto de discussão principal com cada uma delas. Certifique-se que a ordem dos pontos de discussão coincida com a ordem pela qual você caminha pela sala. Por exemplo, pensando na sala que descrevemos, se a primeira coisa que você quer dizer é a mensagem principal de toda a apresentação, atribua-a à lâmpada. Se o próximo ponto for um detalhe essencial do produto ou um fato histórico importante, atribua-o à cadeira e assim por diante;

- Agora treine a sua apresentação, usando a sua caminhada pela locação como uma ferramenta para lembrar cada uma das mensagens primárias. Cada componente da apresentação deve vir a você conforme for necessário.

Assim como acontece com todos os recursos, pode levar algum tempo até você se tornar um especialista no uso dessa ferramenta de memória, mas ela provavelmente começará a ajudá-lo de imediato. Com a prática, você deve ter acesso a grandes quantidades de informação sem consultar suas anotações. Sua lembrança dos fatos melhorará consideravelmente e seus discursos e relatórios parecerão mais naturais. Você pode aplicar essa abordagem sempre que precisar memorizar muita coisa.

FERRAMENTA BÔNUS 1: UMA FORMA RÁPIDA DE LEMBRAR OS NOMES DE TODOS

Como dissemos antes, não se lembrar de algo, como o nome de alguém que você acabou de conhecer, é, frequentemente, devido a você não ter prestado atenção naquele momento. Lembre-se de que a mamãe (sigla *mom*) pode ajudá-lo muito nesse sentido. Mas há também uma técnica voltada especificamente para ajudar as pessoas a se lembrar de nomes que você pode achar útil. A expressão aqui é *be suave* em inglês, para você ficar leve e não ter problemas:

- **B de Believe (Acredite)**: acreditar na sua capacidade é o primeiro passo essencial. Se tentar se convencer de que não consegue se lembrar de nomes, é extamente isso o que acontecerá;
- **E de Exercise (Exercício)**: como nas outras ferramentas deste livro, será necessário alguma prática para alcançar o resultado, mas você deve ficar muito bom nisso rapidamente;
- **S de Say it (Diga!)**: quando você ouvir o nome de uma pessoa pela primeira vez, repita. Isso tanto confirmará que você ouviu o nome corretamente quanto lhe oferecerá a oportunidade de ouvir o nome duas vezes;
- **U de Use it (Use!)**: durante a conversa com a pessoa, use o nome dela. Isso o ajudará a fixá-lo;
- **A de Ask (Pergunte)**: pergunte à pessoa de onde vem o nome dela. Isso soa um pouco estranho ao questionar sobre um nome como "Jim", mas é particularmente útil ao encontrar alguém com um nome menos comum;
- **V de Visualization (Visualização)**: a visão é uma ferramenta de memória incrivelmente poderosa, como já vimos com o Método de Loci. Tente ligar uma imagem ao nome de uma pessoa. Por exemplo, se você conhece uma mulher chamada Mary, pode imaginá-la usando um véu quando estava se casando, ou no inglês *getting married*;
- **E de End (Fim)**: ao se despedir da pessoa, finalize a conversa dizendo o nome dela.

FERRAMENTA BÔNUS 2: UMA FORMA RÁPIDA DE LEMBRAR VOCABULÁRIO E IDIOMAS

O vocabulário é um dos pilares da aprendizagem. Lembrar o significado das palavras é fácil; é só usar os mesmos sistemas que você vem utilizando. Um dos conceitos mais importantes é a substituição de palavras. Você já sabe como fazer isso, mas agora tem um nome ou termo de vocabulário. A substituição de palavras é o processo de tornar uma informação intangível (difícil de imaginar) em uma imagem mais concreta e fácil de visualizar.

Veja alguns exemplos de substituição de palavras (em inglês):

- *Nitrogen can be a knight* (nitrogênio pode ser um cavaleiro);
- *Monroe can be a man rowing* (Monroe pode ser um homem remando);
- *Washington can be by a washing machine* (Washington pode ser por uma máquina de lavar);
- *Armstrong can be by a strong arm* (Armstrong pode ser por um braço forte).

A ideia principal por trás da substituição de palavras é criar uma imagem (ou série de imagens) que seja semelhante o suficiente para lembrá-lo do termo original. Essa palavra, ideia ou conceito abstrato, antes tão difícil de entender, não é tão complicado agora. Ao criar a imagem da palavra, você tem algo mais tangível e visível. Lembre-se de que tendemos a nos lembrar do que criamos. Seguem mais alguns exemplos:

- Citologia, *o estudo das células.* Lembrando da palavra em inglês, olhe para uma toalha (*towel*) com um grande "G" nela (*see towel G — cytology*). Você sempre quis uma, então a pega e vai para uma cela (*cell*, em inglês, também quer dizer célula). Ou visualiza o dedão de um dos pés e um "G" pequeno (em inglês, *sight toe low G — cytology*), mas isso é proibido e você acaba em uma cela. Mesmo que isso pareça estranho, funciona!
- Leniente, *compassivo, gentil.* Imagine uma formiga encostada (em inglês, *leaning ant — lenient*). A formiga está encostada, sujando uma parede limpa. Em vez de ficar irritada, a mãe dela está compassiva e gentil.

Este sistema de substituição de palavras pode ser usado para praticamente qualquer coisa, incluindo línguas estrangeiras, que funcionam para lembrar da mesma forma. De fato, algumas palavras do seu vocabulário podem estar em outro idioma! Por exemplo:

- *Très bien* (muito bom, em francês), soa como *tray bean* (feijão na bandeja, em português). Imagine-se cuidando de uma criança e recompensando-a com uma bandeja de prata com um grande feijão nela. A criança era muito boa;

- *Facile* (fácil, em francês), que soa como *face eel* (enguia na face, em português). Imagine um amigo que o desafia a segurar uma enguia próximo à sua face; você consegue e diz "isso é fácil!";
- *Travailler* (trabalhar, em francês), que soa como *traveler* (viajante, em inglês). Imagine um viajante que o convida para tirar férias, mas isso não é possível porque você tem de trabalhar;
- *Escargot* (caracol, em francês), que soa como *s-car go* (carro em formato de "S" vai, em inglês). Imagine um caracol entrando em um carro em formato de S e andando com ele;
- *Merci* (obrigado, em francês), que soa como *mare sea* (égua mar, em inglês). Imagine-se salvando uma égua de se afogar e ela dizendo "obrigada";
- *Aprender* (aprender, em espanhol), que soa como *blender* (liquidificador, em inglês). Imagine-se jogando os livros em um liquidificador;
- *Escuela* (escola, em espanhol), que soa como *S-quail* (codorna em formato de "S", em inglês). Imagine uma codorna com um S do Super-Homem no peito, indo para a escola;
- *Ayuda* (ajuda, em espanhol), que soa como *are-you-the* (é você quem, em inglês). Imagine que você está se afogando (precisando de ajuda) e alguém vem para o resgate e pergunta "é você quem está se afogando?";
- *Mando* (comando, em espanhol), que soa como *man* (ou *moon) doe* (homem ou lua, corça em inglês), significa "comando". Imagine um homem comandando uma corça a pular até a lua;
- *Estrada* (estrada, em espanhol), que soa como *extra day* (dia extra, em inglês). Imagine-se saindo de férias, engarrafado no trânsito por um dia a mais na estrada.

Tente esses termos em espanhol por conta própria (tradução em português entre parênteses):

- *Desventaja* (desvantagem);
- *Pelo* (cabelo);
- *Bolso* (bolsa);
- *Dinero* (dinheiro);
- *Leer* (ler).

Usei esses exemplos para apresentar melhor o básico. Use-os como base e entenda seu significado. Você pode usar essas habilidades para praticar qualquer coisa. Esses sistemas são tanto flexíveis quanto universais. Por exemplo, se você quer lembrar se uma palavra é masculina ou feminina, basta adicionar uma cartola às palavras masculinas e um vestido às femininas. Não há regras, então seja criativo e fuja do lugar comum, divertindo-se com elas!

CAIA DE CABEÇA

Para ampliar o vocabulário ou aprender palavras estrangeiras, alie a estratégia acima aos métodos já mostrados no capítulo sobre o estudo. Por exemplo, falamos sobre a repetição espaçada, que pode ser extremamente valiosa. Falamos sobre usar a música. Música barroca é muito eficaz na aprendizagem de novos idiomas. As técnicas de estudo já presentes no seu kit de ferramentas servirão agora a um novo e ousado propósito.

ANTES DE SEGUIRMOS ADIANTE

Espero que você veja agora que ter uma memória bem treinada é parte essencial para se tornar sem limites. Você é muito mais forte com uma memória afinada do que tentando sobreviver com a memória não treinada. Este livro contém a base para turbinar a sua memória. Visite *www.LimitlessBook.com/ resources* [conteúdo em inglês] para obter um vídeo de treinamentos de memória em três partes — um presente meu para você. Antes de seguirmos para o próximo capítulo, tente o seguinte:

- Pense em formas de se motivar melhor para se lembrar. Apenas pensar que seria ótimo ter uma memória melhor provavelmente não será o suficiente;
- Pense em formas nas quais você pode tentar ser menos influenciado por distrações quando estiver em uma situação onde seja importante se lembrar das coisas. Fornecerei algumas ferramentas para ajudá-lo mais adiante, mas o que você pode fazer agora para ajudá-lo a se concentrar mais?
- Tente aplicar cada uma das ferramentas que mostrei neste capítulo. Há uma boa chance de você ver uma diferença notável e imediata em sua memória.

"O homem que não lê bons livros não tem nenhuma vantagem sobre o homem que não sabe ler."

—MARK TWAIN

14

LEITURA DINÂMICA

Por que é tão importante ler?

Como faço para aumentar meu foco e compreensão na leitura?

Como posso aproveitar melhor cada experiência de leitura?

O que Oprah Winfrey, Thomas Edison, John F. Kennedy e Bill Gates têm em comum? Todos eram grandes leitores. É preciso ler para liderar.

Bem-vindo à Era dos Dados. Nunca na história ouve tamanho excesso de informações. Foram produzidas mais informações nas décadas passadas do que nos milênios anteriores. De acordo com Eric Schmidt, ex-CEO do Google, "havia 5 exabytes de informação criados entre os primórdios da civilização até 2003, mas agora essa quantidade é criada a cada 2 dias". E está ficando cada vez mais rápido. Toda essa informação faz os tempos atuais serem extremamente competitivos. Aqueles que conseguem acompanhar as informações mais recentes terão a vantagem competitiva necessária para ter sucesso, não apenas acadêmica e profissionalmente, mas também em outras áreas importantes da vida.

Estudos mostram que há uma relação direta entre a sua habilidade para ler e o sucesso na vida. Leitores habilidosos conseguem melhores empregos, maiores ganhos e melhores oportunidades de sucesso em todos os aspectos da vida. Pense assim: se você tem habilidades medianas de leitura, tem o mesmo entendimento da maioria das pessoas. Isso não lhe dá muita vantagem competitiva, não é?

Infelizmente, para a maioria das pessoas ler é uma tarefa chata, algo que consome muito tempo e é tedioso. Alguma vez você já leu a página de um livro e se deparou perguntando "o que diabos acabei de ler?". Se a resposta for sim, você não está sozinho.

Já falamos sobre os desafios que enfrentei em meus primeiros anos na universidade. Como você sabe, eles eram tão duros que pensei seriamente em abandonar os estudos. Mas ao me dedicar à tarefa de ler um livro toda semana, além da leitura que precisava fazer para as minhas aulas, comecei a fazer um progresso considerável com minha aprendizagem. Porém, não sabia quanto progresso havia feito até que ocorreu um dia surpreendente.

Enquanto crescia, sempre tentei me manter fora dos holofotes. Era uma criança tímida e me sentia mais confortável misturando-me aos demais do que em destaque. Continuei assim quando saí da escola. Grandes aulas em auditórios eram especialmente interessantes para mim, porque podia sentar no canto e evitar ser notado.

Um dia, estava em uma dessas aulas com uma centena de outros estudantes. Na frente, o professor estava explicando a matéria e usando um projetor para mostrar as imagens. Em dado momento, ele colocou um texto no projetor e desandei a rir instantaneamente. Foi uma reação inteiramente natural para mim; a frase era engraçada. Mas a sala estava completamente quieta, o que levou a um grande número de cabeças girando na minha direção. Acho que a maioria daquelas pessoas nunca seria capaz de me identificar como um de seus colegas antes desse momento.

Fiquei com muita vergonha. Havia feito tantos esforços para permanecer invisível e agora era como se tivesse invadido o palco para chamar a atenção. Estava corando tão rápido que pensei que meu rosto fosse entrar em combustão; me encolhi o máximo possível.

Alguns segundos depois, os outros na sala começaram a rir. No início, pensei que fosse de mim, mas, quanto mais se juntavam à risada, percebi que eles não olhavam para mim; estavam lendo o texto. Foi aí que percebi a fonte da minha vergonha: li as palavras tão mais rápido que os meus colegas, que reagi àquilo antes dos demais. Sabia que havia evoluído na velocidade com que lia e no nível de compreensão, mas até aquele momento não fazia ideia de quão rara, mas possível de ser aprendida, era uma habilidade.

Ainda me sentindo um pouco constrangido com meu ataque não intencional, deixei a turma animado pelo entendimento de que minha aprendizagem havia subido para um nível totalmente novo. Devido às técnicas que aprendi, a leitura se tornou um dos meus superpoderes, abrindo caminho para enormes descobertas na minha aprendizagem. Embora tenha prometido não rir

COMO A LEITURA TORNA SEU CÉREBRO SEM LIMITES

Qualquer plano para tornar seu aprendizado ilimitado precisa incluir a leitura. Assim como a memória é fundamental para quase todas as funções cerebrais, ler é fundamental à aprendizagem em quase todas as formas. Se alguém lhe disser que não lê, essencialmente está dizendo "parei de tentar aprender". Sim, você pode aprender alguma coisa vendo vídeos, ouvindo podcasts ou indo ao cinema. Mesmo a comédia mais idiota provavelmente lhe ensinará algo. Mas é quase impossível tornar o aprendizado uma parte dinâmica e renovável da sua vida sem uma abordagem dedicada à leitura. Veja por que isso é verdade:

- **Ler coloca o seu cérebro em ação.** Quando você lê, está usando seu cérebro para muitas funções ao mesmo tempo — o que é um exercício vigoroso e gratificante. Como ressalta o médico Ken Pugh, presidente e diretor de pesquisa do Haskins Laboratories: "Partes do cérebro que evoluíram para outras funções — como visão, linguagem e aprendizado associativo — se conectam em um circuito neural específico para a leitura, o que é muito desafiador. Uma frase é uma abreviação de muitas informações que devem ser inferidas pelo cérebro."[1] Em outras palavras, ler oferece um nível incomparável de exercício mental e o cérebro é sempre um "músculo" que se fortalece quanto mais for desafiado;

- **Ler melhora a sua memória.** Como você está dando um ótimo treino ao seu cérebro quando lê, ele funciona em um nível mais alto. Um benefício significativo disso diz respeito à memória. Em um estudo conduzido pelo médico Robert S. Wilson na Rush University Medical Center, na cidade americana de Chicago, mostrou que ler tem um efeito significativo no declínio de memória. "Não devemos subestimar os efeitos das atividades cotidianas, como ler e escrever, em nossos filhos, em nós mesmos e nos nossos pais e avós", aponta ele. "Nosso estudo sugere que exercitar o seu cérebro participando de atividades como aquelas ao longo da vida de uma pessoa, desde a infância até a velhice, é importante para a saúde do cérebro na velhice.";[2]

- **Ler melhora o seu foco.** Uma das coisas que fazemos quando estamos sentados com um livro, ou mesmo gastando tempo com um jornal, é treinar nossa concentração nessa única coisa. Ao contrário de quando navegamos na internet ou no YouTube, quando estamos lendo geralmente dedicamos a vasta maioria de nossa atenção àquilo. Essa prática torna mais fácil aplicar algum nível de concentração em outras tarefas;

- **Ler amplia o seu vocabulário.** Algumas pessoas parecem mais inteligentes. Como você reage quando encontra uma delas? Com muita probabilidade, você demonstra um crescente respeito e até um certo nível de admiração. O fato de ter acesso e facilidade a um vocabulário maior do que as pessoas comuns faz com que as pessoas soem mais inteligentes. A leitura permite que você construa o vocabulário organicamente. Quanto mais você lê, mais se expõe a uma gama maior de linguagem e ao uso dela em diversos contextos. E, como a leitura é uma ferramenta de foco tão superior, você está absorvendo muito disso, que estará acessível para você quando precisar;

- **Ler melhora a sua imaginação.** Se você já recebeu uma sugestão de alguma história no trabalho ou na escola, sabe que é mais fácil pensar de forma criativa quando se usa uma ferramenta para começar. Ler é essencialmente uma sugestão atrás da outra. "Como seria estar no lugar dessa pessoa?", "Como posso usar essa técnica para ser mais produtivo?", "O que farei primeiro após Jim Kwik ajudar a me tornar sem limites?" Uma boa imaginação ajuda você a ver mais possibilidades na vida e ler mantém sua imaginação alerta;

- **Ler melhora a compreensão.** O aprendizado ocorre de várias formas e, como uma ferramenta de sucesso, tem muitos elementos. E, embora o pensamento ágil e o domínio das habilidades sejam fundamentais para o sucesso, a empatia e a compreensão não podem ser deixadas de lado. A leitura lhe apresenta vidas que você jamais conheceu e formas de pensar bem diferentes das suas. Tudo isso constrói tanto sua empatia como sua compreensão de como o mundo funciona além de si mesmo.

 COMECE LOGO

Se você conseguisse ler rápido, com maior compreensão e prazer, quais livros você começaria a ler este mês? Crie uma lista com os 3 livros que você deseja começar a ler.

LEITURA DE AUTOAVALIAÇÃO

A primeira coisa que você precisa fazer é descobrir sua velocidade de leitura atual, também conhecida como seu ritmo básico. Essa taxa de leitura é medida em palavras por minuto. Para medir, você precisará de um romance de fácil leitura, um lápis e um cronômetro. Então, faça o seguinte:

1. Coloque um alarme para disparar em 2 minutos;
2. Leia em uma velocidade confortável e pare quando o alarme disparar (ponha uma marcação onde você parou);
3. Conte o total de palavras em 3 linhas regulares e divida-o por 3. Este é o número médio de palavras por linha;
4. Conte o número de linhas que você leu (apenas as que chegam, pelo menos, até a metade da página);
5. Multiplique o número de palavras por linha pelo número de linhas que você leu (multiplique as respostas dos passos 3 e 4);
6. Divida esse número por 2 (porque você leu em 2 minutos), esse é o seu número de palavras por minuto. Faça isso agora. É importante termos este exercício completo antes de seguirmos. Escreva abaixo:

    Qual é a sua velocidade de leitura atual? _____ palavras por minuto.

A média de velocidade de leitura de uma pessoa, normalmente, fica entre 150 e 250 palavras por minuto, dependendo da dificuldade do material. Se você está lendo muito abaixo de 100 palavras por minuto, o material pode ser muito difícil ou talvez seja bom você procurar ajuda (as habilidades que você aprender aqui serão de grande valia).

Digamos que uma pessoa leia 200 palavras por minuto. Ela lê e estuda 4 horas por dia. Uma pessoa que lê 400 palavras por minuto (duas vezes mais rápido) precisa estudar somente metade do tempo. Um leitor mais rápido economiza pelo menos 2 horas por dia.

Se você puder economizar 2 horas por dia, o que fará com esse tempo extra? Reserve um momento para escrever como você gastaria essas 2 horas diariamente.

DESAFIOS À LEITURA

As pessoas não leem, ou escolhem ler muito pouco, por várias razões. Você trabalha muito e está exausto ao final do dia. É mais fácil se entreter passivamente (pela TV, filmes, música etc.) do que se envolver na atividade necessária para ler. Se você tiver que trabalhar para se entreter, é provável que prefira jogar videogame. Entendo perfeitamente, mas, se você absorveu os benefícios que listei acima, sabe que precisa dedicar um tempo do seu dia — todos os dias — à leitura.

Outra razão importante pela qual as pessoas não leem é que elas consideram um processo trabalhoso. Pode levar 5 minutos para ler uma página de um livro, dando a ideia de que ler um livro de 300 páginas é o mesmo que caminhar de Nova York à Geórgia. As pessoas tendem a ler lentamente por algumas razões. Uma é que elas pararam de aprender a ler relativamente cedo — talvez no terceiro ou quarto ano — e seu nível de leitura (e mais importante, sua técnica de leitura) nunca foi muito além disso, mesmo que continuassem a aprender apesar desta restrição. A outra é que elas não se permitem focar quando estão lendo. Elas prestam atenção às crianças, meio que assistem televisão, checam seus e-mails a cada minuto e por aí vai. Portanto, elas se veem lendo o mesmo parágrafo repetidamente por não estarem focadas o suficiente para compreender o que estão lendo.

Há algumas razões básicas pelas quais as pessoas leem devagar. Sua eficiência na leitura é composta de duas partes principais: o ritmo da leitura (velocidade) e a compreensão da mesma (entendimento). Antes de vermos as várias formas de melhorar sua eficiência na leitura, precisamos primeiro ver as três barreiras e obstáculos que nos impedem de ler mais rápido.

1. Regressão

Isso já aconteceu com você? Você já leu uma linha em um livro e se pegou relendo-a? Ou já se pegou "perambulando na leitura" (voltando a pontos que percorreu e relendo palavras)? Regressão é o termo usado para descrever a tendência dos seus olhos voltarem e relerem certas palavras. Quase todo mundo faz isso em certo grau e, na maior parte do tempo, de forma subconsciente. As pessoas acreditam que, fazendo isso, estão melhorando a compreensão, mas geralmente estão dificultando. Ao regredir ou pular para trás, é muito fácil perder o significado e a essência do que está sendo lido. A regressão interrompe seriamente o processo de leitura e diminui a velocidade.

2. Habilidades desatualizadas

Ler não é tanto uma medida de inteligência; é uma habilidade como qualquer outra, que pode ser aprendida e aprimorada. Qual foi a última vez que você teve uma aula de leitura? Para a maioria, foi na quarta ou quinta série. Se você é como a maioria das pessoas, suas habilidades de leitura provavelmente são as mesmas daquela época. Aí está o desafio: A quantidade e a dificuldade do que você está lendo mudou desde então? A complexidade do material provavelmente cresceu dramaticamente, mas nossa habilidade de leitura permaneceu a mesma.

3. Subvocalização

Subvocalização é uma palavra chique para a sua voz interior. Você já reparou uma voz dentro de si, dizendo as palavras enquanto você as lê? É a sua própria voz, espero. A subvocalização limita sua velocidade de leitura para apenas algumas centenas de palavras por minuto. Isso significa que ela é limitada pela sua velocidade de fala, não a de pensamento. Na verdade, sua mente lê muito mais rápido.

De onde vem a subvocalização? Para a maioria das pessoas, quando você aprendeu a ler. Era necessário que você lesse em voz alta para a sua professora saber que você está fazendo do modo certo. Você se lembra de quando se sentava em uma roda com as outras crianças e cada uma se revezava e lia em voz alta? Para a maioria de nós, foi um evento muito estressante. Havia muita pressão para dizer as palavras corretamente. A forma de pronunciá-las era muito importante. Foi ali que o seu cérebro fez a associação: se quero entender uma palavra enquanto estou lendo, tenho de estar apto a dizê-la corretamente.

Mais tarde, lhe diziam para não mais ler em voz alta, mas silenciosamente, para si próprio. Foi quando você internalizou a "voz de leitura". Desde então, a maioria de nós tem feito isso. Em suma, você acredita que, se não ouvir as palavras, não as entende. Não é esse o caso.

Veja um exemplo: sabemos que o presidente John F. Kennedy lia muito rápido, entre 500 e 1200 palavras por minuto. Ele trouxe instrutores de leitura dinâmica para treinar sua equipe. Ele também falava, aproximadamente, 250 palavras por minuto. Claramente, quando ele estava lendo, havia muitas palavras que não dizia em sua mente. Não é necessário dizer as palavras para entendê-las.

Pare um instante e pense em um carro específico, seu ou de alguém. Como ele é? Qual a cor? Faça isso agora.

O que foi que você pensou? Deve ter dito "é azul, tem 4 pneus e bancos de couro marrom". A pergunta é: as palavras "azul", "pneus" ou "couro" apareceram em sua mente ou você visualizou um carro com todas essas coisas? Para a maioria de nós, nossas mentes pensam primariamente em imagens, não em palavras. Como discutimos no capítulo anterior sobre memória, as palavras são apenas uma ferramenta que usamos para comunicar nossos pensamentos ou imagens.

Enquanto lê, você pode aumentar consideravelmente tanto a velocidade como a compreensão visualizando o material. Não é necessário "dizer" todas as palavras, porque levará muito tempo, assim como você não lê e diz sinais de pontuação como "ponto, vírgula, interrogação" quando os vê em uma frase. Você não leria uma frase assim: "Comprei abacates vírgula amoras e brócolis ponto." Você entende que os pontos são apenas símbolos que representam vários significados.

Palavras também são símbolos. Você já viu 95% das palavras que leu anteriormente. Não é necessário pronunciá-las, assim como você não precisa pronunciar palavras de preenchimento como "porque", "isso" ou "o". Você as conhece de vista, não pelo som. É o significado do que a palavra representa que importa. E o significado normalmente é melhor descrito e lembrado na forma de figuras. Entender esse conceito é o primeiro passo para reduzir a subvocalização.

EQUÍVOCOS SOBRE LEITURA

Mito 1: Leitores Rápidos Não Compreendem Bem

Esse é um rumor espalhado pelos leitores lentos e não é verdadeiro. Na verdade, leitores mais rápidos têm, com frequência, uma compreensão melhor do que os lentos. Veja esta analogia: quando você está dirigindo por uma rua muito tranquila, pode fazer muitas coisas: ouvir rádio, beber um suco verde, acenar para um vizinho e cantar a sua música favorita. Sua atenção não está em só um lugar; está apenas fluindo e vagando.

Mas imagine que você está acelerando em uma pista de corrida, fazendo curvas fechadas. Você tem mais ou menos foco? Aposto que você está muito concentrado no que está à frente, atrás e acima. Você não está pensando na sua lavagem a seco. O mesmo acontece com a leitura. A chave para uma melhor compreensão na leitura são o foco e a concentração. Mas muitas pessoas leem tão devagar que chateiam completamente suas próprias mentes. Uma mente chateada não se concentra bem. Sua mente consegue lidar com grandes quantidades de informação e, no entanto, muitas pessoas, ao ler, a alimentam... Com... Uma... Palavra... Por... Vez. Isso está matando o cérebro de fome.

Se sua mente já vagou e sonhou acordada, essa pode ser a razão. Se você não dá ao seu cérebro o estímulo necessário, ele irá procurar se divertir em outro lugar, na forma de distração. Talvez você se veja pensando no que vai jantar, no que vestirá para seu encontro de amanhã ou prestando atenção numa conversa no corredor. Já falamos sobre ler uma página ou parágrafo e não se lembrar do que acabou de ser lido. Isso pode ocorrer porque você lê tão lentamente que entedia o seu cérebro e ele, simplesmente, perde o interesse. Ou você pode estar usando a leitura como sedativo e acaba dormindo. Ao ler rápido, você mantém sua mente estimulada, fica mais focado e tem uma compreensão melhor.

Mito 2: Ler Rapidamente É Mais Difícil e Exige Mais Esforço

Ler rápido requer menos esforço, principalmente porque leitores treinados tendem a não retroceder tanto quanto os mais lentos — esses param nas palavras, as leem novamente, vão para outra palavra, retornam à anterior e continuam assim na leitura. Isso requer muito esforço, além de ser extremamente desgastante e chato. Leitores rápidos passam pelas palavras com muito mais facilidade e em menos tempo, o que os torna mais eficientes: eles levam menos tempo e tiram maior proveito disso!

Mito 3: Leitores Rápidos Não Apreciam a Leitura

Isso também não é verdade. Você não precisa estudar as pinceladas individuais de uma obra de arte para apreciá-la. Da mesma forma, você não tem que estudar cada palavra no livro para perceber seu valor. Uma das melhores coisas de ser um leitor treinado é a flexibilidade. Leitores rápidos têm a opção de usar a velocidade contra o material chato/não essencial e desacelerar, ou até mesmo reler as informações emocionantes/importantes. Flexibilidade é poder. Além disso, eles gostam de ler porque sabem que não vai demorar o dia todo.

MARCADOR VISUAL: MOSTRE O DEDO PARA A SUA LEITURA

Quando você era criança, provavelmente já disseram para não apontar o dedo para as palavras enquanto lia. A crença tradicional é a de que isso diminuirá a velocidade da sua leitura. Mas, como as crianças sabem naturalmente, usar o dedo como guia mantém seus olhos focados e impede a distração.

Na verdade, usar o dedo para ler aumenta a velocidade de leitura, porque seus olhos são atraídos pelo movimento.

Uma coisa é saber disso intelectualmente; outra é experimentar na prática. Vamos praticar usando o seu dedo para reler o que você usou na avaliação anterior (página 221). Comece do início e use o seu dedo para acompanhar as palavras. Finalize onde você parou originalmente. Não se preocupe com a compreensão e não perca tempo; é apenas um treino. O propósito deste exercício é para você se familiarizar em usar o seu dedo enquanto lê.

Quando terminar, coloque um alarme para disparar em 2 minutos. Comece de onde você terminou na última avaliação. Continue lendo até o alarme disparar. Descubra sua nova velocidade de leitura (com base na fórmula original) e a escreva abaixo:

Minha nova velocidade de leitura é _____ palavras por minuto.

Estudos mostram que usar o dedo enquanto se está lendo pode aumentar a velocidade de leitura em 25 a 100%. Quanto mais você praticar usar esta técnica, melhores serão os resultados. Pode ser um pouco estranho no começo, assim como quando você aprendeu a dirigir, mas seja paciente e lembre-se de que é sempre necessário investir mais esforço inicialmente para aprimorar as suas habilidades do que correr para tentar aprender tudo depois.

Ler usando o dedo também usa o tato, outro de seus sentidos, no processo de aprendizado. Por mais que seu olfato e o paladar estejam ligados, a visão e o tato também estão altamente vinculados. Já tentou mostrar algo novo a uma criança? O instinto natural delas é querer tocar o objeto.

Usar o dedo também diminui consideravelmente a regressão e é uma das razões pelas quais a velocidade da leitura aumenta com essa prática. Seus olhos são naturalmente atraídos para o movimento e, ao mover o dedo para a frente, é muito menos provável que os olhos regressem.

Pratique ler com o seu dedo. Essa ferramenta por si só aumentará significativamente sua velocidade e compreensão, revolucionando seu aprendizado. Se seu dedo ficar cansado, pratique usando todo o seu braço, movendo-o para trás e para a frente. É um músculo muito maior e não irá se cansar facilmente.

COMO LER AINDA MAIS RÁPIDO

Aqui estão mais algumas ferramentas que o ajudarão a se tornar um leitor mais acelerado:

1. Ler é Como se Exercitar

Quando você vai malhar, não pode esperar que os músculos cresçam se pegar leve nos pesos. Você tem que forçá-los a um ponto onde se sintam um pouco desconfortáveis, para que cresçam. O mesmo se aplica à leitura. Se você se forçar a ler mais rápido, seus "músculos da leitura" ficarão mais fortes, e o que era difícil vai se tornar fácil. Você pode ler mais rápido simplesmente treinando. Aqueles que correm sabem disso. Quando você está correndo em uma esteira, se praticar regularmente, pode observar que correrá cada vez mais rápido. Níveis que antes eram difíceis se tornam fáceis uma semana depois porque você se forçou a um nível mais alto de excelência.

Para aumentar ainda mais sua velocidade, tente este exercício: você precisará de um romance de fácil leitura, um lápis e um relógio com alarme:

1. Leia confortavelmente (usando o seu dedo ou um marcador visual) por 4 minutos. Defina um alarme para disparar em 4 minutos e leia normalmente. Marque a linha quando o alarme disparar. Esta será a sua "linha final";

2. Agora, defina o alarme para disparar em 3 minutos. A meta aqui é alcançar a linha final antes do alarme disparar. Então leia (usando o dedo) até a linha que alcançou no passo 1 em 3 minutos;

3. Defina o alarme para disparar em 2 minutos. Não se preocupe com a compreensão. Tente chegar à linha final antes do alarme tocar. Use o marcador visual e passe-o linha a linha. Faça com que seus olhos sigam o dedo o mais rápido possível;

4. Reta final. Defina o alarme para disparar em 1 minuto. Dê o seu melhor para chegar à linha final nesse tempo. Não pule qualquer linha e não se preocupe com a compreensão agora;

5. Agora, respire. Defina o seu alarme para disparar em 2 minutos. Comece da linha final e leia uma nova seção. Siga em uma velocidade confortável, com compreensão. Conte o número de linhas que você leu, multiplique pelo número de páginas por linha e divida o número por 2. Essa é a sua nova velocidade de leitura. Escreva-a aqui: _____ palavras por minuto.

Como foi? Ao fazer esse exercício, você notará que seu ritmo aumentou. Veja aqui uma analogia: se você está dirigindo em uma estrada a 100 quilômetros por hora e diminui para 60 por causa de tráfego moderado, vai notar uma grande diferença. Isso ocorre porque você estava acostumado a dirigir em alta velocidade. Mas, na realidade, você não está indo muito devagar, porque tudo é relativo.

O mesmo princípio se aplica à leitura. Se você se forçar a ler duas ou três vezes mais rápido do que está acostumado, quando finalmente diminuir o ritmo para uma velocidade confortável, ela parecerá lenta.

Você precisa praticar esse exercício de 4 minutos ao menos uma vez ao dia até alcançar um nível em que se sinta satisfeito. Agende sua leitura. Assim como no exercício, você não pode esperar malhar apenas uma vez e ficar forte para sempre. Você deve ler regularmente, caso contrário seus músculos de leitura ficarão fracos.

2. Expanda sua Visão Periférica

A sua visão periférica é o intervalo de letras ou palavras que seus olhos podem ver com uma só olhada. Ao aumentar a visão periférica, você será capaz de ver e captar mais palavras de cada vez. A maioria das pessoas foi ensinada a ler uma palavra de cada vez. Mas, de fato, você é capaz de ler mais do que isso.

Quando você aprendeu a ler, ensinaram que as letras formam uma grande estrutura, chamada "palavra". Quando criança, você percebia o som de uma palavra pelas letras. Por exemplo, a palavra "boletim" poderia ser dividida em letras para que você a entendesse, B-O-L-E-T-I-M. Agora que você está mais velho, não tem mais consciência das letras que está lendo e vê as unidades maiores, conhecidas como palavras.

Uma das razões pelas quais as pessoas têm uma velocidade limitada de leitura é que elas leem uma palavra por vez. Mas, se você colocar a palavra "escolar" depois do "boletim", terá BOLETIM ESCOLAR. Essas duas palavras têm significados distintos, mas sua mente as vê como uma coisa só. Assim como sua mente é capaz de ver essas duas palavras juntas, também é capaz de ver grupos de palavras ao mesmo tempo. Ao fazer isso, você aumentará ainda mais sua velocidade de leitura. Da mesma forma que você vê as palavras e não as letras individualmente, leitores habilidosos veem grupos de palavras (ou ideias) e não as palavras individualmente. Na página 252 há dicas extras que você pode usar para "ver" mais.

3. Contando

Usando os exercícios que descrevi, o problema com a subvocalização começará a diminuir. O processo de ler mais rapidamente naturalmente torna mais difícil falar todas as palavras, mesmo dentro da sua cabeça. Quando você ultrapassa um certo ritmo (em torno de 300 a 350 palavras por minuto), fica impossível subvocalizar todas as palavras. Ao atingir esse patamar, seu cérebro começará a mudar, de dizer as palavras para vê-las mais como imagens. Ler um livro será como assistir a um filme.

Contar é outra ferramenta que pode ser usada para abafar a voz interior. O processo é bastante simples: conte em voz alta enquanto está lendo: "1, 2, 3..." e por aí vai. Você vai achar muito difícil contar em voz alta e falar para dentro (subvocalizar) ao mesmo tempo. Fazer isso o condicionará a subvocalizar menos, permitindo que veja as palavras em vez de dizê-las, levando a uma maior velocidade e compreensão.

As pessoas tendem a lembrar e entender o que veem mais do que o que ouvem. Isso faz sentido, uma vez que a maioria das pessoas consegue lembrar melhor o rosto de alguém do que seu nome. Ao praticar esses exercícios, sua velocidade de leitura aumentará porque você não falará mais cada palavra. Inicialmente, você pode ficar um pouco confuso (e sua compreensão pode diminuir), mas em pouco tempo sua mente se cansará de contar e acabará parando. Com prática, a compreensão irá aumentar e se ampliar rapidamente porque você poderá ver e entender o material de forma mais completa.

HISTÓRIAS DE SUCESSO

Poderia encher um livro com histórias de sucesso de estudantes que se beneficiaram com a leitura dinâmica que postamos regularmente nas redes sociais. Segue uma que recebemos hoje. Sarah era uma leitora extremamente lenta, tinha dificuldade de se concentrar e achava impossível lembrar nomes e eventos. Após anos de dificuldades nesse campo, ela se convenceu de que havia chances minúsculas de melhorar suas habilidades de leitura ou estudo.

Em meus programas, faço questão de tranquilizar meus alunos de que não estamos buscando a perfeição e sim o progresso, e isso foi compreendido por Sarah. Ela percebeu que estava buscando soluções complicadas, mas as ferramentas e técnicas que ensinamos — que são fáceis de ignorar e deixar passar porque são simples — eram as melhores para usar. Ela decidiu se dedicar e fazer o seu melhor, independentemente das dúvidas que pudesse ter.

Os resultados falam por si; a velocidade de leitura de Sarah, hoje, é 3 vezes maior — ela saiu de 235 palavras por minuto para 838. Ela começa seu dia lendo, o que lhe dá um impulso positivo todas as manhãs e a faz sentir que já alcançou algo em seu dia.

Lou, outro estudante, também experimentou uma profunda diferença em suas habilidades de leitura quando aprendeu uma técnica que realmente o ajudou. Ele se destacou em tópicos de alto nível do hemisfério esquerdo do cérebro, como engenharia e matemática, e se formou bacharel em engenharia elétrica. Mas cada aula de inglês era uma dificuldade para ele. Ao longo da sua vida escolar, ele teve vários problemas para entender as palavras que lia e compreender as lições por trás delas. Na verdade, ele acreditava que tinha se formado apenas porque seus professores lhe deram notas "C" não merecidas, só por simpatia.

DICAS ADICIONAIS DE LEITURA.

- Segure seu livro na posição vertical. Se o livro estiver na mesa, você pode estar fazendo uma de duas coisas:

    1. Olhando a página de um ângulo em vez de uma forma direta, colocando uma tensão desnecessária nos olhos; ou

    2. Você se inclinará para ver claramente a página e isso (como você sabe) interrompe o fluxo de oxigênio pelo corpo, fazendo você se sentir cansado.

- Leia apenas de 20 a 25 minutos por vez. Lembre-se da precedência e da recenticidade. Além disso, se seus olhos se cansarem, faça uma pausa. Feche-os e deixe-os descansar;

- Faça da leitura um hábito. Aqueles que alcançam um alto grau de sucesso quase sempre são leitores ávidos. Grandes leitores leem frequentemente. A chave é tornar um hábito. Se dê esse presente.

Quando tinha 35 anos, Lou começou ter aulas para aprender como ler. Elas foram muito úteis, mas ele se encontrava no nível de leitura da segunda série após 4 anos de trabalho. Esse foi um grande avanço com relação ao ponto de partida, mas não era exatamente o que ele queria e ele seguia frustrado com sua incapacidade de dominar palavras e conceitos. Grande parte do problema ocorria porque ele estava tentando aprender por meio da memorização mecânica — lendo as mesmas páginas sempre, na esperança de que pudesse absorver o que estava lendo. Mas ele continuava sem aprender nada ao final da página.

Embora tenha feito um progresso significativo, encontrar programas foi fundamental para Lou. Como nosso programa de memória o ensinou a absorver o material que estava lendo, ele começou a demorar um pouco mais para visualizar as palavras enquanto as lia, além de usar a mão esquerda como marcador visual para ajudar a estimular o lado direito do cérebro. Finalmente, pela primeira vez, ele se viu lendo livros e compreendendo o conteúdo.

COMECE LOGO

Reserve, ao menos, 15 minutos por dia para ler e coloque no seu calendário como um compromisso importante. Comprometa-se a fazer da leitura parte do seu hábito diário.

ANTES DE SEGUIRMOS ADIANTE

Tornar sua leitura e aprendizagem sem limites lhe dará um nível de liberdade incomparável. As pessoas que aproveitam ao máximo sua capacidade de aprender vivenciam o mundo com um senso de domínio e com a confiança de que nenhuma tarefa ou desafio as intimidará. Visite *www.LimitlessBook.com/resources* [conteúdo em inglês] e coloque o que você aprendeu em prática. Você pode assistir a uma aula magna rápida, na qual eu o guio por esses métodos, com duração de uma hora. Antes de seguirmos para o próximo capítulo, tente algumas coisas:

- Identifique um hábito de leitura atual que você gostaria de mudar. Qualquer transformação requer que você identifique o que está atrapalhando; observe quando isso acontece;

- Pratique sua leitura com um marcador visual todos os dias. Defina um tempo por dia, mesmo que seja de 10 minutos, para criar o seu "músculo da leitura";

- Faça uma lista de livros que você gostaria de ler esse mês e escreva abaixo o que pode mudar em sua vida após terminá-los;

- Faça minha aula magna gratuita de leitura dinâmica em *www.jimkwik.com/reading* [conteúdo em inglês].

"Pensar é o trabalho mais difícil que existe. Talvez por isso tão poucos se dediquem a ele."

—HENRY FORD

PENSAMENTO

Por que é importante pensar sob diversas perspectivas?

Quais são as várias maneiras pelas quais as pessoas usam a inteligência?

Que tipos de superpoderes você pode aproveitar pensando de maneira diferente?

Geralmente, atingir um grande resultado exige novas abordagens para pensar. Uma observação normalmente atribuída a Albert Einstein recomenda que "não podemos resolver os problemas usando o mesmo tipo de pensamento com o qual os criamos". E isso, claro, faz todo sentido. Muitas vezes adotamos determinadas perspectivas no trabalho, em nossa vida pessoal e nos estudos, e elas efetivamente eliminam qualquer abordagem que não se encaixe nesse ponto de vista. Mas há dois problemas nisso. O primeiro é que todas as perspectivas devem ser questionadas regularmente para confirmar que ainda são viáveis. Por exemplo, depois que uma empresa fecha as portas, muitas vezes acaba sendo demonstrado que ela estava tão completamente focada em uma abordagem para o mercado que não foi capaz de ver que o público-alvo não estava mais tão receptivo quanto antes. O segundo problema que uma percepção fixa gera é que os desafios geralmente são fruto de um tipo específico de pensamento e a resposta somente pode ser encontrada trazendo uma nova abordagem à mesa.

Por que a maioria das pessoas tem uma faixa de pensamento tão estreita? Acho que a resposta é a mesma de quando discutimos a concentração: porque, de alguma forma, perdemos a "aula de reflexão" quando estávamos na escola. Felizmente, nunca é tarde demais para ir àquela aula e vou matriculá-lo nela agora.

OS CHAPÉUS DO PENSAMENTO

O médico e psicólogo Edward de Bono criou o conceito dos "seis chapéus do pensamento" como uma ferramenta para sair de qualquer rotina de pensamento na qual você esteja preso.[1] Utilizado regularmente para ajudar grupos a resolver problemas de forma mais produtiva, ele é facilmente adaptável a qualquer pessoa que queira manter seu pensamento ativo. A noção central é separar o pensamento em seis funções distintamente definidas, usando progressivamente uma série de chapéus metafóricos:

- Você coloca o **chapéu branco** quando está no modo de coleta de informações. Nesse ponto, seu foco é coletar detalhes e obter todos os fatos necessários para solucionar qualquer problema que esteja tentando resolver. Para ajudá-lo a se lembrar disso, pense em um jaleco branco;

- Você muda para um **chapéu amarelo** para levar otimismo ao seu pensamento. Aqui, você tenta identificar os pontos positivos em qualquer problema ou desafio que esteja enfrentando, destacando o valor inerentemente estabelecido. Como dica para a sua memória, pense em um sol amarelo;

- A seguir, você veste um **chapéu preto** para parar de olhar o lado bom do desafio e enfrentar suas dificuldades e armadilhas. É aqui que você se depara com as consequências de não conseguir resolver um problema com êxito. Dica para a memória: pense em uma toga de juiz em um tribunal;

- Depois de fazer isso, coloque o seu **chapéu vermelho** para permitir que a emoção entre em jogo. É neste momento que você pode deixar transparecer seus sentimentos sobre o problema e, talvez, até expressar medos. É também o momento no qual você pode permitir que a intuição e a especulação entrem na conversa. Para se lembrar disso, pense em um coração vermelho;

- Agora, é hora do **chapéu verde**. Quando você usa este chapéu, está no seu modo criativo. Você analisou o problema analítica e emocionalmente. Agora, pergunte-se que novas ideias você pode trazer para o que já sabe sobre o problema. Como fazer isso de um

jeito nunca considerado antes? Dica de memória: pense em um gramado verde;
- Por fim, vista o **chapéu azul** para ficar no modo de gerenciamento e certifique-se de ter abordado todos os pontos de forma produtiva e passado pelo processo de uma maneira que se beneficie de todos os outros chapéus que você usou. Muitas vezes, as organizações começam com o chapéu azul para definir metas para uma reunião e, depois, colocam-no novamente no final. Mesmo que você esteja usando os seis chapéus sozinho, é algo a se considerar. Para se lembrar dele, pense em um céu azul.

De Bono aborda a resolução de problemas por um método engenhoso e elegantemente organizado para aproveitar ao máximo o seu pensamento. Na sua essência, é uma forma bem definida de encarar um problema de todos os lados. Primeiro, você verifica com clareza o que precisa abordar. Então, determina que tem todos os fatos à sua frente. A seguir, garante que está lidando com aquilo de uma perspectiva positiva. Então, é hora de ser realista sobre os desafios que está enfrentando e permitir que os sentimentos sejam considerados. Após isso, se permite atacar o problema de uma forma ainda não considerada, deixando a sua imaginação correr livremente. E, então, você volta para se certificar que abordou o que se propôs a abordar durante essa sessão.

Veja de quantas formas diferentes você usou seu cérebro para uma única tarefa. Você foi analítico, emocional e criativo; explorou os lados iluminados e sombrios. E, muito provavelmente, atacou o problema com ferramentas que não usa automaticamente todos os dias (embora possa, a partir de agora). Einstein ficaria orgulhoso de você.

 COMECE LOGO

Pense em um problema que precisa ser resolvido agora. Pode ser qualquer coisa, de "como posso conseguir esse emprego?" a "como posso me comunicar melhor com a minha família?" Use o modelo dos "seis chapéus do pensamento" para vê-lo sob perspectivas diferentes.

DE QUE FORMA VOCÊ É INTELIGENTE?

Por que é importante termos as ferramentas para nos ajudar a pensar de formas diferentes? Porque, normalmente, as pessoas têm uma forma dominante de usar a inteligência. Howard Gardner, professor de cognição e educação em Harvard, estudou extensivamente a inteligência e identificou oito diferentes tipos:[2]

1. **Espacial:** é alguém que, normalmente, pensa a partir da perspectiva do espaço ao seu redor. Pilotos de avião tendem a ser pensadores espaciais, assim como bons jogadores de xadrez, pois ambos precisam ter uma compreensão natural de como as coisas se encaixam no espaço. O artista Claude Monet é outro exemplo, pelo uso notável do espaço em suas pinturas;

2. **Corporal-cinestésica:** quem domina essa forma de inteligência usa seu corpo como forma de expressão ou para resolver problemas. Ginastas têm a inteligência corporal-cinestésica refinada, assim como bateristas. O primeiro nome que me vem à mente ao falar dessa forma de inteligência é o da tenista americana Venus Williams, que expressou sua genialidade com o corpo em uma quadra como poucos;

3. **Musical:** é uma pessoa com uma forte "sensibilidade ao ritmo, passo, métrica, tom, melodia e timbre".[3] Músicos, obviamente, têm uma dominância na inteligência musical, mas o mesmo também ocorre com poetas que, com frequência, usam a métrica e o ritmo de forma tão eficaz quanto as palavras. Meu modelo para inteligência musical é Wolfgang Amadeus Mozart;

4. **Linguística:** alguém com domínio na inteligência linguística está particularmente sintonizado com todas as implicações das palavras, não só com a definição estrita do dicionário. É claro que escritores têm essa característica, assim como grandes oradores e advogados. A primeira pessoa que me vem à cabeça ao falar sobre inteligência linguística é William Shakespeare;

5. **Lógico-matemática:** é o poder de ver as "relações lógicas entre ações e símbolos".[4] Matemáticos se sentem muito confortáveis vendo ou buscando as conexões entre diferentes números. Cientistas também fazem conexões entre os objetos físicos ou entre as forças que agem sobre objetos. Nosso amigo Albert Einstein imediatamente vem como um excelente exemplo;

6. **Interpessoal:** alguém que domina a inteligência interpessoal tem uma habilidade natural profunda de se conectar com os outros e um vasto entendimento de como eles podem estar se sentindo a qualquer momento. Terapeutas e professores tendem a ter uma forte inteligência interpessoal. Quando considero essa inteligência, penso em Oprah Winfrey porque ela tem uma habilidade incrível de se relacionar com quem está falando;

7. **Intrapessoal:** se você domina a inteligência intrapessoal, tem uma noção particularmente refinada do que acontece dentro de si. Pessoas com inteligência intrapessoal forte fazem um ótimo trabalho de "medir a própria temperatura". Elas estão em contato com seus sentimentos, sabem o que os ativa e têm uma boa noção de como administrá-los. Se você conhece alguém que fica frio mesmo nas circunstâncias mais difíceis, é provável que essa pessoa tenha uma forte inteligência intrapessoal;

8. **Naturalista:** esse tipo de inteligência se expressa na habilidade de ver o mundo da natureza em todas as suas complexidades. Onde você vê um campo de flores, alguém verá quatro diferentes tipos de tulipas, algumas variedades de lavanda e uma grama rara que você pensou ser uma erva daninha. Zoólogos e paisagistas tendem a ter um domínio na inteligência naturalista. A primeira pessoa com essa característica que me vem à mente é a notável primatologista Jane Goodall.

Você se vê em uma dessas descrições? Há uma grande chance de identificar-se com mais de uma. Raramente as pessoas têm uma única forma de inteligência: é provável que você domine uma ou duas e, talvez, aplique outras com certa regularidade. Ao mesmo tempo, você fatalmente achará alguns itens da lista que raramente — ou nunca — usa.

Mas todas essas formas de inteligência identificam maneiras bem-sucedidas de operar no mundo e qualquer uma delas pode entrar em jogo ao encarar uma tarefa ou problema específico. Ter consciência de todas as oito, considerando cada uma enquanto usa os seis chapéus de pensamento é uma maneira extremamente eficaz de ilimitar o seu pensamento.

QUAL É O SEU ESTILO DE APRENDIZAGEM?

Assim como os tipos de inteligência variam de pessoa a pessoa, a forma de aprendizado também muda. O modelo VAC (visual, auditivo e cinestésico) de estilos de aprendizagem está em uso desde a década de 1920 e é útil para mostrar como você prefere aprender as coisas:

- **V de Visual**: você aprende por meio de ilustrações, gráficos, vídeos e outras mídias virtuais;
- **A de Auditivo**: você se sente mais confortável aprendendo ao ouvir uma palestra, debate, podcast, audiolivro etc.;
- **C de Cinestésico**: você prefere aprender por meio da interação física. Os cinestésicos tendem a ganhar mais com uma abordagem prática de aprendizagem.[5]

Faça um rápido teste para ter uma ideia de qual é seu estilo:

1. **Quando você não entende ou se lembra de algo:**
   a. Aquilo não acende uma lâmpada na sua cabeça.
   b. Parece nebuloso ou pouco claro.
   c. Você não consegue entender ou reconhecer.

2. **Você está prestes a ensinar a uma amiga como chegar a sua casa. Você prefere:**
   a. Desenhar um mapa?
   b. Dizer a ela como chegar?
   c. Buscá-la em seu carro?

3. **Você está hospedado em um hotel e alugou um carro. Você gostaria de visitar um amigo, cujo endereço não sabe. Você gostaria que ele:**
   a. Desenhasse um mapa?
   b. Dissesse a você as instruções de como chegar?
   c. O buscasse de carro?

4. **Aprender um material técnico é mais fácil para você quando:**
   a. Alguém lhe explica as ideias.
   b. Você visualiza os conceitos e vê a figura como um todo.
   c. Você pode aprender fazendo ou sentindo as ideias.

5. **Você vai cozinhar uma sobremesa especial para a sua família. Você:**
   a. Faz algo que já conhece?
   b. Busca ideias em um livro de receitas?
   c. Pede uma dica para outras pessoas?

"Uma vida não questionada não merece ser vivida."

—PLATÃO

6. **Você vai comprar um novo aparelho de som. Além do preço, o que mais influencia na sua decisão?**
   a. Referências de um amigo.
   b. Como você se sente ouvindo.
   c. Sua aparência ou aspecto singular.

7. **Lembre-se de um momento de sua vida quando você aprendeu a fazer algo, como jogar um novo jogo de tabuleiro. Evite pensar em uma habilidade específica, como andar de bicicleta. Qual a melhor forma de aprendizagem?**
   a. Olhar as instruções, figuras, diagramas ou gráficos.
   b. Ouvir alguém explicando.
   c. Fazer.

8. **Qual destes jogos você prefere?**
   a. *Pictionary.*
   b. *20 Questions.*
   c. *Charades.*

9. **Na hora de aprender sobre um novo programa de computador, você:**
   a. Lê as instruções?
   b. Chama um amigo e faz perguntas sobre o programa?
   c. Liga e vai usando até aprender?

10. **Você percebe com mais facilidade e é mais sensível:**
    a. À qualidade da música de um sistema de som.
    b. Se cores, formas e padrões não combinam.
    c. Se as roupas parecem desconfortáveis.

11. **Você não tem certeza de como uma palavra deve ser escrita. Você:**
    a. Vê a palavra em sua mente e escolhe a melhor forma?
    b. Fala em voz alta?
    c. Escreve as versões dela?

Pensamento

12. Um novo filme chegou ao cinema. O que mais influencia a sua decisão de ir vê-lo ou não?

    a.   Opiniões de amigos/família.

    b.   Você tem uma intuição que o filme é bom.

    c.   Você viu um trailer.

13. Você se lembra mais facilmente do caminho quando:

    a.   Repete para você mesmo assim que o ouve.

    b.   Visualiza as instruções.

    c.   Sente intuitivamente como chegar lá.

14. Você prefere um professor ou treinador que gosta de usar:

    a.   Folhetos, fluxogramas, gráficos e imagens?

    b.   Excursões, experiências e aplicações?

    c.   Debates, palestras com convidados e conversas?

15. Quando você entende completamente uma nova ideia:

    a.   Agora é concreto, ou você sente ser assim.

    b.   Você fala de forma alta e clara.

    c.   Você pode imaginá-la.

16. Você toma decisões melhores quando confia:

    a.   No seu próprio instinto.

    b.   No que lhe parece mais claro.

    c.   No que soa melhor a você.

17. Em uma festa, você se interessa mais por pessoas que

    a.   São interessantes e articuladas.

    b.   Transmitem uma sensação acolhedora e relaxante.

    c.   Têm uma beleza visual que irradia.

Após escrever as respostas, use o quadro a seguir para ver que tipo de aprendizagem é mais natural para você:

1: a (A) b (V) c (C),	**7:** a (V) b (A) c (C),	**13:** a (A) b (V) c (C),
2: a (V) b (A) c (C),	**8:** a (V) b (A) c (C),	**14:** a (V) b (C) c (A),
3: a (V) b (A) c (C),	**9:** a (V) b (A) c (C),	**15:** a (C) b (A) c (V),
4: a (A) b (V) c (C),	**10:** a (A) b (V) c (C),	**16:** a (C) b (V) c (A),
5: a (C) b (V) c (A),	**11:** a (V) b (A) c (C),	**17:** a (A) b (C) c (V)
6: a (A) b (C) c (V),	**12:** a (A) b (C) c (V),	

As respostas lhe darão uma boa ideia do tipo de aprendiz você é. Muito provavelmente, será uma mistura de áudio (A), visual (V) e cinestésico (C), mas você deve ver uma predominância forte de um deles e isso pode ser extremamente útil à medida que você começa a tornar seu pensamento sem limites, pois pode fazer um esforço consciente para trazer os outros para complementar o todo.

MODELOS MENTAIS

Modelos mentais são construções de pensamento que nos ajudam a entender melhor o mundo à nossa volta. Pense neles como atalhos. Por exemplo, todos ouvimos falar do modelo mental econômico da oferta e demanda. Provavelmente, você está familiarizado com a ideia de que a oferta é a quantidade de algo disponível em um mercado, seja um serviço, produto ou mercadoria. Quando isso é combinado com a demanda por este item, o valor dele é determinado e geralmente determina seu preço. Esse modelo é uma forma rápida de entender o que está acontecendo em um mercado. Nem sempre é preciso e não explica cada fator envolvido, mas serve como uma forma simples de avaliar o preço ou o valor de um item.

Modelos mentais treinam sua mente para pensar; em última análise, você não consegue chegar ao nível das suas expectativas, mas fica nivelado ao nível de seu treinamento. Modelos podem agir como atalhos que poupam tempo e energia valiosos quando você está avaliando uma ideia, tomando uma decisão ou resolvendo um problema.

Nas páginas a seguir, incluo alguns dos meus modelos mentais favoritos para uma tomada de decisões mais rápida e afiada, e para resolução de problemas de forma criativa.

Tomada de Decisão: Regra 40/70

Uma das maiores barreiras a uma tomada rápida de decisão é o sentimento sempre presente de que não temos informações suficientes para tomar a decisão "correta". O ex-secretário de estado norte-americano Colin Powell trata disso com a Regra 40/70.[6] Sua regra é jamais tomar uma decisão com menos de 40% de informação que você pode obter e não mais de 70% das informações disponíveis. De acordo com Powell, qualquer coisa com menos de 40% é mero palpite. Qualquer coisa com mais de 70% indica que você está enrolando para tomar a decisão. É claro que isso significa que você precisa estar confortável com a possibilidade de estar errado, o que é necessário de qualquer forma.

"Quando você tem mais de 70% de toda a informação, provavelmente deve decidir, porque pode perder a oportunidade. Minha própria experiência diz que você obtém o máximo de informação possível e se volta à sua intuição, ao seu instinto informado. Às vezes, o que minha mente analítica diz não é o que farei", disse Powell.[7]

Produtividade: Criar uma Lista do Que Não Fazer

Isso parece ser incoerente, mas às vezes é tão importante saber o que *não* fazer quanto o que fazer. Essa tática é melhor usada para direcionar sua atenção ao essencial e evitar o que não importa no momento.

Muitas vezes, no início do projeto ou até mesmo em um dia cheio, pode parecer torturante decidir no que se concentrar. O poder da lista do que não fazer é que você consegue decidir, desde o início, o que definitivamente deixará de lado. Quando escrevemos a nossa relação de tarefas do dia, normalmente não priorizamos nem damos valor a elas. Uma lista-padrão de tarefas a fazer pode facilmente se tornar algo genérico, para todas as coisas que sabemos que devem ser feitas naquele dia em vez das coisas que devem ser feitas primeiro, pelo grau de importância.

Para que você não pense que a lista do que não fazer está cheia de coisas como participar de redes sociais, vamos trabalhar exatamente em como você deve compilar essa lista:

- Primeiro, anote as tarefas que podem ser importantes, mas que não podem ser realizadas devido a circunstâncias externas. Talvez você esteja esperando um e-mail, ou que um colega finalize a parte dele no projeto;
- A seguir, inclua tarefas que você acha que tem de ser feitas, mas que não agregam valor; você também pode pensar nelas como trabalhos

que ocupam seu tempo. Você pode se perguntar se pode delegar ou contratar alguém para fazê-las. Você também pode indagar se alguém vai reparar se a tarefa não for realizada. A ideia aqui é que seu tempo seja melhor gasto em tarefas que ajudarão na sua vida e objetivos;
- Em seguida, inclua tarefas atuais e em andamento que não carecem de atenção adicional. Isso vale para sistemas já estabelecidos, como fazer o almoço das crianças ou uma rápida reunião com sua equipe no início do dia de trabalho. Essas tarefas fazem parte da sua rotina e não devem obstruir sua lista de tarefas diárias;
- Por fim, inclua tarefas urgentes que, geralmente, são dadas por outras pessoas, como obter referências sobre um projeto ou fazer chamadas de acompanhamento. Elas podem ser necessárias, mas talvez não precisem ser feitas por você.[8]

Quando você acabar sua lista do que não fazer, ela deve ser lida como um menu às avessas, com itens que não estão disponíveis para você fazer com seu tempo. Você poderá facilmente identificar o que realmente dará resultado e optar por realizar essas atividades.

COMECE LOGO

Faça isso agora. Pare e crie sua lista de tarefas pendentes de hoje. O que você precisa evitar hoje para se concentrar e alcançar seus objetivos? Seja específico e defina essa lista do que não vai fazer.

Resolução de Problemas: Estude seus Erros

Quando reservamos um tempo para estudar os erros que cometemos, especialmente os que têm efeito em nossas vidas, transformamos cada um em uma oportunidade de aprendizagem. Use esse método para avaliar o que deu errado para ter melhores resultados da próxima vez.

- Primeiro, torne claro o que aconteceu e o que não aconteceu. Com frequência, confundimos causa com correlação. Entenda o que aconteceu e o que levou ao erro;
- A seguir, pergunte-se por que esses erros aconteceram. Olhe profundamente para as camadas do incidente. Você pode perguntar "por que" até ficar sem camadas para questionar;

- Depois, pergunte como você pode evitar os mesmos erros, da melhor maneira possível, no futuro. Se alguns fatores que causaram o erro estiverem fora do seu controle, pergunte como você pode evitar causas que não podem ser eliminadas;
- Por fim, usando o que aprendeu com este exercício, determine como você pode criar melhores condições para apoiar os resultados desejados no futuro.[9]

Para ajudar a ilustrar esta estratégia, imagine o seguinte: o projeto de arrecadação de fundos que você organizou para a escola dos seus filhos teve um desempenho muito abaixo do esperado. Primeiro, você precisa saber o que aconteceu. Você e sua equipe falharam em inspirar as pessoas a doar ou elas não apareceram? Nesse caso, vamos assumir que os doadores estavam disponíveis, mas não deram o que você esperava ou não fizeram nenhuma doação.

Agora, você deve se perguntar por quê. Tem a ver com a forma como você apresentou a necessidade? Ou foi a época do ano? Ou a situação econômica? Lembre-se: sua resposta aqui deve levar a mais perguntas. Nesse caso, consideremos que você decidiu que talvez não tenha enfatizado a importância da campanha porque houve uma arrecadação de fundos na escola dois meses antes e você não queria parecer insistente. Seu excesso de zelo fez com que possíveis doadores pensassem que a causa não era crítica.

Como evitar que isso ocorra novamente? Você decide que, da próxima vez que estiver à frente da campanha, vai fazê-la no início do ano escolar e que, independentemente da proximidade com qualquer outra ação, fará o possível para enfatizar seu valor e importância, e por que os doadores precisam abrir os bolsos. A conclusão é que você percebeu que precisa melhorar a forma de transmissão da mensagem sobre sua campanha e decidiu aprender sobre isso para estar muito melhor preparado quando vier a campanha do ano seguinte.

Estratégia: Pensamento de Segunda Ordem

A maioria das pessoas pensa nas consequências de seus atos, mas poucos enxergam dois passos adiante dos efeitos imediatos que eles terão em nossas vidas. Vamos considerar o livro *Conspiracy*, de Ryan Holiday, que descreve como o empreendedor Peter Thiel planejou e executou a derrubada da *Gawker*,[10] uma das revistas online mais ativas (e desagradáveis) dos Estados Unidos. O desejo de confrontar a *Gawker* nasceu depois que a revista o expôs como um homem gay. Mas ele não agiu imediatamente. Durante 10 anos, ele e uma equipe fizeram uma jogada após a outra, estrategicamente, com base em um plano que haviam montado para destruir a *Gawker* para sempre. Independentemente do que você acha sobre as ações de Thiel, elas definitivamente não foram produto do pensamento impulsivo. Esse é um exemplo de um pensamento de segunda ordem: a habilidade de pensar estrategicamente por meio de uma série de eventos.

Esse modelo é simples; mesmo assim, nem sempre é fácil. Para usar o pensamento de segunda ordem quando consideramos ações futuras:

- Sempre se pergunte: "E depois?"
- Pense em intervalos de tempo. Quais serão as consequências daqui a 5 dias? 5 meses? 5 anos?
- Trace os possíveis planos de ação que você pode tomar, usando colunas para organizar as consequências.[11]

O pensamento de primeira ordem é fácil, mas é o de segunda ordem que nos permite entrar mais fundo no tempo e nas consequências. O melhor de tudo é que nos permite ver o que os outros não conseguem.

DANDO SALTOS GIGANTES

Avançar gradualmente é um sinal significativo de progresso. Cada passo que você pode dar no processo para se tornar sem limites o coloca na direção certa. Mas e se você pudesse avançar a sua genialidade exponencialmente? Afinal, se dermos 30 passos para frente em ritmo normal, acabaremos em algum lugar na rua. Mas, se dermos 30 passos exponenciais, daremos a volta na Terra mais de duas dezenas de vezes. Esse é o tipo de pensamento defendido por Naveen Jain, ganhador da Medalha Albert Einstein de Tecnologia e fundador de algumas das maiores companhias de inovação do mundo, incluindo a Moon Express (primeira companhia privada autorizada a pousar na Lua), World Innovation Institute, iNome, TalentWise, Intelius e Infospace.

"Pensamento exponencial é quando você começa a ver as coisas com uma mentalidade diferente", disse Jain. "Não se trata de pensar fora da caixa e sim em uma caixa completamente diferente."[12] É aqui que o gênio normal começa a beirar o gênio sem limites. Como ele explica, o pensamento linear (o tipo usado pela maioria das pessoas) nos faz ver o problema e buscar uma solução. Podemos atacá-lo de vários ângulos. Podemos usar chapéus diferentes para resolver o problema de formas que ampliem o nosso pensamento. Podemos, inclusive, vir com uma solução que resolva a questão de forma efetiva e nos leve adiante. Tudo isso é progresso significativo.

E se, em vez disso, olhássemos para a raiz do problema e o resolvêssemos? Isso levaria a um progresso exponencial que mudaria o mundo. Jain usa como exemplo a falta de água filtrada em muitas partes do mundo. Pode-se tentar resolver essa questão sob vários pontos de vista, incluindo encontrar maneiras de melhorar a filtragem e criar sistemas para levar água doce de lugares onde ela existe em abundância para outros em que ela é escassa. E se você identificasse, por outro lado, que a maior causa dessa escassez, entre tantas outras, é que muito dessa água está sendo usada para a agricultura e não para consumo direto? Você poderia tentar resolver o problema de uma forma completamente diferente. E, se você pudesse usar significativamente menos água para a agricultura, talvez por uma combinação de aeroponia (técnica de cultivo que mantém as plantas suspensas no ar), aquaponia (sistema que une o cultivo de peixes com o de plantas imersas na água) ou outras técnicas sendo experimentadas atualmente ou ainda não inventadas? Isso poderia resultar em tanta água que o problema original se tornaria eminentemente solucionável. Esse é o pensamento exponencial funcionando e seu valor é óbvio.

Quando Jain começou a Viome, sua empresa, seu objetivo era atacar a natureza dominante das doenças crônicas que ele vê como subjacentes à crise mundial da saúde. Entendendo que cada sistema imunológico dos indivíduos é diferente e, portanto, o modo como cada pessoa processa os alimentos que consome pode variar bastante, ele e sua equipe desenvolveram uma ferramenta para analisar o microbioma intestinal para que uma pessoa possa "conhecer os alimentos certos para o seu corpo e descobrir como a otimização da atividade intestinal pode melhorar drasticamente a condição da sua saúde".[13] Enquanto escrevo, eles estão no processo de coletar informações de um grande número de usuários, dados que levarão a recomendações importantes a todos os indivíduos que utilizam essa ferramenta.

Naveen Jain opera na maior das escalas. Ele é um empreendedor de sucesso que nunca abriu duas firmas na mesma indústria, e um dos seus princípios operacionais é o de que criar uma empresa de bilhões de dólares é simplesmente uma questão de resolver um problema de US\$10 bilhões. A maioria de nós não pensa em uma escala tão grande, mas você ainda pode usar o pensamento exponencial para exercitar sua mente e ilimitar sua genialidade. Para aprender mais sobre a Viome ever minha entrevista com Jain, visite *www.JimKwik.com/Viome* [conteúdo em inglês].

PENSANDO EXPONENCIALMENTE

Então, como um indivíduo pensa exponencialmente? Talvez seu objetivo não seja resolver todos os problemas do mundo, inventar uma nova tecnologia ou começar uma companhia de um bilhão, mas você pode fazer uma diferença real na sua escola, empresa ou no seu crescimento pessoal. Como um pensamento menos linear e mais exponencial causa mudanças enormes em sua vida?

O primeiro passo é ter um bom entendimento de como é uma mentalidade exponencial. Em um artigo na *Harvard Business Review*, Mark Bonchek, fundador da Shift Thinking, descreve a mentalidade linear como uma linha em um gráfico que aumenta gradualmente com o tempo. Então, ele sobrepõe essa linha com uma segunda, que se curva para cima, lentamente no início e, em seguida, dispara por cima da outra antes de sair do gráfico. É sua representação visual da mentalidade exponencial.

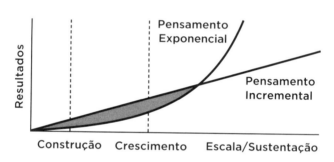

"A mentalidade incremental busca algo *melhor*, enquanto a exponencial foca fazer algo *diferente*", ele observa. "A incremental está satisfeita com 10%. A exponencial está atrás de dez vezes mais."[14]

"A mentalidade incremental traça uma linha reta do presente ao futuro", continua Bonchek. "Um plano de negócios incremental 'bom' permite que você veja exatamente como irá daqui para lá. Mas modelos exponenciais não são diretos. Eles são como uma curva na estrada que o impede de ver adiante, exceto que, nesse caso, a curva sobe."

Bonchek fala especificamente sobre aplicar o pensamento exponencial nos negócios, mas a mesma percepção pode ser aplicada ao pensamento em outros aspectos da vida. Imagine, por exemplo, que você está tentando visualizar como juntar a família no jantar ao menos três vezes na semana. Uma mentalidade linear envolve olhar as agendas sociais, de atividades, de trabalho e escola de todos para encontrar uma forma de reservar alguma data.

Mas uma mentalidade exponencial adotaria uma abordagem para transformar os horários estressantes de sua família em algo diferente.

Talvez o "jantar" não seja a meta em si, mas encontrar momentos-chave durante a semana em que todos possam estar no mesmo lugar e se concentrar exclusivamente uns nos outros. Talvez a questão não seja exatamente as agendas, mas como cada um escolheu usar seu tempo. O progresso pode não ser muito evidente (3 meses depois, você estará pouco melhor do que quando começou), mas as mudanças que você andou desenvolvendo começam a tomar forma e, de repente, todos terão muito mais tempo juntos.

Se você deseja desenvolver sua capacidade de pensamento exponencial — e dar um grande passo em direção a tornar sua genialidade sem limites — considere esses quatro passos na próxima vez que você ponderar um problema ou tarefa que precise de uma solução:

Passo 1: Chegue À Raiz do Problema

Como ilustrou Naveen Jain quando abordou o problema da água no mundo, a questão principal pode não ser a evidente. Como ele observou, o problema subjacente à escassez de água potável não é a disponibilidade, mas sim o uso para fins agrícolas. Resolver o problema subjacente permite uma solução muito mais viável para o problema evidente.

Vamos voltar ao exemplo do jantar. O problema evidente é que, raramente, a família está junta no jantar porque suas agendas são muito ocupadas. O problema implícito pode ser que as suas agendas são tão ocupadas porque seu cônjuge se sente compelido a ficar longas horas no trabalho, sua filha se sente obrigada a ser uma atleta de elite, seu filho se sente compelido a obter um desempenho acadêmico perfeito para poder frequentar uma faculdade com uma taxa de aceitação de 3% e você se sente obrigado a participar de 3 conselhos sem fins lucrativos. Mas talvez até esse não seja o verdadeiro problema implícito.

Talvez a questão seja a pressão que cada um sente não porque busca pessoalmente esses objetivos, mas porque vive em uma comunidade que menospreza as pessoas que não têm metas como essas.

Passo 2: Postule uma Nova Abordagem

Uma das chaves para o pensamento exponencial é encher os seus pensamentos com frases "e se". Evie Mackie, do centro de inovação da empresa britânica do setor de varejo John Lewis Partnership, diz que "frases 'e se' servem para trazer situações desordenadas à tona. Por exemplo: 'E se a raça humana precisasse se adaptar para viver em um mundo que estivesse 90% submerso' ou 'e se nós não pudéssemos mais tocar nas coisas com a nossa mão para interagir'. Isso ajuda a conceituar um conjunto TODO diferente de coisas que talvez nunca tivéssemos pensado e nos permite imaginar o que precisaríamos para sobreviver em um mundo futuro, que poderia ser um lugar bem diferente."[15]

Em nosso exemplo, se você percebeu que o problema implícito é que as regras predominantes em nossa comunidade o forçaram a preencher suas vidas diárias com atividades que tiram muito do seu tempo, você pode se perguntar "e se não ligássemos para o que as pessoas pensam?" ou "e se o dia tivesse apenas 18 horas em vez de 24?", ou até perguntar "e se vivêssemos em outro lugar?".

Passo 3: Leia Sobre o Assunto

Como você já deve saber, sou um defensor ferrenho de que você deve ler o máximo possível. Ler liberta o seu cérebro mais do que praticamente qualquer outra atividade. Ler é especialmente importante quando se trata de pensamento exponencial. Você não poderá dar grandes saltos cognitivos se não tiver uma visão abrangente sobre um assunto.

Então, agora que você passou pelo exercício "e se", leia sobre as alternativas. Talvez seu cônjuge leia muitos livros sobre a conexão entre o sucesso corporativo e a felicidade. Talvez a sua filha se associe a blogueiros e influenciadores para saber sobre as chances de se tornar um atleta de elite e as vidas deles. Talvez seu filho leia vários estudos que analisam a graduação em universidades ultracompetitivas e o sucesso ocupacional e emocional que vêm a seguir. Talvez você leia livros sobre as causas que está defendendo por meio de organizações sem fins lucrativos e reconsidere a importância delas para você.

Passo 4: Extrapole

Você já identificou o problema implícito, colocou perguntas que lhe permitiram imaginar um mundo sem o problema e concluiu sua pesquisa. Agora é hora de tentar um novo cenário. Vamos pensar em um aqui: você está convencido de que suas vidas foram tomadas porque precisam manter seus status na comunidade. Você perguntou: "E se vivêssemos em outro lugar?" e descobriu que todos na sua família ficaram intrigados. Vocês terminaram suas leituras e descobriram que seriam mais felizes e satisfeitos se seu trabalho/esportes/escola/metas filantrópicas fossem revistos e concebidos novamente.

O que poderia acontecer se vocês se mudassem para uma cidade a 100 quilômetros, para o outro lado do país ou mesmo para outro país? Você sabe que fazer algo tão drástico pode não parecer imediatamente um progresso. Você já viu as linhas reta e curva, e percebeu que pode até parecer que deu um grande passo para trás devido a todos os ajustes que terá de fazer. Mas digamos que vocês quatro interpretaram os cenários e decidiram que entrar em ação é a coisa certa. Dois anos depois, a família está prosperando — e vocês jantam juntos quase todas as noites.

ANTES DE SEGUIRMOS ADIANTE

Este é o último dos capítulos de métodos e estou certo que você está animado para colocar em ação tudo o que aprendeu neste livro. Antes de finalizarmos, lhe darei uma visão de como isso deve funcionar para você, além de um plano inicial de 10 dias para aplicar em sua vida o que aprendeu. Mas, antes disso, vamos tentar algumas coisas:

- Reveja as oito formas de inteligência de Howard Gardner, descritas nas páginas 236 e 237. Quais delas se alinham mais com a sua própria inteligência?

- Agora que você já sabe qual é o seu estilo de aprendizagem, o que pode fazer para incorporar os outros ao seu pensamento?

- Experimente todos os seis chapéus do pensamento durante uma situação teste. Imagine uma tarefa relativamente simples e encare-a usando o método de Edward de Bono.

"Não deixaremos de explorar e, ao término da nossa exploração, deveremos chegar ao ponto de partida e conhecer esse lugar pela primeira vez."

—T. S. ELIOT

POSFÁCIO

O RETORNO DO POSSÍVEL

Se você é como a maioria esmagadora das pessoas no mundo, quando começou a ler este livro estava sendo regulado — conscientemente, inconscientemente ou ambos — por um conjunto de limitações imposto por você mesmo ou por outras pessoas.

Talvez você quisesse aprender uma nova habilidade, mas tinha certeza de que não possuía capacidade para tal. Talvez quisesse se candidatar a uma grande promoção no trabalho, mas sua voz interna ficava dizendo que você não tinha competência para isso. Talvez você estivesse convencido de que sempre sairia de casa sem o telefone, jamais se lembraria de todos os nomes das pessoas em sua próxima reunião social ou seria o cara chato que sempre leria seus discursos em um pedaço de papel. Se essa carapuça já lhe serviu, agora que você chegou ao final do livro espero que esteja pronto para se despedir dessa pessoa.

Em vez disso, vamos conhecer um novo você, sem limites.

Você sem limites possui uma mentalidade igualmente sem limites. Você não acredita que há coisas que você não pode ser ou fazer. Podem haver várias coisas que você ainda não fez e, talvez, coisas com as quais teve dificuldades no passado, mas esse você sem limites sabe que seu passado não é igual ao futuro. Ele entende que seu cérebro é uma ferramenta muito mais poderosa do que antes se imaginava e que, ao ajustar sua mente para aprender tudo o que quiser, você pode conquistar praticamente qualquer habilidade.

O você sem limites também tem uma motivação sem limites. No passado, talvez você pudesse conceber uma vida mais ambiciosa, mas não conseguia realmente agir. Agora, no entanto, sabe como alinhar seus hábitos com as ambições; você é capaz de assumir um compromisso com a aprendizagem e a melhoria ao longo da vida e isso é tão natural para você quanto se vestir de manhã.

Você também sabe como abastecer seu cérebro com comida, sono e exercícios para começar seu dia da melhor forma e está sempre pronto para enfrentar novos e exigentes desafios. E você sabe como explorar o fluxo para que, depois de iniciar uma tarefa, possa mergulhar completamente nela. E, talvez o mais significativo, o você sem limites deu acesso a métodos para aprender sobre como aprender. Ao descobrir isso, você se tornou exponencialmente mais poderoso do que jamais foi. Apesar de algumas limitações físicas, se você pode aprender, pode fazer. E as ferramentas que você tem agora à sua disposição permitem que você aprenda qualquer coisa mais rapidamente. Quando se combina isso com as habilidades obtidas ao ilimitar sua concentração, memória, pensamento e leitura, você está de posse do kit supremo de ferramentas de um super-herói.

Um super-herói não é só alguém que descobriu e desenvolveu os seus superpoderes. Todo super-herói deve, em algum momento, voltar ao seu mundo e ajudar os outros. Ele deve trazer consigo as lições e a sabedoria que conquistou durante sua jornada. Ele deve não somente integrar seus poderes com sua vida, mas aprender a usá-los para apoiar os outros. No final de *Matrix*, Neo ganhou a batalha e se livrou dos limites. Em seu último telefonema para a Matrix, ele disse: "Vou desligar o telefone e mostrar a essas pessoas o que você não quer que elas vejam. Vou mostrar a elas um mundo sem você. Um mundo sem regras ou controles, fronteiras ou limites. Um mundo onde tudo é possível." Ele volta ao mundo comum com a missão de inspirar os outros a libertar suas mentes.

Minha esperança é a de que você não leve o que aprendeu neste livro para tornar apenas a sua vida melhor, mas também a vida daqueles ao seu redor. A fórmula é: aprender; ganhar; retornar. Nenhuma jornada do herói é feita em seu benefício exclusivo. Com o seu conhecimento recém-descoberto, ajude as pessoas ao seu redor a aprenderem melhor e mais rapidamente e a também serem sem limites.

No filme *Lucy*, uma estudante norte-americana interpretada por Scarlett Johansson desenvolve poderes sobre-humanos após o potencial total de seu cérebro ser libertado. O professor Norman, interpretado por Morgan Freeman, é um neurologista que ajuda Lucy a lidar com as mudanças surpreendentes que ocorrem em sua mente e corpo. Quando Lucy lhe pergunta o que ela deve fazer com seus novos dons, o professor Norman responde, na voz única de Morgan Freeman:

> Você sabe... Se você pensar sobre a própria natureza da vida — quero dizer, bem no início, o desenvolvimento da primeira célula se dividindo em duas células — o único objetivo da vida tem sido transmitir o que foi aprendido. Não havia propósito maior. Então, se você está me perguntando o que fazer com todo o conhecimento que está acumulando, eu diria... Passe adiante.

Agora, a questão é: O que você fará com o que aprendeu? Resolver um problema desafiador no trabalho para que você e seus colegas tenham um impacto no setor e, talvez, no seu mundo? Começar um clube de leitura? Reduzir a enorme pilha de revistas em sua mesa de café e ensinar aos seus filhos o que acabou de aprender? Conectar-se aos outros de forma mais dinâmica? Organizar um jantar com comidas para o cérebro? Se matricular em uma aula que abrirá novas portas? Talvez dar aulas? O que você escolheria?

É o que um super-herói faria. É o que o você sem limites pode fazer.

Pelas páginas deste livro, você teve a oportunidade de fazer um test drive de algumas novas habilidades. Nas páginas seguintes, apresento um programa para você começar. Agora é hora de começar a usar o conjunto de todas as coisas que aprendeu. Comece com uma coisa só, mas comece. Em qualquer lugar. E, quando você o fizer, aposto que ficará surpreso com o que descobrirá sobre si mesmo. O você sem limites é a pessoa que você realmente é e que, com o tempo, será algo que você nem pode imaginar agora.

Conheça-se. Acredite em você. Ame-se. Seja você mesmo.

E lembre-se: a vida que você vive são as lições que você ensina.

Não tenha limites.

Com amor e aprendizagem,

Jim

PROGRAMA INICIAL RÁPIDO DE 10 DIAS

Parabéns por chegar ao final deste livro. Você é um dos poucos que concluiu a tarefa. Bato palmas para você.

Cobrimos muita coisa neste livro. Meu conselho é implementar tudo o que você aprendeu. Se não sabe por onde começar, este programa de 10 dias está aqui para ajudá-lo a iniciar sua jornada sem limites.

Você pode seguir o plano feito por mim ou escolher três ótimas dicas principais para integrar em cada seção principal: Mentalidade, Motivação e Métodos. Dessa forma, você conseguirá se concentrar nas áreas onde se sente mais fraco e precisa de mais suporte. Você também pode baixar nosso programa de 10 dias, em vídeo, em *www.LimitlessBook.com/resources* [conteúdo em inglês].

Obrigado por me permitir ser seu treinador cerebral por meio deste livro. Espero ter notícias do seu progresso em breve.

DIA 1: APRENDA MAIS RÁPIDO

No primeiro dia, coloque em ação o acrônimo *faster* [mais rápido, em inglês]:

- **Forget (Esquecer)**: a chave para manter um foco consistente é eliminar ou esquecer o que o distrai. Há três coisas que você quer esquecer (ao menos temporariamente).

  1. O que você já sabe;
  2. O que não é importante ou urgente;
  3. Suas limitações.

- **Act (Agir)**: a educação tradicional ensinou muitas pessoas a aprender da forma passiva. Mas assimilar *não* é ser um espectador. O cérebro humano não aprende tanto consumindo como faz por meio da criação. Sabendo disso, gostaria que você se perguntasse como pode ser mais ativo em sua aprendizagem. Tome notas e faça os exercícios deste livro;

- **State (Condição):** sua condição é uma imagem instantânea das suas emoções. Ela é altamente influenciada pelos seus pensamentos (psicologia) e pela condição física do seu corpo (fisiologia). Mude sua postura ou a intensidade de sua respiração. Escolha conscientemente condições de alegria, fascínio e curiosidade;
- **Teach (Ensinar):** se você quer reduzir bem a curva de aprendizagem, aprenda com a intenção de ensinar para alguém;
- **Enter (Entrar):** se não está na sua agenda, há uma grande chance de não estar acontecendo. Pegue o calendário e insira blocos de tempo para investir em você, mesmo que sejam apenas 10 ou 15 minutos por dia;
- **Review (Revisar):** você ficará mais apto a reter a informação ao revisá-la em diversas sessões de disseminação. Tenha o hábito de refletir sobre seu dia e faça uma revisão diária do que aprendeu.

Para mais sobre isso, releia a seção que se inicia na página 48.

DIA 2: MATE AS SUAS FORMIGAS

Identifique as vozes na sua cabeça que estão focando o que você não consegue fazer — os Pensamentos Negativos Automáticos [em inglês, *ants* — formigas]. Comece a falar com elas, também.

Lembre-se, também, de descontar aquelas malditas Ideias Limitadas Mantidas [em inglês, *lies* — mentiras]. E verifique constantemente seus sistemas de crenças. Se estiver pensando "sempre estrago esse tipo de coisa", contra-ataque com "só porque nunca fui bom, não significa que não posso ser ótimo agora. Como posso aprender isso?".

Não reduza o que cabe na sua cabeça; expanda a sua mente para o que é possível. Para mais, releia a seção que começa na página 129.

DIA 3: QUESTIONE AS SUAS PERGUNTAS

Reflita sobre o poder das perguntas dominantes. Provavelmente você tem uma pergunta que vive fazendo, subconscientemente, ao longo do dia. Identifique essa questão e pense sobre como você pode mudá-la para alterar o seu comportamento. Conhecimento em si não é poder; ele apenas tem esse potencial quando você o aplica. Comece a fazer as perguntas que vão ajudá-lo a ter as afirmações motivadoras de que necessita ao longo do dia. Para mais, releia a seção que começa na página 54.

DIA 4: IMAGINE O QUE VOCÊ MAIS QUER

Reserve um momento para escrever todas as desvantagens que você terá quando não aplicar o que aprendeu com este livro. Por exemplo, você pode escrever "vou ter que continuar estudando muito e me contentar com os mesmos resultados medíocres", "vou continuar duvidando de mim", "não poderei aparecer na melhor forma para os meus entes queridos", "não vou conseguir um bom emprego".

Agora, escreva as vantagens que você terá quando aplicar o que aprendeu, como "estarei apto a aprender o que preciso com confiança, conseguir um ótimo emprego que amo e ganhar muito dinheiro para retribuir ao mundo", "terei mais tempo livre para me exercitar e ficar saudável, viajar e gastar mais tempo com minha amada". Ou algo mais simples, como "finalmente terei tempo livre para relaxar!".

Seja específico. Veja, sinta, acredite e, então, trabalhe diariamente para isso. Visualize o seu momento de glória. Para mais, releia a seção começando na página 112.

DIA 5: ACREDITE EM SEU PROPÓSITO

O propósito é como você se relaciona com outras pessoas. É o que você está aqui para compartilhar com o mundo. Qual é o seu porquê?

Pense em quem está contando com você para se tornar sem limites. É a sua família? Seu amor? Seus amigos? Colegas? Vizinhos? Seja específico sobre quem você está decepcionando ao estabelecer limites em sua vida. Agora, pense em como isso pode afetar a vida dos outros quando você surgir nos seus 100%. Você encontrou o seu objetivo. Para mais, releia a seção começando na página 107.

DIA 6: COMECE UM NOVO HÁBITO SAUDÁVEL

Dê pequenos passos simples para criar um novo hábito saudável que o levará ao sucesso. Faça disso parte de sua rotina matinal. Você jamais mudará a sua vida até que *decida* mudar algo que faz diariamente. Nossas decisões e hábitos diários têm um grande impacto em nossos níveis de felicidade e de sucesso. Se você é persistente pode alcançar, se é consistente pode manter. De pouco em pouco, a galinha enche o papo. Lembre-se de que todo profissional já foi um aprendiz.

Escolha um novo hábito e comece a fazê-lo hoje. Agora, você pode dividi-lo em pequenos passos simples a serem cumpridos todos os dias, consistentemente? Para mais, releia a seção começando na página 141.

DIA 7: DÊ ALGUMA ENERGIA AO SEU CÉREBRO

Potencialize sua energia para vencer todos os dias. Coma um ou mais desses alimentos para o cérebro diariamente. Qual é o seu favorito? Por quê? Lembre-se: o que você come importa, especialmente para a massa cinzenta. O que você está comendo está te energizando ou esgotando? Escreva alguma receita criativa que você pode fazer usando os alimentos para o cérebro abaixo:

Abacate	Vegetais de folha verde
Mirtilo	Salmão
Brócolis	Açafrão
Chocolate amargo	Nozes
Ovos	Água

Para mais, releia a seção começando na página 121.

DIA 8: OTIMIZE O SEU ESTUDO

Estudar não é só para quem está na escola. Aprendemos a vida inteira. Defina um estado ideal para estudar e aprender. Afaste as distrações. Use o método *hear* [ouvir, em inglês] — pare, empatia, antecipar e rever — para assistir a um vídeo do TED que nunca viu antes e praticar suas habilidades de escuta. Para mais sobre o assunto, releia a seção começando na página 188.

DIA 9: SEMPRE SE LEMBRE DA MAMÃE

Antes de começar uma tarefa, sempre pergunte à sua mamãe [em inglês, *mom* — Motivação, Observação e Métodos]. Além disso, sempre considere o seu porquê. Qual é o seu motivo para lembrar o nome daquela pessoa? O que você observa? Lembre-se de que a maior parte da sua memória não é questão de retenção, mas de atenção. Pratique lembrar os nomes de todo mundo que você conheceu hoje usando a técnica de associação. Se você esquecer o nome de alguém, escreva se foi a sua motivação, observação ou o método que o levou a tal. Então tente novamente com outra pessoa.

Você pode treinar esta habilidade mesmo quando está fazendo compras na mercearia, andando na rua, assistindo à televisão ou qualquer outra coisa. Dê nome a desconhecidos e teste quantos consegue lembrar. Para mais, releia a seção começando na página 196.

DIA 10: ABRACE O PODER DA LEITURA

Defina uma meta de leitura diária, mesmo que seja de apenas 10 minutos. Há poder na leitura e esses benefícios aumentam com o tempo. A chave é consistência. Escolha um livro, coloque um alarme para disparar em 10 minutos, afaste as distrações e treine ler com um marcador visual. Marque o seu horário de leitura para cada dia e coloque em sua agenda este compromisso com você mesmo.

Líderes são leitores. Ler é um excelente exercício para a sua mente. Lembre-se: você pode receber décadas de experiência ao ler somente um livro. Para saber mais, releia a seção começando na página 219.

CRIANÇAS SEM LIMITES

COMO APLICAR ESTE LIVRO NA

PATERNIDADE

"Se uma criança não pode aprender da maneira como ensinamos, talvez devêssemos ensinar do jeito que elas aprendem."

—Ignacio Estrada

Não se trata do quão inteligentes suas crianças são e sim como elas são inteligentes. A educação tradicional ensina às crianças o que aprender, no que se concentrar, o que pensar, o que estudar e mesmo o que lembrar. Mas não como aprender, como se concentrar, como pensar, como estudar e como lembrar.

Como cresci com as minhas dificuldades de aprendizagem, uma das minhas paixões é ensinar nossos jovens sobre sua mentalidade, motivação e métodos de aprendizado.

De que maneira você pode começar? Coloquei as minhas estratégias favoritas em um capítulo "rápido" de bônus.

Você pode baixá-lo em:

LimitlessBook.com/parenting

[conteúdo em inglês]

EQUIPES SEM LIMITES

COMO APLICAR ESTE LIVRO NOS
NEGÓCIOS

> *"A capacidade de uma empresa em aprender e traduzir rapidamente essa aprendizagem em ação é a principal vantagem competitiva."*
>
> —JACK WELCH

Você pode aplicar o Modelo Sem Limites em seus negócios? Claro! Por mais de duas décadas, usamos esses métodos para treinar empresas de todos os tamanhos, de startups a corporações, incluindo Google, Virgin, Nike, GE, Fox Studios e Zappos.

O capital humano (o coletivo da educação, capacidades, conhecimento, treinamento) é o ativo mais valioso e subutilizado de uma organização. Para fazer o seu negócio crescer, o poder cerebral coletivo de sua equipe também precisa crescer.

Como você pode aproveitar o potencial cognitivo sem limites da sua equipe? Escrevi um capítulo bônus para ajudá-lo no seu caminho.

Você pode baixá-lo em:

LimitlessBook.com/Business

[conteúdo em inglês]

SEUS RECURSOS BÔNUS

Reunimos um conjunto de recursos que complementam este livro e multiplicarão seus resultados.

Eles incluem:

- Tutoriais em vídeo selecionados (como: eu ensino como memorizar rapidamente os principais alimentos para o cérebro e demonstro a técnica de lembrar nomes na frente de uma plateia);
- Exercícios e avaliações por escrito para testar suas habilidades;
- Receitas de alimentos para dar energia ao cérebro, de refeições completas a chás;
- Leitura recomendada;
- Entrevistas especiais com os principais especialistas que aprofundam a discussão nos tópicos abordados neste livro: sono, exercício, nutrição, meditação e outros;
- E muito mais!

Para o seu acesso gratuito, digite:

LimitlessBook/Resources

[conteúdo em inglês]

KWIK LEARNING ONLINE

VOCÊ DESEJA MERGULHAR MAIS PROFUNDAMENTE NOS

CINCO MÉTODOS ILIMITADOS?

Como você treina os métodos de concentração, estudo, melhoria de memória, leitura dinâmica e habilidades de pensamento em você mesmo, sua família e equipe?

Criamos para você o melhor treinamento online, comprovado e simples para encaixar em sua vida, disponível para qualquer pessoa que deseje aprimorar suas capacidades.

Tudo o que você precisa é de 15 minutos ao dia para criar um novo hábito de aprendizagem em cada área.

Visite *KwikLearning.com/Online-Courses* [conteúdo em inglês] e use o código "LIMITLESS" para conseguir 25% de desconto em sua assinatura, como um agradecimento por ter comprado este livro.

Quando o fizer, você se juntará à comunidade *Kwik Brains*, presente em 195 países. O seu sucesso é o nosso sucesso; cada programa tem garantia de 30 dias ou devolvemos seu dinheiro.

SUGESTÕES DE LEITURA

Nossa comunidade é apaixonada pela leitura. Se cada um que tiver décadas de experiência colocar seu conhecimento em um livro e você puder lê-lo rapidamente, estará absorvendo, efetivamente, décadas em dias.

Líderes são leitores. Muitos dos nossos *Kwik Readers* [leitores rápidos, em tradução livre para o português] se comprometem a finalizar #1livroporsemana (52 livros a cada ano).

Como bônus por comprar este livro, você tem como brinde nossa aula magna sobre leitura dinâmica, com uma hora de duração. Ela o ajudará a reduzir sua lista de leituras. Acesse *JimKwik.com/Reading* [conteúdo em inglês].

Aqui está uma lista rápida de alguns dos meus livros favoritos sobre mentalidade, motivação e métodos. Ela não obedece a uma ordem em particular. Para uma lista ainda maior, visite *LimitlessBook.com/resources* [conteúdo em inglês].

A Mágica de Pensar Grande, de David J. Schwartz

Em Busca de Sentido, de Viktor Frankl

Understanding Understanding, de Richard Saul Wurman

O Método Tapping, de Nick Ortner

Comece Pelo Porquê, de Simon Sinek

Os 7 Hábitos das Pessoas Altamente Eficazes, de Stephen R. Covey

Transforme Seu Cérebro, Transforme Sua Vida, de Daniel Amen

The Motivation Manifesto, de Brendon Burchard

Micro-hábitos: As Pequenas Mudanças que Mudam Tudo, de B.J. Fogg

Brain Food: The Surprising Science of Eating for Cognitive Power, de Lisa Mosconi

Me to We: Finding Meaning in a Material World, de Craig Kielburger e Marc Kielburger

The Promise of a Pencil: How an Ordinary Person Can Create Extraordinary Change, de Adam Braun

Miracle Mindset: A Mother, Her Son, and Life's Hardest Lessons, de J.J. Virgin

O Método TB12: Como Alcançar Uma Vida Inteira de Alto Rendimento, de Tom Brady

Super Human: The Bulletproof Plan to Age Backward and Maybe Even Live Forever, de Dave Asprey

O Jogo Infinito, de Simon Sinek

Abundância: O Futuro é Melhor do Que Você Imagina, de Steven Kotler e Peter H. Diamandis

O Código da Mente Extraordinária, de Vishen Lakhiani

The School of Greatness: A Real-World Guide to Living Bigger, Loving Deeper, and Leaving a Legacy, de Lewis Howes

Menos Estresse, Mais Conquistas, de Emily Fletcher

O Poder do Quando, de Michael Breus

Becoming Super Woman: A Simple 12-Step Plan to Go from Burnout to Balance, de Nicole Lapin

Chineasy Everyday: The World of Chinese Characters, de Shaolan

#AskGaryVee: One Entrepreneur's Take on Leadership, Social Media, and Self-Awareness, de Gary Vaynerchuk

Como Se Tornar Sobre-Humano, de Joe Dispenza

Um Passeio Na Lua Com Einstein, de Joshua Foer

O Cérebro Que Se Transforma, de Norman Doidge

Mindset: A Nova Psicologia do Sucesso, de Carol Dweck

The Align Method, de Aaron Alexander

Supercérebro - Como Expandir o Poder Transformador da sua Mente, de Deepak Chopra e Rudolph Tanzi

Genius Foods: Become Smarter, Happier, and More Productive While Protecting Your Brain for Life, de Max Lugavere

Sleep Smarter: 21 Essential Strategies to Sleep Your Way to a Better Body, Better Health, and Bigger Success, de Shawn Stevenson

The UltraMind Solution: Fix Your Broken Brain by Healing Your Body First, de Mark Hyman

Spark: The Revolutionary New Science of Exercise and the Brain, de John Ratey e Eric Hagerman

The 4-Hour Chef: The Simple Path to Cooking Like a Pro, Learning Anything, and Living the Good Life, de Tim Ferriss

Math Doesn't Suck: How to Survive Middle School Math Without Losing Your Mind or Breaking a Nail, de Danica Mckellar

Boundless: Upgrade Your Brain, Optimize Your Body & Defy Aging, de Ben Greenfield

Os Seis Chapéus do Pensamento, de Edward de Bono

Thrive: The Third Metric to Redefining Success and Creating a Life of Well-Being, Wisdom and Wonder, de Arianna Huffington

The Element: How Finding Your Passion Changes Everything, de Ken Robinson e Lou Aronica

TED Talks: o Guia Oficial do TED para Falar em Público, de Chris Anderson

Hábitos Atômicos: Um Método Fácil e Comprovado de Criar Bons Hábitos e se Livrar dos Maus, de James Clear

Imagine It Forward: Courage, Creativity, and the Power of Change, de Beth Comstock e Tahl Raz

Belong: Find Your People, Create Community, and Live a More Connected Life, de Radha Agrawal

Disrupt-Her: A Manifesto for The Modern Woman, de Miki Agrawal

The Ripple Effect: Sleep Better, Eat Better, Move Better, Think Better, de Greg Wells

Transformações Exponenciais, de Salim Ismail, Francisco Palao e Michelle Lapierre

Think Like a Monk: Train Your Mind for Peace and Purpose Every Day, de Jay Shetty

Sugestões de Leitura

The Alter Ego Effect: The Power of Secret Identities to Transform Your Life, de Todd Herman

How to Live a Good Life: Soulful Stories, Surprising Science and Practical Wisdom, de Jonathan Fields

The Mind Map Book: How to Use Radiant Thinking to Maximize Your Brain's Untapped Potential, de Barry Buzan e Tony Buzan

Princípios, de Ray Dalio

Re-Create Your Life, de Morty Lefkoe

Como Curar Suas Feridas Emocionais, de Guy Winch

A Higher Branch: What if Happiness is as Simple as Climbing Higher?, de Sam Makhoul

Cancer-Free with Food: A Step-by-step Plan with 100+ Recipes to Fight Disease, Nourish Your Body & Restore Your Health, de Liana Werner-Gray

Food Can Fix It: The Superfood Switch to Fight Fat, Defy Aging, and Eat Your Way Healthy, de Mehmet Oz

AGRADECIMENTOS

Para mim, essa é a parte mais difícil de escrever no livro, porque não é nada fácil trazer uma publicação como esta ao mundo. Pode-se pensar que é uma espécie de aventura solo, mas na realidade foi um esforço heroico em grupo.

Nas páginas que me foram atribuídas, seria impossível agradecer pelo nome a todos os que me guiaram e apoiaram até esse momento. A lista é longa — você poderia dizer que é sem limites.

Sei disso porque todos vocês têm um lugar especial no meu coração, e sinto a sua presença quando faço meus exercícios de gratidão.

Vamos começar com VOCÊ, leitor. Obrigado não apenas por pegar neste livro, mas muito mais importante, por lê-lo e usá-lo.

Aos nossos entrevistados e ouvintes de podcast e qualquer um que já assistiu e compartilhou um de nossos vídeos, obrigado por acompanhar todas as semanas e ficar esperto comigo.

Para nossos estudantes online ao redor do mundo, muito apreço pelo seu tempo e confiança. Obrigado por permitir que nossa equipe cumpra o objetivo de criar cérebros melhores e mais brilhantes.

A todos os nossos clientes de palestras e treinamentos, gratidão por compartilhar comigo seu público e equipes.

Aos meus clientes privados, vocês sabem quem são, obrigado pela amizade e por me ensinarem muito de volta.

A Alexis Blanc, pela nossa longa parceria nos negócios. Sem você, este livro e esse negócio jamais existiriam. Você usa todos os chapéus imagináveis, sua dedicação só se compara à sua visão para um mundo melhor e mais positivo. Sou eternamente grato.

A James Blanc, obrigado irmão, por ser um guerreiro cerebral.

Gratidão à minha assistente pessoal, Elena, obrigado por ser meu braço direito (e, às vezes, o cérebro). Aprecio tudo o que você faz.

Ao nosso incrível *Kwik Team*, que trabalha duro todos os dias servindo à comunidade. Obrigado por seu cuidado e compromisso, Jonie, Sasha, Brittany, Jade, Iris, Denyce, Nicole, Jessica, Kyle, Dallas, Jen, Zareen, Jena, Lauren, Louie,

Romario, Elizabeth, Miriam, Julia, Matilda, Alex, Dmitri, Jena, Kristie, L.J., Arthur, Marcin, Angelo, Pawel, Radek, Agata, Natalia, Katia, Hugo, Michal, Chris, Marta, Drew, Kris, Rusty e ao resto da equipe no passado, presente e futuro (sim, nosso time é formado principalmente por mulheres incríveis).

Acredito que todos podem ser seus professores na jornada da vida. Do pai do meu colega de faculdade, que me fez ler um livro por semana, à pessoa que disse que eu tinha o cérebro quebrado, obrigado pelas lições. Aos meus amigos Brendon Burchard, Scott Hoffman, Lewis Howes e Nick Ortner, que me encorajaram e me perturbaram para escrever este livro. Obrigado por inspirarem o mundo e por me inspirarem a transformar minha bagunça em mensagem.

Sou grato a Reid Tracy e Patty Gift, que viram o potencial deste livro. E honrado por ser parte da família *Hay House*. Obrigado Anne, Mary, Margarete, Lindsay, Patricia, Cathy, Alexandra, Sally, Marlene, Perry, Celeste, Tricia, Julie, Yvette, Diane, John, Karen, Steve e todos os outros que ajudaram a tornar o livro o que ele é.

Agradecimentos especiais à nossa equipe criativa, que fez contribuições significativas a este livro.

Lou Aronica, obrigado por me ajudar a criar essas páginas e tornar esse livro o melhor possível.

Sara Stibitz, você é inestimável. Obrigado por toda a pesquisa, entrevistas, trabalho com as palavras e por nos levar à linha de chegada.

Clay Hebert, por anos de ajuda e por conduzir este projeto de A a Z.

Courtney Kenney, obrigado por gerenciar e mobilizar tantos departamentos.

Jose Alonso, obrigado pelo novo projeto Kwik. Nick Onken, fotógrafo extraordinário.

Rodrigo e Anna Corral, pela belíssima arte de capa.

Dr. Mark Hyman, obrigado por acreditar em nosso trabalho e por escrever o prefácio. Agradeço muito a você e à Mia pela ajuda com este livro.

Um agradecimento especial a Michael Robertson e à equipe do Beverly Hilton por me hospedar e também os nossos eventos.

À nossa equipe de produtos do cérebro, o que vemos é do que cuidamos. Obrigado por trazer a consciência do cérebro para o mundo, Daniel, Tom, Mitchell, Jakob, Anthony e toda a equipe.

Obrigado às lendas e estudiosos que inspiraram a minha imaginação no início desta jornada — Quincy Jones, Neil Gaiman, Gene Roddenberry, George Lucas, Joseph Cambell, Oprah Winfrey, Piers Anthony, J.K. Rowling, Napoleon Hill, Bruce Lee, Howard Garner, Tony Buzan, Harry Lorraine, Norman Vincent Peale, Brian Tracy, Jim Rohn, Les Brown, Arianna Huffington, Sir Ken Robinson, Mister Fred Rogers e, é claro, Stan Lee.

Agradecimentos

Ao grupo de responsabilidade original, Michael Fishman, Brian Kurtz e Ryan Lee.

Obrigado Vishen Lakhian, equipe e todos os supercérebros de Mindvalley por nos ajudarem a compartilhar o meta-aprendizado com o mundo.

Aos meus amigos super-heróis e às comunidades que eles lideram. Giovanni Marsico e *ArchAngels*. Tom e Lisa Bilyeu e seus *Impactivists*. Ken Rutkowski e os *METal brothers*. Elliot Bisnow e *Summit*. Chris Winefield, Jen Gottlieb e UAL. Chris Anderson e TED. Roman Tsunder e *PTTOW & WORLDZ*. Michael Fishman e CHS. Jack Canfield e TLC. J.J. Virgin e *Mindshare*. Cole e Sanja Hatter e *Thrive*. Dan Fleyshman, Joel Marion e seu *MME 100 Group*. Joe Polish e seu Genius Network. Anthony Tjan e *On Cue*. Gareb Shamus e ACE.

A todos os meus amigo que fizeram de tudo, desde ver se eu estava bem até ajudar a compartilhar nossos ensinamentos com o mundo: Aaron Alexander, Adam Braun, Alex Banayan, Alex e Mimi Ikonn, Alex Ortner, Amy Jo Martin, Andres Roemer, Anna Akana, Ari Meisel, Audrey Hagen, Ben Greenfield, Dr. Ben Lynch, Ben Rawitz, Benny Luo, Beth Comstock, Bing Chen, BJ Fogg, Bo e Dawn Eason, Bob Proctor, Branden Hampton, Brandon Routh, Brian Evans, Brian Florio, Brian Grasso, Brooke Burke, Carrie Campbell, Carlos Gardes, Chalene Johnson, Charles Michael Yim, Chervin, Chloe Flower, Chris & Lori Harder, Christina Rasmussen, Christopher Lee, Chris Pan, Claire Zammit, Collin Chung, Craig e Sarah Clemens, Craig Kielburger, Cynthia Kersey, Cynthia Pasquella, Dr. Daniel Amen, Dan Caldwell, Dandapani, Danica McKellar, Dan Schawbel, Dave Hollis, Dave Nurse, David and Lana Asprey, David Bass, David Goggins, David Meltzer, David Michail, David Wolfe, Dawn Hoang, Dean Graziosi, Derek Halpern, Derek Hough, Dhru Purohit, Donna Steinhorn, Ed Mylett, Elizabeth Gilbert, Emily Fletcher, Emily Morse, Erik Logan, Erin Matlock, Frank e Natalia Kern, Gail Kingsbury, Gary Vaynerchuk, Dr. Halland Chen, Henk Rogers, Hutch Parker, Ian Clark, IN-Q, Jack Delosa, Jack Hidary, Jacqueline Schaffer, James Altucher, James Colquhoun, Jason Stuber, Jayson Gaignard, Jay Shetty, Jeannie Mai, Jeff Krasno, Jeff Spencer, Jelena & Novak Djokovic, Jesse Itzler, Jessica Ortner, Jim Poole, Dr. Joe Mercola, Joel e Laurin Seiden, John Assaraf, John Lee, John Romaniello, Jon Benson, Jonathan Fields, Jon Fine, Jules Hough, Jon Levy, Kandis Marie, Katie Wells, Keith Ferrazzi, Ken Hertz, Kerwin Rae, Kevin e Annmarie Gianni, Kevin Pearce, Kevin Rose, Khaled Alwaleed, Kimberly Moore, Kimberly & James Van Der Beek, Kris Carr, Kute Blackson, Larry Benet, Larry e Oksana Ostrobsky, Laurel Touby, Leigh Durst, Liana Werner-Gray, Lisa Garr, Dr. Lisa Mosconi, Lisa Nichols, Liz Heller, Luke Storey, Manny Goldman, Marc Kielburger, Marie Forleo, Mariel Hemingway, Mari Smith, Mark Anthony Bates, Mark e Bonita Thompson, Mary Shenouda, Matt Mullenweg, Max Lugavere, Mel Abraham, Mel Robbins, Mia Lux, Dr. Michael Breus, Michael Gelb, Michael Lane, Mike Cline, Mike Koenigs, Mike Wang, Mikkoh Chen, Miki Agrawal,

Mimi Pham, *Mindpump Guys*, Mona Sharma, Montel Williams, Naomi Whittel, Natalie e Glen Ledwell, Naveen Jain, Nick Kuzmich, Nicole Patrice, Nikki Sharp, Nina Sugasawa, Nusa Maal, Ocean Robbins, Oz Garcia, Paul Hoffman, Penni Thow, Pete Vargas, Peter Diamandis, Peter Hoppenfeld, Peter Nguyen, Rachel Goldstein, Radha Agrawal, Ramit Sethi, Randy Gage, Randy Garn, Rene e Akira Chan, Richard Miller, Richard e Veronica Tan, Richard Saul Wurman, Rick Barber, Rick Frishman, Robin Farmanfarmaian, Robin Sharma, Rudy Tanzi, Ryan Holiday, Ryan Kaltman, Ryan Levesque, Sabrina Kay, Sam Horn, Sandy Grigsby, Sashin Govender, Sazan & Stevie Hendrix, Scooter Braun, Scott Flansburg, Sean Croxton, Sean e Mindy Stephenson, Dr. Seeta Narsai, Selena Soo, Shaman Durek, Shannon Elizabeth, Shannon Lee, Seth Godin, ShaoLan, Shawn e Anne Stevenson, Dr. Shefali, Simon Kinberg, Simon Mainwaring, Simon Sinek, Sonia Ricotti, Sony Mordechai, Sophie Chiche, Dr. Stephanie Estima, Stephanie McMahon, Steven Kotler, Steve Sims, Steven Tyler, Sunny Bates, Susan Cain, Tana Amen, Tara Mackey, Thomas Bahler, Tim Chang, Tim Larkin, Tim Ryan, Todd Herman, Tom Ferry, Tony Hsieh, Tracy Anderson, Trent Shelton, Tucker Max, Vani Hari, Whitney Pratt, Will Eppes, Wim Hof, Yanik Silver, Yanjaa Wintersoul, Yue-Sai Kan, Yuka Kobayashi e muitos outros mais.

Às organizações sem fins lucrativos de educação infantil que amamos e apoiamos (inclusive com parte da renda deste livro) — *WE Charity, Pencils of Promise, Unstoppable Foundation* e outras — obrigado pelas escolas que vocês construíram, pela saúde e pela água potável que fornecem para as crianças carentes.

Às organizações sem fins lucrativos de saúde cerebral que estão mudando o mundo financiando e conduzindo pesquisas sobre o Mal de Alzheimer — Steve Aoki e a Aoki Foundation, Women's Alzheimer's Movement de Maria Shriver, Dr. Rudy Tanzi, Cleveland Clinic Lou Ruvo Center for Brain Health, Women's Brain Initiative and Alzheimer's Prevention Clinic da Dra. Lisa Mosconi na Weill Cornell Medical College.

A todos os meus professores na escola (e professores ao redor do mundo), tendo trabalhado com tantos educadores e minha mãe, que se aposentou recentemente na educação pública, sei que não é fácil. Obrigado por seu carinho, compaixão e comprometimento. Vocês são os verdadeiros super-heróis e nós agradecemos pelas capas que vocês vestem.

Ao esquadrão geek original — Dakota, Morris e Dave. Obrigado pelas revistas em quadrinhos, videogames e jogos de cartas. Não apenas pela sua amizade, mas por todas as longas sessões tutoriais. Não teria passado na escola sem vocês.

Ao sensei Rick por anos de treinamento nas artes marciais, sabedoria e amizade. E Bryan Watanabe, que me surpreendeu com a sua integridade e capacidade de afetar as pessoas ao seu redor tão positivamente.

Obrigado, Rocky, o melhor cachorro de todos, por me fazer companhia em todas essas manhãs escrevendo!

Para a minha amada, tenho muita sorte de ter você nessa jornada. Obrigado por viver em meio à minha obsessão com toda essa coisa de cérebros e super-heróis. Todo os dias com você são uma aventura de aprendizado e risadas, estou admirado com o seu amor e apoio ilimitados. Você é a maior bênção da minha vida.

Às nossas famílias, o amor flui forte e profundamente, deixando-nos uma vida de lembranças para guardar na memória.

Ao meu irmão e irmã, obrigado por tudo o que vocês fazem e são. Vocês me inspiram como pessoas e pais. Amo vocês demais.

Obrigado aos meus pais, meus heróis originais, não apenas por me encorajarem neste livro, mas também por acreditarem em mim desde o início. Tudo o que já me tornei de decente ou fiz de bom é por sua causa. Qualquer coisa diferente disso é culpa minha. E, novamente, obrigado a VOCÊ, leitor. É nossa honra servi-lo enquanto trabalhamos juntos para criar um cérebro, uma vida e um mundo sem limites.

SOBRE O AUTOR

Jim Kwik (seu nome real) é altamente reconhecido no mundo como especialista em aprimoramento de memória, otimização cerebral e aprendizado acelerado. Após uma lesão cerebral deixá-lo com dificuldades de aprendizado, Kwik criou estratégias para melhorar drasticamente seu desempenho mental. Desde então, tem dedicado sua vida a ajudar os outros a libertar sua verdadeira genialidade e poder mental. Por mais de duas décadas, ele tem sido treinador cerebral de estudantes, idosos, empreendedores e educadores. Seu trabalho chegou aos notáveis da elite de Hollywood, atletas profissionais, políticos e magnatas dos negócios, com clientes corporativos como Google, Virgin, Nike, Zappos, SpaceX, GE, Twentieth Century Fox, Cleveland Clinic, Wordpress, e instituições como Nações Unidas, Caltech, Harvard e Singularity University.

Em suas palestras, ele alcança audiências presenciais que totalizam mais de 200 mil pessoas todos os anos; seus vídeos online acumulam milhões de visualizações. Com frequência, Kwik é destaque na imprensa em veículos como *Forbes, HuffPost, Fast Company, Inc.* e *CNBC*. Ele é o apresentador do aclamado podcast "*Kwik Brain*", sempre apontado como principal show de treinamento educacional no iTunes. Os cursos online em *KwikLearning.com* são acessados em 195 países.

Defensor da saúde cerebral e da educação global, Kwik também é filantropo, financiando projetos que vão da pesquisa de Alzheimer à criação de escolas da Guatemala ao Quênia, proporcionando assistência à saúde, água potável e aprendizado para crianças carentes. Sua missão: não deixar nenhum cérebro para trás.

Conecte-se com *Jim Kwik em:*

JimKwik.com (palestras, treinamentos, podcast)

KwikLearning.com (programas online)

Twitter: @JimKwik

Facebook: @JimKwik

Instagram: @JimKwik

Mensagem de texto: (+1)310-299-9362

NOTAS FINAIS

CAPÍTULO 2

1. "Digital Overload: Your Brain On Gadgets", *NPR*, última modificação em 24 de agosto de 2010, www.npr.org/templates/story/story.php?storyId=129384107.

2. Ibidem.

3. Matt Richtel, "*Attached to Technology and Paying a Price*", *The New York Times*, última modificação em 7 de junho de 2010, www.nytimes.com/2010/06/07/technology/07brain.html.

4. Paul Waddington, "Dying for Information? A Report on the Effects of Information Overload in the UK and Worldwide", *Reuters*, acessado em 11 de dezembro de 2019, www.ukoln.ac.uk/services/papers/bl/blri078/content/repor~13.htm.

5. "Digital Distraction", *American Psychological Association*, última modificação em 10 de agosto de 2018, www.apa.org/news/press/releases/2018/08/digital-distraction.

6. Daniel J. Levitin, *The Organized Mind: Thinking Straight in the Age of Information Overload* (Nova York: Dutton, 2016).

7. Sean Coughlan, "Digital Dependence 'Eroding Human Memory'", *BBC News*, *BBC*, última modificação em 7 de outubro de 2015, www.bbc.com/news/education-34454264.

8. Rony Zarom, "Why Technology Is Affecting Critical Thought in the Workplace and How to Fix It", *Entrepreneur*, 21 de setembro de 2015, www.entrepreneur.com/article/248925.

9. Jim Taylor, "How Technology Is Changing the Way Children Think and Focus", *Psychology Today*, 4 de dezembro de 2012, www.psychologytoday.com/us/ blog/the-power-prime/201212/how-technology-is-changing-the-way-children-think-and-focus.

10. Patricia M. Greenfield, "Technology and Informal Education: What Is Taught, What Is Learned", *Science*, 2 de janeiro de 2009, https://science.sciencemag.org/content/323/5910/69.full.

11. Richard Foreman, "The Pancake People, or, 'The Gods Are Pounding My Head'", *Edge*, 8 de março de 2005, https://www.edge.org/3rd_culture/foreman05/foreman05_index.html.

CAPÍTULO 3

1. Tara Swart, *The Source: Open Your Mind, Change Your Life* (Nova York: Vermilion, 2019).

2. Suzana Herculano-Houzel, "The Human Brain in Numbers: a Linearly Scaled-up Primate Brain", *Frontiers in Human Neuroscience*, 9 de novembro de 2009, www.ncbi.nlm. nih.gov/pmc/articles/PMC2776484/.

3. Ferris Jabr, "Cache Cab: Taxi Drivers' Brains Grow to Navigate London's Streets", *Scientific American*, 8 de dezembro de 2011, www.scientificamerican.com/ article/ london-taxi-memory/.

4. Courtney E. Ackerman, "What Is Neuroplasticity? A Psychologist Explains [+14 Exercises]", PositivePsychology.com, última modificação em 10 de setembro de 2019, positivepsychology.com/neuroplasticity/.

5. Catharine Paddock, Ph.D., "Not Only Does Our Gut Have Brain Cells It Can Also Grow New Ones, Study", Medical News Today, última modificação em 5 de agosto de 2009, https://www.medicalnewstoday.com/articles/159914.php; Jennifer Wolkin, "Meet Your Second Brain: The Gut", *Mindful*, última modificação em 14 de agosto de 2015, https://www.mindful.org/meet-your-second-brain-the-gut/.

6. Emily Underwood, "Your Gut Is Directly Connected to Your Brain, by a Newly Discovered Neuron Circuit", *Science*, última modificação em 20 de setembro de 2018, https://www.sciencemag.org/news/2018/09/ your-gut-directly-connected-your-brain-newly-discovered-neuron-circuit.

7. Ken Robinson and Lou Aronica, *Creative Schools: The Grassroots Revolution That's Transforming Education* (Nova York: Penguin Books, 2016), xxvii-xxvii.

CAPÍTULO 4

1. Sonnad, Nikhil. "A Mathematical Model of the 'Forgetting Curve' Proves Learning Is Hard." *Quartz*, 28 de fevereiro de 2018, qz.com/1213768/ the-forgetting-curve-explains-why-humans-struggle-to-memorize/.

2. Francesco Cirillo, "The Pomodoro Technique", Cirillo Consulting, francescocirillo. com/pages/pomodoro-technique.

3. Oliver Wendell Holmes, "The Autocrat of the Breakfast-Table", *Atlantic Monthly* 2, no. 8 (junho de 1858): 502.

CAPÍTULO 5

1. Jim Kwik, "Kwik Brain with Jim Kwik: Break Through Your Beliefs with Shelly Lefkoe", 2 de maio de 2019, *Kwik Brain*, https://kwikbrain.libsyn. com/114-break-through-your-beliefs-with-shelly-lefkoe/.

2. Jan Bruce, et al., *Mequilibrium: 14 Days to Cooler, Calmer, and Happier* (Nova York: Harmony Books, 2015), 95.

3. Jennice Vilhauer, "4 Ways to Stop Beating Yourself Up, Once and For All", *Psychology Today*, 18 de março de 2016, www.psychologytoday.com/us/blog/ living-forward/201603/4-ways-stop-beating-yourself-once-and-all.

4. "The Power of Positive Thinking", *Johns Hopkins Medicine*, www.hopkins medicine.org/ health/wellness-and-prevention/the-power-of-positive-thinking.

5. Mayo Clinic Staff, "Positive Thinking: Stop Negative Self-Talk to Reduce Stress", *Mayo Clinic*, última modificação em 18 de fevereiro de 2017, www.mayoclinic.org/ healthy-lifestyle/stress-management/in-depth/positive-thinking/art-20043950.

Notas Finais

6. James Clear, "How Positive Thinking Builds Your Skills, Boosts Your Health, and Improves Your Work", *James Clear*, acessado em 22 de abril de 2019, jamesclear.com/positive-thinking.

7. Ibidem.

8. Ibidem.

9. Barbara L. Fredrickson, "The Broaden-and-Build Theory of Positive Emotions", *National Center for Biotechnology Information*, última modificação em 17 de agosto de 2004, www.ncbi.nlm.nih.gov/pmc/articles/PMC1693418/pdf/15347528.pdf.

CAPÍTULO 6

1. Carol S. Dweck, *Mindset: the New Psychology of Success* (Nova York: Random House, 2006).

2. Daphne Martschenko, "The IQ Test Wars: Why Screening for Intelligence Is Still so Controversial", *The Conversation*, acessado em 16 de agosto de 2019, https:// theconversation.com/the-iq-test-wars-why-screening-for-intelligence-is-still-so-controversial-81428.

3. Ibidem.

4. Ibidem.

5. David Shenk, "The Truth About IQ", *The Atlantic*, acessado em 4 de agosto de 2009, https://www.theatlantic.com/national/archive/2009/07/the-truth-about-iq/22260/.

6. Ibidem.

7. Brian Roche, "Your IQ May Not Have Changed, But Are You Any Smarter?", *Psychology Today*, 15 de julho de 2014, www.psychologytoday.com/us/blog/iq-boot-camp/201407/your-iq-may-not-have-changed-are-you-any-smarter.

8. David Shenk, *The Genius in All Of Us* (Nova York: Anchor Books, 2011) 117.

9. Gabrielle Torre, "The Life and Times of the 10% Neuromyth", *Knowing Neurons*, última modificação em 13 de fevereiro de 2018, https://knowingneurons.com/2018/02/13/10-neuromyth/.

10. Eric H. Chudler, "Do We Only Use 10% of Our Brains?", Neuroscience for Kids, https://faculty.washington.edu/chudler/tenper.html.

11. Gabrielle Torre, "The Life and Times of the 10% Neuromyth", *Knowing Neurons*, última modificação em 13 de fevereiro de 2018, https://knowingneurons.com/2018/02/13/10-neuromyth/.

12. Eric Westervelt, "Sorry, Lucy: The Myth of the Misused Brain Is 100 Percent False", *NPR*, 27 de julho de 2014, https://www.npr.org/2014/07/27/335868132/sorry-lucy-the-myth-of-the-misused-brain-is-100-percent-false.

13. Barry L. Beyerstein, "Whence Cometh the Myth that We Only Use 10% of our Brains?", em *Mind Myths: Exploring Popular Assumptions About the Mind and Brain*, ed. Sergio Della Sala (Londres: Wiley, 1999), p. 3–24.

14. Ibidem.

15. Robynne Boyd, "Do People Only Use 10 Percent of Their Brains?" *Scientific American*, última modificação em 7 de fevereiro de 2008, https://www.scientificamerican.com/article/do-people-only-use-10-percent-of-their-brains/.

16. Thomas G. West, *In the Mind's Eye: Creative Visual Thinkers, Gifted Dyslexics, and the Rise of Visual Technologies* (Amherst, Nova York: Prometheus Books, 2009).

17. Ibidem.

18. "Einstein's 23 Biggest Mistakes: A New Book Explores the Mistakes of the Legendary Genius", *Discover*, última modificação em primeiro de setembro de 2008, http://discover magazine.com/2008/sep/01-einsteins-23-biggest-mistakes.

19. "About Page", *Beth Comstock*, https://www.bethcomstock.info/.

20. 99U, "Beth Comstock: Make Heroes Out of the Failures", vídeo, 12:40, 3 de setembro de 2015, https://www.youtube.com/watch?v=0GpIlOF-UzA.

21. Thomas Hobbes, *The English Works of Thomas Hobbes of Malmesbury*, ed. William Molesworth (Aalen, Alemanha: Scientia, 1966).

22. "Carol W. Greider", Wikipedia, acessado em 27 de julho de 2019, https://en.wikipedia.org/wiki/Carol_W._Greider.

23. "Carol Greider, Ph.D., Director of Molecular Biology & Genetics at Johns Hopkins University", *Yale Dyslexia*, http://dyslexia.yale.edu/story/carol-greider-ph-d/.

24. Mayo Clinic Staff, "Dyslexia", *Mayo Clinic*, última modificação em 22 de julho de 2017, https://www.mayoclinic.org/diseases-conditions/dyslexia/symptoms-causes/syc-20353552.

25. Claudia Dreifus, "On Winning a Nobel Prize in Science", *The New York Times*, 12 de outubro de 2009, seção Ciência, https://www.nytimes.com/2009/10/13/science/13conv.html.

26. Jim Carrey, discurso de formatura, Maharishi International University, Fairfield, Iowa, 24 de maio de 2014, www.mum.edu/graduation-2014, acessado em 5 de janeiro de 2020.

27. Fred C. Kelly, "They Wouldn't Believe the Wrights Had Flown: A Study in Human Incredulity", *Wright Brothers Aeroplane Company*, http://www.wright-brothers.org/History_Wing/Aviations_Attic/They_Wouldnt_Believe/ They_Wouldnt_Believe_the_Wrights_Had_Flown.htm.

28. Ibidem.

29. "Bruce Lee", *Biography.com*, última modificação em 16 de abril de 2019, www.biography.com/actor/bruce-lee.

30. Mouse AI, "I Am Bruce Lee", direção de Pete McCormack, vídeo, 1:30:13, última modificação em 13 de junho de 2015, www.youtube.com/watch?v=2qL-WZ_ATTQ.

31. "I Am Bruce Lee", Leeway Media, 2012, www.youtube.com/watch?v= 2qL-WZ_ATTQ.

32. Bruce Lee, Bruce Lee Jeet Kune Do: Bruce Lee's Commentaries on the Martial Way, ed. John Little (Claredon, Vermont: Tuttle Publishing, 1997).

33. Daniel Coyle, The Talent Code: Greatness Isn't Born. It's Grown (Londres: Arrow, 2010); "The Talent Code: Grow Your Own Greatness: Here's How", Daniel Coyle, http://danielcoyle.com/the-talent-code/.

CAPÍTULO 7

1. "Kind (n.)", Index, www.etymonline.com/word/kind.

2. Christopher J. Bryan, et al., "Motivating Voter Turnout by Invoking the Self", *PNAS*, última modificação em 2 de agosto de 2011, https://www.pnas.org/content/108/31/12653.

3. Adam Gorlick, "Stanford Researchers Find That a Simple Change in Phrasing Can Increase Voter Turnout", *Stanford University*, última modificação em 19 de junho de 2011, https://news.stanford.edu/news/2011/july/increasing-voter-turnout-071911.html.

CAPÍTULO 8

1. Eva Selhub, "Nutritional Psychiatry: Your Brain on Food", *Harvard Health* (blog), *Harvard Health Publishing*, última modificação em 5 de abril de 2018, www.health.harvard.edu/blog/nutritional-psychiatry-your-brain-on-food-201511168626.

2. Jim Kwik, "Kwik Brain with Jim Kwik: Eating for Your Brain with Dr. Lisa Mosconi", *Jim Kwik*, última modificação em 4 de janeiro de 2019, https://jimkwik.com/kwik-brain-088-eating-for-your-brain-with-dr-lisa-mosconi/.

3. Jim Kwik, "Kwik Brain with Jim Kwik: When to Eat for Optimal Brain Function with Max Lugavere", Jim Kwik, última modificação em 19 de julho de 2018, https:// jimkwik.com/kwik-brain-066-when-to-eat-for-optimal-brain-function-with-max-lugavere/.

4. "Table 1: Select Nutrients that Affect Cognitive Function", *National Institutes of Health*, www.ncbi.nlm.nih.gov/pmc/articles/PMC2805706/table/ T1/?report=objectonly, acessado em 1 de junho de 2019.

5. Heidi Godman, "Regular Exercise Changes the Brain to Improve Memory, Thinking Skills", *Harvard Health (blog)*, *Harvard Health Publishing*, 5 de abril de 2018, www.health.harvard.cdu/blog/regular-exercise-changes-brain-improve-memory-thinking-skills-201404097110.

6. Daniel G. Amen, Change Your Brain, Change Your Life: the Breakthrough Program for Conquering Anxiety, Depression, Obsessiveness, Lack of Focus, Anger, and Memory Problems (Nova York: Harmony Books, 2015), 109–110.

7. The Lancet Neurology, "Air Pollution and Brain Health: an Emerging Issue", *The Lancet* 17, no. 2 (fevereiro de 2018): 103, www.thelancet.com/journals/ laneur/article/PIIS1474-4422(17)30462-3/fulltext.

8. Tara Parker-Pope, "Teenagers, Friends and Bad Decisions", *Well (blog)*, *The New York Times*, 3 de fevereiro de 2011, well.blogs.nytimes.com/2011/02/03/teenagers-friends-and-bad-decisions/?scp=6&sq=tara%2Bparker%2Bpope&st=cse.

9. "Protect Your Brain from Stress", *Harvard Health (blog)*, *Harvard Health Publishing*, última modificação em agosto de 2018, www.health.harvard.edu/mind-and-mood/protect-your-brain-from-stress.

10. "Brain Basics: Understanding Sleep", National Institute of Neurological Disorders and Stroke, *US Department of Health and Human Services*, última modificação em 13 de agosto de 2019, www.ninds.nih.gov/Disorders/Patient-Caregiver-Education/Understanding-Sleep.

11. Jean Kim, "The Importance of Sleep: The Brain's Laundry Cycle", Psychology Today, 28 de junho de 2017, www.psychologytoday.com/us/blog/culture-shrink/ 201706/the-importance-sleep-the-brains-laundry-cycle.

12. Jeff Iliff, "Transcript of 'One More Reason to Get a Good Night's Sleep'" TED, última modificação em setembro de 2014, www.ted.com/talks/jeff_iliff_one_more_reason_to_get_a_good_night_s_sleep/transcript.

13. Ibidem.

14. Sandee LaMotte, "One in Four Americans Develop Insomnia Each Year: 75 Percent of Those with Insomnia Recover", *Science Daily*, 5 de junho de 2018, https://www.sciencedaily.com/releases/2018/06/180605154114.htm.

15. Kathryn J. Reid, et al., "Aerobic Exercise Improves Self-Reported Sleep and Quality of Life in Older Adults with Insomnia", *Sleep Medicine, US National Library of Medicine*, última modificação em outubro de 2010, www.ncbi.nlm.nih.gov/ pmc/articles/PMC2992829/.

16. Michael J. Breus, "Better Sleep Found by Exercising on a Regular Basis", *Psychology Today*, 6 de setembro de 2013, www.psychologytoday.com/us/blog/sleep-newzzz/201309/better-sleep-found-exercising-regular-basis-0.

17. Sandee LaMotte, "The Healthiest Way to Improve Your Sleep: Exercise", *CNN*, última modificação em 30 de maio de 2017, www.cnn.com/2017/05/29/health/exercise-sleep-tips/index.html.

18. David S. Black, et al., "Mindfulness Meditation in Sleep-Disturbed Adults", *JAMA Internal Medicine* 5 (abril de 2015): 494–501, jamanetwork.com/journals/jamainternalmedicine/fullarticle/2110998.

19. Karen Kaplan, "A Lot More Americans are Meditating Now than Just Five Years Ago", *Los Angeles Times*, 8 de novembro de 2018, www.latimes.com/science/sciencenow/la-sci-sn-americans-meditating-more-20181108-story.html.

20. Jim Kwik, "Kwik Brain with Jim Kwik: How to Make Meditation Easy with Ariel Garten", *Jim Kwik*, última modificação em 8 de novembro de 2018, https://jimkwik.com/kwik-brain-080-your-brain-on-meditation-with-ariel-garten/.

21. Ibidem.

CAPÍTULO 9

1. Sarah Young, "This Bizarre Phenomenon Can Stop You from Procrastinating", *The Independent*, última modificação em 9 de março de 2018, www.independent.co.uk/lifestyle/procrastinating-how-to-stop-zeigarnik-effect-phenomenon-at-work-now-a8247076.html.

2. Art Markman, "How to Overcome Procrastination Guilt and Turn It Into Motivation", *HBR Ascend*, 7 de janeiro de 2019, hbrascend.org/topics/turn-your-procrastination-guilt-into-motivation/.

3. B.J. Fogg, "When you learn the Tiny Habits method, you can change your life forever", *Tiny Habits*, última modificação em 2019, www.tinyhabits.com/.

4. Deepak Agarwal, *Discover the Genius in Your Child* (Delhi: AIETS.com Pvt.Ltd., 2012), p. 27-28.

5. Charles Duhigg, *The Power of Habit: Why We Do What We Do in Life and Business* (Nova York: Random House, 2012), p. 20–21.

6. James Clear, "The Habits Academy", *The Habits Academy*, habitsacademy.com/.

7. Jim Kwik, "Kwik Brain with Jim Kwik: Understanding Habit Triggers with James Clear", *Jim Kwik*, 18 de outubro de 2018, https://jimkwik.com/kwik-brain-075-understanding-habit-triggers-with-james-clear/.

8. Ibidem.

9. Phillippa Lally, et al., "How Are Habits Formed: Modelling Habit Formation in the Real World", *European Journal of Social Psychology*, vol. 40, no. 6 (julho de 2009): 998–1009, doi:10.1002/ejsp.674.

10. Alison Nastasi, "How Long Does It Really Take to Break a Habit?" *Hopes & Fears*, acessado em 20 de novembro de 2015, www.hopesandfears.com/hopes/ now/question/216479-how-long-does-it-really-take-to-break-a-habit.

11. Ibidem.

12. B. J. Fogg, "A Behavior Model for Persuasive Design", Persuasive '09: *Proceedings of the 4th International Conference on Persuasive Technology*, no. 40 (26 de abril de 2009), doi:10.1145/1541948.1541999.

13. Ibidem.

Notas Finais

285

14. Ibidem.

15. Ibidem.

CAPÍTULO 10

1. Mihaly Csikszentmihalyi, *Flow: the Psychology of Optimal Experience* (Nova York: Harper Row, 2009).

2. Mike Oppland, "8 Ways To Create Flow According to Mihaly Csikszentmihalyi", *PositivePsychology.com*, acessado em 19 de fevereiro de 2019, positivepsychology program.com/mihaly-csikszentmihalyi-father-of-flow/.

3. Susie Cranston and Scott Keller, "Increasing the 'Meaning Quotient' of Work", *McKinsey Quarterly*, janeiro de 2013, www.mckinsey.com/business-functions/ organization/our-insights/increasing-the-meaning-quotient-of-work.

4. Entrepreneurs Institute Team, "A Genius Insight: The Four Stages of Flow", *Entrepreneurs Institute*, última modificação em 12 de fevereiro de 2015, entrepreneurs institute.org/updates/a-genius-insight-the-four-stages-of-flow.

5. Hara Estroff Marano, "Pitfalls of Perfectionism", *Psychology Today*, 1 de março de 2008, www.psychologytoday.com/us/articles/200803/pitfalls-perfectionism.

6. Travis Bradberry, "Why the Best Leaders Have Conviction", *World Economic Forum*, última modificação em 7 de dezembro de 2015, www.weforum.org/agenda/2015/12/ why-the-best-leaders-have-conviction/.

CAPÍTULO 11

1. Jim Kwik, "Kwik Brain with Jim Kwik: How to Concentrate with Dandapani", *Jim Kwik*, 8 de outubro de 2019, https://jimkwik.com/ kwik-brain-149-how-to-concentrate-with-dandapani/.

2. Ibidem.

3. Ibidem.

4. "A Clean Well-Lighted Place", *BeWell,* acessado em 7 de janeiro de 2020, https:// bewell.stanford.edu/a-clean-well-lighted-place/.

5. Melanie Greenberg, "9 Ways to Calm Your Anxious Mind", *Psychology Today*, 28 de junho de 2015, www.psychologytoday.com/us/blog/the-mindful-self-express/ 201506/9-ways-calm-your-anxious-mind.

6. Donald Miller, "The Brutal Cost of Overload and How to Reclaim the Rest You Need", *Building a StoryBrand*, buildingastorybrand.com/episode-40/.

7. Markham Heid, "The Brains of Highly Distracted People Look Smaller", *VICE*, 12 de outubro de 2017, tonic.vice.com/en_us/article/wjxmpx/ constant-tech-distractions-are-like-feeding-your-brain-junk-food.

8. Kristin Wong, "How Long It Takes to Get Back on Track After a Distraction", *Lifehacker*, 29 de julho de 2015, lifehacker.com/ how-long-it-takes-to-get-back-on-track-after-a-distract-1720708353.

9. "4-7-8 Breath Relaxation Exercise", *Council of Residency Directors in Emergency Medicine*, fevereiro de 2010, www.cordem.org/globalassets/files/ academic-assembly/2017-aa/ handouts/day-three/biofeedback-exercises-for-stress-2---fernances-j.pdf.

CAPÍTULO 12

1. Ralph Heibutzki, "The Effects of Cramming for a Test", *Education*, 21 de novembro de 2017, education.seattlepi.com/effects-cramming-test-2719.html.

2. Mark Wheeler, "Cramming for a Test? Don't Do It, Say UCLA Researchers", *UCLA Newsroom*, 22 de agosto de 2012, newsroom.ucla.edu/releases/cramming-for-a-test-don-t-do-it-237733.

3. William R. Klemm, "Strategic Studying: The Value of Forced Recall", *Psychology Today*, 9 de outubro de 2016, www.psychologytoday.com/us/blog/memory-medic/201610/strategic-studying-the-value-forced-recall.

4. Ibidem.

5. James Gupta, "Spaced Repetition: a Hack to Make Your Brain Store Information", *The Guardian*, 23 de janeiro de 2016, www.theguardian.com/education/2016/jan/23/spaced-repetition-a-hack-to-make-your-brain-store-information.

6. Jordan Gaines Lewis, "Smells Ring Bells: How Smell Triggers Memories and Emotions", *Psychology Today*, 12 de janeiro de 2015, www.psychologytoday.com/us/blog/brain-babble/201501/smells-ring-bells-how-smell-triggers-memories-and-emotions.

7. Wu-Jing He, et al., "Emotional Reactions Mediate the Effect of Music Listening on Creative Thinking: Perspective of the Arousal-and-Mood Hypothesis", *Frontiers in Psychology* 8 (26 de setembro de 2017): 1680, www.ncbi.nlm.nih.gov/pmc/articles/PMC5622952/.

8. Claire Kirsch, "If It's Not Baroque Don't Fix It", *The Belltower*, 25 de janeiro de 2017, http://belltower.mtaloy.edu/2017/01/if-its-not-baroque-dont-fix-it/.

9. Alina-Mihaela Busan, "Learning Styles of Medical Students — Implications in Education", *Current Health Sciences Journal* 40, no. 2 (abril-junho de 2014): 104–110, www.ncbi.nlm.nih.gov/pmc/articles/PMC4340450/.

10. Bob Sullivan and Hugh Thompson, "Now Hear This! Most People Stink at Listening [Except]", *Scientific American*, 3 de maio de 2013, www.scientificamerican.com/article/plateau-effect-digital-gadget-distraction-attention/.

11. Ibidem.

12. Cindi May, "A Learning Secret: Don't Take Notes with a Laptop", *Scientific American*, 3 de junho de 2014, www.scientificamerican.com/article/a-learning-secret-don-t-take-notes-with-a-laptop/

CAPÍTULO 13

1. Eve Marder, "The Importance of Remembering", *eLife* 6 (14 de agosto de 2017), https://www.ncbi.nlm.nih.gov/pmc/articles/PMC5577906/.

2. William R. Klemm, "Five Reasons That Memory Matters", *Psychology Today*, 13 de janeiro de 2013, www.psychologytoday.com/us/blog/memory-medic/ 201301/five-reasons-memory-matters.

3. Joshua Foer, "How to Train Your Mind to Remember Anything", *CNN*, 11 de junho de 2012, www.cnn.com/2012/06/10/opinion/foer-ted-memory/index.html.

CAPÍTULO 14

1. Lauren Duzbow, "Watch This. No. Read It!" *Oprah.com*, junho de 2008, www.oprah.com/health/how-reading-can-improve-your-memory#ixzz2VYPyX3uU.

2. "Keep Reading to Keep Alzheimer's at Bay", *Fisher Center for Alzheimer's Research Foundation*, última modificação em 12 de novembro de 2014, www.alzinfo.org/articles/reading-alzheimers-bay/.

CAPÍTULO 15

1. "Six Thinking Hats", *De Bono Group*, www.debonogroup.com/six_thinking_hats.php.

2. "The Components of MI", *MI Oasis*, www.multipleintelligencesoasis.org/the-components-of-mi, acessado em 10 de abril de 2019.

3. Ibidem.

4. Ibidem.

5. The Mind Tools Content Team, "VAK Learning Styles: Understanding How Team Members Learn", *Mind Tools*, www.mindtools.com/pages/article/ vak-learning-styles.htm, acessado em 10 de abril de 2019.

6. Matt Callen, "The 40/70 Rule and How It Applies to You", Digital Kickstart, última modificação em 3 de maio de 2016, https://digitalkickstart.com/the-4070-rule-and-how-it-applies-to-you/.

7. Ibidem.

8. Rimm, Allison, "Taming the Epic To-Do List." *Harvard Business Review*, 14 de junho de 2018, https://hbr.org/2018/03/taming-the-epic-to-do-list.

9. Peter Bevelin, *Seeking Wisdom: from Darwin to Munger* (PCA Publications LLC, 2018).

10. Ryan Holiday, *Conspiracy: The True Story of Power, Sex, and a Billionaire's Secret Plot to Destroy a Media Empire* (Nova York: Portfolio, 2018).

11. "Second-Order Thinking: What Smart People Use to Outperform", *Farnam Street*, acessado em 22 de janeiro de 2019, https://fs.blog/2016/04/second-order-thinking/.

12. "Kwik Brain with Jim Kwik: Exponential Thinking with Naveen Jain", *Jim Kwik*, 4 de maio de 2018, https://jimkwik.com/kwik-brain-059-exponential-thinking-with-naveen-jain/.

13. Viome.com Home Page, *Viome, Inc.*, acessado em 5 de fevereiro de 2020, www.viome.com.

14. Mark Bonchek, "How to Create an Exponential Mindset", Harvard Business Review, 4 de outubro de 2017, hbr.org/2016/07/how-to-create-an-exponential-mindset.

15. Evie Mackie, "Exponential Thinking", Medium, Room Y, última modificação em 30 de agosto de 2018, medium.com/room-y/exponential-thinking-8d7cbb8aaf8a.

ÍNDICE

A

"A ciência do momento", 152

Acrônimo
faster, 257
hear, 189
heart, 110
mom, 199, 211, 260
tip, 192
win, 150

Adam Perlman, 73

Administração do estresse, 132

Albert Einstein, 6, 62, 90, 235

Alfred Binet, 87

Alimentos para o cérebro, 122, 137
abacate, 125, 224, 260
açafrão, 124, 260
amora, 224
brócolis, 123, 260
chocolate amargo, 122, 260
mirtilo, 123, 260
nozes, 123, 260
ovos, 123, 260
salmão, 125
vegetais de folha verde, 123, 260

Alvin Toffler, 166

Ambiente
de aprendizagem, 50
de organização, 173
limpo, 129

Ambivalência, 147

Amor próprio, 116

Andrew J. Fuligni, 183

Andrew Shatté, 73

Andrew Weil, 175

Anotações
dicas para fazer, 192
e aprendizagem prejudicada, 191
ineficientes, 190
propósito das, 190
revisar as, 191
treinando, 192

Anthony William, 153

ANTs (pensamentos negativos automáticos), 129, 137, 258

Ápice neurológico, 33

Aprendizado
mecânico, 202
por repetição, 202

Aprendizagem
abordagem ativa para, 204
assumindo o controle da, 41
capacidade ilimitada de, 12
como ato social, 51
como um recipiente vazio, 48
consistência na, 95
elementar, 202
expandir, 137
plasticidade, 35
resolver problemas pela, 94
supervilões da, 20

Aprendizes
auditivos, 238
visuais, 238

Art Markman, 140

Atenção
consciente, 181
desviar, 46
e acalmar a mente, 174
e memória, 200, 207
e nutrientes cerebrais, 127
e pensamentos positivos, 82
focada, 136
mudança, 23
Audição
acrônimo hear, 189
com todo o seu cérebro, 188
e aprendizagem, 188
e tomar notas, 189
importância da, 188
Autoevolução, 27
novo tipo de, 27
Automaticidade, 143, 146

B

Barbara Fredrickson, 81
Barry Beyerstein, 89
Barry Gordon, 90
Batida mágica da manhã, 124
Beth Comstock, 91
Bill Gates, 217
Bispo Mandell Creighton, 56
B.J. Fogg, 141, 147
Bluma Zeigarnik, 139
Bob Sullivan, 188
Bruce Lee, 97, 99
Bryan Roche, 88

C

Caminhos neurais, 34
Carol Dweck, 86, 151
Carol Greider, 93
Centelha (comando), 149
Cérebro
atualizar por meio da leitura, 43
como consumidor de energia, 90
como dispositivo de exclusão, 54
como um músculo, 25, 196
conexões, 38
conhecimento limitado sobre, 32
córtex cerebral, 33
córtex cingulado anterior (CCA), 175
e ápice neurológico, 33
exercitar, 196
influência do ambiente no, 33
influência dos genes no, 33
maleabilidade, 34
memória e, 25
mentira sobre uso limitado, 88
necessidades alimentares do, 122
neuroplasticidade, 33
ouvindo com o, 187
regiões e funções, 90
Sistema de Ativação Reticular (SAR), 54
terceirizar, 25
tronco cerebral, 32
Chapéus do pensamento, técnica, 234, 251
Charles Duhigg, 143
Christopher Bryan, 113
Christopher E. Kline, 135
Ciclo do hábito, 143, 155
Ciclos cerebrais, 149
Claude Monet, 236
Colin Powell, 243
Competência
consciente, 181
inconsciente, 181
Competência, quatro níveis da, 181
Compreensão, leitura, 224
Concentração
como um músculo, 172
definição, 173
e distrações, 174
em aprendendo como aprender, 11
e organizar o ambiente, 173
e sucesso, 172
na compreensão da leitura, 224
pesquisa sobre habilidade, 46

praticando a, 172

Condição mental
administrar, 186
e aprendizagem, 50
postura, 186

Conhecimento
como potencial para ser poder, 93
é poder, 12, 92
tentar colocar em uma caixa, 98

Consolidação (etapa), fluxo, 160

Conversa interna, 35, 70, 129

Cortisol, 132, 164

Crenças
criando novas, 79
e mentalidade, 64
iceberg, 73
inteligência é fixa, 85
limitadoras, 35, 68
que representam limites, 17, 70

Crítica interna, 73, 79, 81, 82

Culpa, 140

Cultura de comparação, 28

Curva
de aprendizagem, 51
do esquecimento, 45, 52

D

Dandapani, 172

Daniel Amen, 129

Daniel Coyle, 99

Daniel J. Levitin, 23

Daniel M. Oppenheimer, 191

David Eagleman, 89

David S. Black, 135

David Shenk, 88

Debbie Ford, 144

Declarações "eu sou", 114, 119

Dedução digital, xiv, 26

Deepak Chopra, 95

Deficiências de aprendizado, 12, 93

Demandas cognitivas, 34

Demência, 5, 130

digital, xiv

Depressão
digital, 28
e açúcar refinado, 122
e cortisol, 164
e falta de sono, 133
e medo de falhar, 163

Desamparo aprendido, 64

Desempenho cognitivo, 23

Desvio social e simplicidade, 149

DHA fosfolipídico, 127

Diego Bohórquez, 37

Dieta para o cérebro, 121

Dilúvio digital, xiii

Dislexia, 93

Disposição mental, 64

Distração digital, xiii

Distrações
e foco, 174
eliminando, 160, 164

Dopamina, 22

E

Economia de trabalhos temporários, 41

Eddie Morra, 104

Educação
assuma com as próprias mãos, 88
sistema de, 39

Edward de Bono, 234, 251

Efeito Zeigarnik, 140

E. Glenn Schellenberg, 187

Eixo cérebro-intestino, 36

Eleanor Maguire, 34

Energia cerebral
e administração do estresse, 132
e ambiente limpo, 129
e exercícios, 128
e matando as formigas, 129
e proteção do cérebro, 131
e sono, 133
na motivação, 105

no programa inicial rápido de dez dias, 260

nutrientes, 127

Energia emocional, 50

Era Digital, 20

benefícios, 20

Eric Ries, 40

Erros

como sinais de tentar algo novo, 92

estudando, 244

e você como pessoa, 92

mentira sobre falhas, 90

sentimentos sobre, 100

Esforço físico e simplicidade, 149

Estado do fluxo, 104

Estilos de aprendizagem

auditivo, 238

cinestésico, 238

incorporar os outros, 251

mistura de, 242

teste para determinar, 238

visual, 238

Estresse

e ambiente organizado, 173

e fluxo, 163

e problemas de saúde, 21

fazer algo que cause, 174

gerenciamento do, 76

oxidativo do cérebro, 122

prolongado, 132

Estudo

de última hora, 183

e competência, 181

e condição mental, 186

e sucesso, 182

hábitos, 184

importância do, 179

melhor, 182

otimize, no programa inicial rápido de dez dias, 260

tempo, 184

Eva Selhub, 121

Eve Marder, 198

Evie Mackie, 249

Exercícios

e energia para o cérebro, 128

e sono, 134, 135

Exercícios Comece Logo

administração do estresse, 132

alimentos para o cérebro, 122

ambiente limpo, 130

ANTs (pensamentos negativos automáticos), 129

aprendendo socialmente, 51

como pequenos passos simples, 139

concentração, 172

condição-dependência da aprendizagem, 50

escrevendo pensamentos alheios, 49

estado de espírito, 186

estudo, 181

"Eu sou", 114

fazendo, 61

fazendo perguntas, 60

fluxo, 160

foco, 176

gastando tempo extra, 221

genialidade, 75

grupo de amigos positivo, 131

hábitos, 150

leitura como experiência ativa, 50

lendo e relembrando, 48

lista de tarefas, 244

lista "para aprender", 132

livros para ler, 220

memória, 197

mentiras da aprendizagem, 100

momento de distração, 176

movimentação, 128

paixões, 112

passos pequenos simples, 143

propósito, 112

relaxamento, 203

relembrar, 204

resolução de problemas, 235

revisão, 52

Índice 293

rotina matinal, 155
sono, 136
tempo de leitura, 231
uso do calendário, 52

F

Fatos, 78, 79
Fluxo, 157
  como "código fonte" da motivação, 160
  como fundamental para ser sem limites, 164
  consolidação, etapa do, 160
  definição, 157
Foco
  concentração, 172
  e acalmar a mente, 174
  e ansiedade, 174
  em aprendendo como aprender, 11
  importância de, 171
Francesco Cirillo, 46
Francis Bacon, 92
Frases "e se", 249
Fred Kelly, 96
Função cerebral
  e dieta, 122, 124, 127
  e exercícios, 128
  memória é fundamental para a, 219

G

Gillian Cohen, 200
Gloria Mark, 175

H

Habilidades
  cognitivas, 24
  no Modelo de Comportamento Fogg, 149
Hábitos
  criar, 145, 150
  força dos, 143
  negativos, 146
  novos, acrônimo WIN para, 150, 155

ruins, 146, 155
Habituação, 54
Hadassah Lipszyc, 140
Hara Estroff Marano, 163
Henry Ford, 232
Hierarquia de valores, 114
Howard Gardner, 236, 251
Hugh Thompson, 188

I

Ideias Limitadas Mantidas, 85, 258
Imaginação e leitura, 220
Incompetência
  consciente, 181
  inconsciente, 181
Inteligência
  corporal-cinestésica, 236
  é fluida, 88
  e mentalidade construtiva, 88
  emocional, 87
  espacial, 236
  inata, 87
  interpessoal, 237
  intrapessoal, 237
  linguística, 236
  lógico-matemática, 236
  musical, 236
  naturalista, 237
  prática, 87
  tipos de, 88, 236
Irmãos Wright, 96

J

James Clear, 81, 147
James Gupta, 185
Jan Bruce, 73
Jane Goodall, 237
Jean Kim, 133
Jeannie Mai, 57
Jean-Paul Sartre, 52
Jeff Iliff, 133
Jennice Vilhauer, 73

Jim Carrey, 95
Jim Gianopulos, 13
Jim Rohn, 130
Jim Taylor, 26
J. K. Rowling, 2
John Dryden, 138
John F. Kennedy, 217, 223
Jonathan Fields, 112
Jordan Gaines Lewis, 187
Jornada do Herói, xx, 11, 28
Joshua Foer, 197, 200
Juliet Funt, 174

K

Karl Lashley, 89
Kathryn J. Reid, 134
Ken Pugh, 219
Ken Robinson, 39
Kwik Challenge, 151

L

Lapso de memória, 35
Leitura dinâmica
    dicas de, 230
    velocidade, aumentar, 226
Lembrando nomes, 211
Leonardo da Vinci, 6
Les Brown, 80
Limited Idea Entertained (Ideia
    Limitada Mantida), 64, 85
Limites
    como impedimento ao crescimento
        pessoal e à aprendizagem, 28
    como noções preconcebidas, 49
Lisa Mosconi, 122
Lisa Yanek, 76
Lynne Doughtie, 102

M

Manfred Spitzer, 24
Marco Aurélio, 178
Maria Wimber, 24

Mark Bonchek, 248
Mark Twain, 66, 216
Matt Richtel, 21
Max Lugavere, 127
Melanie Greenberg, 174
Memória
    como função cerebral fundamental,
        197
    de curto prazo, 24, 38
    de longo prazo, 24, 38
    e fortalecimento do cérebro, 25
    foco ativo na, 204
    importância da, 196
    treinada, 204, 215
Memorização, 198, 204
    mecânica, 230
Mentalidade
    caracterização, 64
    construtiva, 86, 111
    exponencial, 247
    fixa, 86, 111
    incremental, 248
    interseção com a motivação, 16
    limitada, 72
    mudando a, 10
    no Modelo Sem Limites, 16
    positiva, 81
    sem limites, 16, 65, 77, 253
Mente
    acalmando a, 174
    de principiante, 48
    e memorização, 198
    preparando a, 60
Meta-aprendizado, 11, 168
Metas Smart, 109
Método
    "capture e crie", 191
    de loci, 210
    Faster, 48
Método Sem Limites, xv
Michelle Obama, 120
Michelle Phan, xviii
Michio Kaku, 30

Índice

Mihaly Csikszentmihalyi, 157

Modelo
   Comportamental de Fogg, 147, 150, 155
   Sem Limites, xv, 64
   VAC, 237

Modelos mentais
   como construtores de pensamento, 242
   definição, 242
   estude seus erros, 244
   lista do que não fazer, 243
   para estratégia, 245
   para produtividade, 243
   para resolução de problemas, 244
   para tomada de decisão, 243
   pensamento de segunda ordem, 245
   regra 40/70, 243

Mona Sharma, 122

Música e aprendizagem, 187, 192, 215

N

Nathaniel Emmons, 148

Naveen Jain, 246

Nervo vago, 37

Neurônios, 21, 30, 131

Neuroplasticidade, 34
   promover o conhecimento da, 47

Nutrientes cerebrais, 127

O

Olfato, 186

Oprah Winfrey, 74, 217, 237

P

Paciência, 94
   cultivar a, 94

Palavras como símbolos, 224

Pam A. Mueller, 191

Paradoxo de Baker-Baker, 200

Patricia Marks Greenfield, 26

Paulo Coelho, 170

Pensamento
   de segunda ordem, 245
   exponencial, 246
   positivo, 76
   turbinar, 27

Pensamentos negativos automáticos (ANTs), 129, 137, 258

Perguntas
   deste livro, 61
   dominantes, 58
   e educação, 56
   fazendo, 57, 60
   fazendo a certa, 9
   fazendo a errada, 10
   guiando o SAR, 57
   para aprimorar o foco, 61
   questionando, 258
   são a resposta, 54, 61

Peter Drucker, 18

Platão, 239

Poder
   da sua imaginação, 206
   da sua mente, 206

Potencial de distração, 174

Procrastinação, 140, 185

Propósito
   de vida, 110
   e valores, 114
   nos leva à ação, 105

Proteção do cérebro, 131

R

Recenticidade, 46, 183, 206

Recuperação ativa, 184, 192

Regra 40/70, 243

Resolução de problemas
   chapéus do pensamento para, 234
   comece logo, 235
   e estude seus erros, 244
   e tecnologia, 26
   valor agregado, 42

Richard Foreman, 27
Robert Frost, 209
Roger Bannister, 68, 69
Rony Zarom, 26
Ryan Dwyer, 23

S

Sem limites
  como escolha, 52
  como progredir além, 14
  tornando-se, 3
  você se tornando, 253, 254
Senso
  de expectativa, 189
  de propósito, 107
Shelly Lefkoe, 70
Simon Sinek, 28, 109
Simplicidade, categorias de, 149
Sinais neurais, 33
Sistema
  de Ativação Reticular (SAR), 54
  de crenças, 67
  Nervoso Central (SNC), 32
  Nervoso Entérico (SNE), 36
Sobrecarga digital, 21
Stan Lee, 64
Steven Kotler, 156, 160
Supressão sináptica, 90

T

Técnica
  mnemônica dreams, 152
  Pomodoro, 46

Tempo de inatividade, 21
Theodore Simon, 87
Thomas Edison, 194, 217
Thomas G. Plante, 146
Thomas Hobbes, 92
Tomada de decisão
  e cerebelo, 32
  e dedução digital, 26
  modelo mental para, 242, 243
Tony Robbins, 152
Travis Bradberry, 164
T. S. Eliot, 252
Tyron Edwards, 207

V

Valores
  essenciais, 110
  hierarquia de, 114
  priorização de, 114
Venus Williams, 236
Visualização, 204, 259

W

Wayne Dyer, 84
William James, 88
William Klemm, 184, 198
Will Smith, 58
Wolfgang Amadeus Mozart, 236
Woodrow Wilson, 44

Y

Yip Man, 97

CONHEÇA OUTROS LIVROS DA ALTA LIFE

Todas as imagens são meramente ilustrativas.

CATEGORIAS
Negócios - Nacionais - Comunicação - Guias de Viagem - Interesse Geral - Informática - Idiomas

SEJA AUTOR DA ALTA BOOKS!

Envie a sua proposta para: autoria@altabooks.com.br

Visite também nosso site e nossas redes sociais para conhecer lançamentos e futuras publicações!

www.altabooks.com.br

ALTA BOOKS
E D I T O R A

/altabooks • /altabooks • /alta_books

Este livro foi impresso nas oficinas gráficas da Editora Vozes Ltda.,
Rua Frei Luís, 100 – Petrópolis, RJ.